Miriam Faßbender

2850 KILOMETER

Mohamed, Jerry und ich unterwegs in Afrika

Tagebuch einer Flucht

WESTEND

Alle Fotos sind dem Film »Fremd« entnommene Filmstills,
die Rechte liegen bei Miriam Faßbender und Max Milhahn.

Die Namen und Lebensgeschichten in diesem Buch wurden
aus Personenschutzgründen teilweise geändert. Übereinstimmende
Details und Ähnlichkeiten in den Lebensläufen zu realen Personen
und Namen(sgebungen) sind reiner Zufall.

Mehr über unsere Autoren und Bücher:
www.westendverlag.de

Die Deutsche Nationalbibliothek verzeichnet diese Publikation in
der Deutschen Nationalbibliografie; detaillierte bibliografische Daten
sind im Internet über http://dnb.d-nb.de abrufbar.

ISBN 978-3-86489-057-4
© Westend Verlag GmbH, Frankfurt/Main 2014
Satz: Publikations Atelier, Dreieich
Druck und Bindung: CPI – Clausen & Bosse, Leck
Printed in Germany

Inhalt

Einleitung

Im Oktober 2005, als ich für ein Projekt in Marokko war, hatte ich ein Schlüsselerlebnis. Viele Hundert Migranten, die damals teilweise schon jahrelang in Marokko festhingen und dort vor allem aufgrund der europäischen Politik drangsaliert wurden, wagten organisierte Anstürme auf die Grenzzäune der spanischen Enklaven Melilla und Ceuta. Sechzehn Menschen kamen damals ums Leben, als der marokkanische Grenzschutz und die spanische Guardia Civil auf sie schossen. Ich fasste den Entschluss, einen Dokumentarfilm über Geflüchtete zu machen, die den Weg nach Europa suchen. Der Film »Fremd« ist über fünf Jahre hinweg entstanden, in denen ich mit Migranten und Geflüchteten in Mali, Algerien und Marokko an den Orten ihres Festhängens, ihres teilweise jahrelangen Zirkulierens vor Europa, gedreht habe.

Neun Jahre später, im Februar 2014, hat sich das Drama von 2005 wiederholt. An derselben Stelle. Wieder mussten Menschen sterben beim Versuch, auf unserem Kontinent Schutz zu suchen. Diesmal sind jene, die auf sie geschossen haben, Beamte von Frontex, der europäischen »Grenzschutzagentur«, die mit Rückendeckung der EU handelt.

Heute sitze ich in Berlin, und was seit meinem Schlüsselerlebnis 2005 in Ceuta und Melilla, aber auch an anderen Stellen rund um unsere Außengrenzen passiert ist, ist bekannt und brauche ich nicht aufzuzählen. Zur Erinnerung einzig ein paar Ereignisse der letzten Monate: Im Oktober 2013 gab es in zwei aufeinanderfolgenden Wochen über 500 tote »Boatpeople« vor Lampedusa, denen von europäischer Seite Hilfeleistung in Form von Seenotrettung verwehrt wurde; und illegale Push-Back-Operationen in der Ägäis, denen vor allem Syrer zum Opfer gefallen sind. Ganz zu schweigen von den Mauern und Zäunen, die Europa in den vergangenen Jahren an seinen Grenzen erhöht, verlängert und errichtet (hat); den Rücknahmeabkommen, die es mit autoritären Diktatoren schließt; den Kriegen, die es unter dem Vorwand der »Terrorismusbekämpfung« meint legitimieren zu können, die aber in erster Linie Rohstoffinteressen zum Hintergrund haben und Menschen zwingen zu fliehen. Diesen Menschen, seien sie nun aus der Zentralafrikanischen Republik, aus Mali, Syrien oder Libyen, werden dabei nicht einmal legale Möglichkeiten gewährt, auf unserem Kontinent Schutz zu suchen.

Dieses Buch ist eine Art Making-of, eine Art Chronik des Films. Es ist eine Mischung aus Zeitdokument, Sachbuch und Reisebericht, in dem ich meine Erlebnisse schildere. Chronologisch und aufgeteilt nach Ländern, durch die meine Protagonisten Mohamed und Jerry gezwungen waren zu fliehen, gebe ich ihnen (und den vielen anderen Geflüchteten) den Raum zu erzählen: Was sie bewogen hat zu fliehen, wie sie unterwegs leben und was sie sich von ihrer Zukunft erwarten.

Dazu habe ich mir die Perspektive von »Critical Whiteness« zunutze gemacht und versuche zu beschreiben, wie es mir selbst erging an diesen Orten, an denen die Geflüchteten teilweise jahrelang feststecken, an denen sie durch unsere Politik der zunehmenden Militarisierung und Exterritorialisierung der europäischen Außengrenzen und deren Auswirkungen all ihrer Rechte und Privilegien beraubt werden. Ich erzähle, was an den Orten und in den Momenten ihres Verharren-Müssens passiert, und ich versuche, meine eigene privilegierte Position in Relation zu jener der Geflüchteten zu setzen.

Was schon einer der Gründe für meinen Film war, bleibt eines meiner Hauptanliegen für das vorliegende Buch: Es gibt sie nicht, die eine Geschichte der vielen Geflüchteten, die versuchen, es nach Europa zu schaffen. Das widerlegen rational allein schon die Zahlen: Von 20 000 Geflüchteten hat nur ein Bruchteil den europäischen Kontinent zum Ziel. Zwei Drittel bleiben Binnenflüchtlinge. Ich möchte daher mindestens eine weitere Geschichte hinzufügen. Zum Glück ist die mediale Resonanz in den vergangenen Jahren etwas differenzierter geworden. Vor allem dank der »Refugee-Proteste« und der zunehmenden und lauter werdenden Stimmen der »People of Colour« gibt es vielschichtigere Erkenntnisse und eine andere Wahrnehmung über Europas Verrat an seinen eigenen Werten.

Dennoch wird der Bogen zu den existierenden Machtverhältnissen viel zu selten gespannt. Obwohl Geschichten so definiert werden: Wie und wann sie erzählt werden, wer sie erzählt, vor allem aber wie viele Geschichten erzählt werden, hängt von Macht ab. Deshalb habe ich gezögert, das Angebot des Westend Verlags anzunehmen und über meine Erfahrungen ein Buch zu schreiben. Eine weitere Geschichte einer weißen Europäerin, mit den fragwürdigen Privilegien ausgestattet, im Zusammenleben mit den Geflüchteten, aber immer mit der Gewissheit, bestimmte Situationen in absehbarer Zeit mit dem Flugzeug, dank des Passes oder einer Geldzahlung wieder verlassen zu können? Warum eine Geschichte von mir, wo es mittlerweile vor allem die Geflüchteten selbst sind, die ihre Geschichte am eindrucksvollsten erzählen und damit endlich ein Gleichgewicht der Geschichten zu schaffen vermögen?! Immer noch wird ihnen viel zu wenig zugehört, werden sie viel zu einseitig wahrgenommen, und immer noch ist es mir ein Anliegen, ihnen den Raum zu geben, *ihnen* zuhören zu können und *uns* vor

Augen zu führen, dass sie uns ähnlicher sind, als wir denken. Dass wir mehr Gemeinsamkeiten teilen, als wir Unterschiede haben, die uns trennen. Dass ihre Lebensvorstellungen den unsrigen gar nicht so fern sind. Es ist notwendig zu realisieren, dass unsere Erfahrungen, Privilegien und Denkstrukturen eurozentrisch (und weiß) sind. Die Betrachtungen aus unserer Perspektive sind nur eine der vielen bestehenden Sichtweisen und sind nicht universell. Deswegen ist es umso wichtiger, ihnen zuzuhören, auch in ihrem Schweigen. Deswegen dieses Buch.

Ich bin keine Fürsprecherin der Geflüchteten, sondern habe meine eigene Motivation, mich gegen die vorhandenen Verhältnisse zu wehren. Schmerzlich sah ich mich während der Dreh- und der Schreibphasen immer wieder damit konfrontiert, dass ich selbst Nutznießerin der vorherrschenden Machtverhältnisse bin. Das ist schwer zu ertragen.

Was Mohamed, Jerry und all die anderen Menschen aus diesem Buch brauchen, ist eine europäische Asylpolitik, die sie ernst nimmt. Die ihnen den Schutzraum bietet, der ihnen als Hilfesuchenden, auch aus Gründen der Armut, gebührt.

Wir sollten uns immer wieder diese hypothetischen Fragen stellen: Was wäre passiert, wenn die Europäer in den vierziger Jahren des 20. Jahrhunderts in umgekehrter Richtung nicht die Möglichkeit gehabt hätten, nach Nordafrika ins Exil flüchten zu dürfen? Wenn die Deutschen Ende des 18. Jahrhunderts nicht die Freiheit gehabt hätten, nach Amerika auszuwandern, um ihrer Armut zu entkommen? Und sind die Wünsche der afrikanischen Geflüchteten jenen der ostdeutschen vor dem Mauerfall nicht vertraut?

Nehmen Sie sich die Zeit und hören Sie den Stimmen dieses Buches zu. Und entscheiden Sie anschließend selbst, ob es sich nicht doch lohnen würde, dafür zu demonstrieren, die Welt nicht noch weiter aus dem Gleichgewicht geraten zu lassen und eine Vielzahl an Lebensgeschichten in Europa zu respektieren. Abschottung ist keine Lösung, zu einer humanistischen Idee gehört das Wohlergehen aller. Auch über unsere Grenzen hinaus.

Für Jerry R. Salomon

Mali – das Tor zur Wüste

Im Air-France-Flug von Paris nach Bamako hätten die Dreharbeiten eigentlich direkt beginnen können. Die Maschine ist schon abflugbereit, da kommen noch vier französische Polizisten und zwei europäische Grenzschutzbeamte an Bord. Zwischen ihnen ein Mann mit afrikanischen Wurzeln. Als sie an mir vorbeilaufen, fällt mir die Handschelle auf, die dessen Handgelenk mit dem hinter ihm laufenden Zivilbeamten verbindet. Ich traue meinen Augen nicht. Ein Abschiebeflug in der bis auf den letzten Platz belegten Maschine? Vor aller Augen? Und alle schweigen. Die Gruppe entfernt sich bis in die vorletzte Sitzreihe. Dort wird der Mann auf den Mittelsitz gelotst. Zwei der Polizisten nehmen links und rechts von ihm Platz.

Ich packe meine Kamera aus und beginne zwischen den Sitzreihen hindurch zu filmen. Kons, unserem Tonmann, ist es unangenehm. Unsere Sitznachbarn beginnen zu raunen und sich umzudrehen. Unvermittelt schreit der Abgeschobene auf einmal laut um Hilfe. Hat er als Einziger die Kamera wahrgenommen, seine Chance erkannt, sie als Waffe gegen die systematische Ungerechtigkeit zu nutzen? Nein, denn plötzlich stürmt einer der Polizisten auf mich zu, greift grob an das Objektiv und befiehlt mir, die Kamera umgehend auszuschalten. »Geben Sie mir sofort das Band«, herrscht er mich an. Sonst müsse ich das Flugzeug auf der Stelle mit ihnen verlassen. Ich bin perplex und gebe ihm zu verstehen, dass die Kamera noch

Adrar
1 370 km

Oran

Maghnia
180 km

Oujda
150 km

Nador
15 km

Europa/
Melilla

gar nicht gelaufen sei. Er glaubt mir nicht und macht mir klar: Entweder gebe ich ihm sofort die Kassette oder er konfisziert sie mitsamt der Kamera und wirft mich aus dem Flugzeug, da ich einen Polizeieinsatz störe. Um Zeit zu gewinnen, frage ich ihn, warum der Grenzschutz sich an Abschiebungen beteiligen würde? Sei der Pilot mit der Abschiebung an Bord einverstanden? Widerwillig gebe ich ihm dann doch das Band, in der Angst, sonst das bevorstehende Projekt zu gefährden. Das Flugzeug hebt ab.

Als ich Stunden nach dem Abflug die hintere Toilette an Bord aufsuche, um nach dem auf einmal erstaunlich ruhigen Abgeschobenen zu schauen, verharrt dieser mit apathischem Blick in sich zusammengesackt auf seinem Platz. Die Handschellen sind an seinem Sitz befestigt. Sicherlich wurde er mit einem Beruhigungsmittel in diesen Zustand versetzt.

Das Schweigen der Reisenden in den Nachbarreihen beschäftigt mich bis heute genauso wie die Frage, was passiert wäre, wenn ich mich geweigert hätte, ihnen die Kassette zu geben. Ich habe mich im Nachhinein oft über dieses egoistische Verhalten von mir geärgert. Wäre es nicht bei dem Vorhaben, einen Film über transkontinental Flüchtende zu drehen, das Mindeste gewesen, einem von ihnen durch couragiertes Verhalten die Abschiebung zu ersparen? Mich lautstark dafür einzusetzen, diese Abschiebung zu verhindern? Mich nicht einschüchtern zu lassen von dem Verhalten der Polizei?

So wie der Kanadier, der im Juni 2013 in einer Air-Berlin-Maschine die Abschiebung eines pakistanischen Asylbewerbers nach Ungarn verhinderte. Er zeigte Zivilcourage, indem er es ablehnte, in einer Maschine nach Budapest zu fliegen, an deren Bord jemand abgeschoben wird. Der Pilot, der von der geplanten Abschiebung des Mannes angeblich nichts wusste, schloss sich dem Kanadier an und verbot, den Schutzsuchenden noch einmal mit an Bord zu nehmen. Der kanadische Künstler folgte dem Aufruf von Protestierenden, die mithilfe eines Flugblattes darauf hinwiesen, wie man als Fluggast eine Abschiebung verhindern kann: »Beobachten Sie aufmerksam, ob sich auf Ihrem Flug Abzuschiebende an Bord befinden, vor allem auf hinteren Sitzen und eventuell hinter einem Vorhang. Gehen Sie nach vorne zum Cockpit oder fordern Sie das Flugpersonal auf, den Kapitän sofort zu holen. Bei ihm liegt die letztendliche Entscheidung über die Mitnahme von Passagieren. Wenn dies vor dem Start geschieht: Solange Sie sich nicht setzen und anschnallen, kann nicht gestartet werden.«

Nach unserer Landung in Bamako wird der Mann als Erstes, unter den Augen der Reisenden, an das malische Militär übergeben. Als ihm an der Bordtür die staubig-verkohlte Luft und die Dunkelheit Bamakos entgegenschlagen, stößt er klagende Laute aus und bricht in den Armen der Militärs wimmernd zusammen.

Bamako – viele junge Menschen, wenig Perspektiven

Bei der malischen Botschaft in Berlin haben wir im Vorfeld eine Drehgenehmigung beantragt. Die Botschafterin hat sie zugelassen, unter der Voraussetzung, die Menschen ihrer Heimat im Film nicht auf ihre Armut zu reduzieren und sie würdevoll darzustellen. Trotzdem verstreicht vor Ort viel Zeit, ehe wir den autorisierenden Stempel für die Drehgenehmigung erhalten. Wir, das sind der Tonmann Kons, unser Bambara-Übersetzer Jack aus Bamako und ich. Alle paar Tage werden wir von der zuständigen Stelle im Centre National de la Cinématographie erneut einbestellt, um die immer selben Fragen über unser Projekt zu beantworten. Jack bemüht sich, unsere Dringlichkeit so gelassen wie möglich zu formulieren;

die Herren, die Französisch bestens verstehen, wechseln meistens trotzig in ihre Sprache Bamanankan, um Zeit zu gewinnen oder sprachliche Hindernisse vorzutäuschen. Sie merken, wie eilig wir es haben, mit dem Dreh zu beginnen, und so schieben sie Vorgesetzte vor, die noch zu entscheiden hätten, ob wir im Nordosten des Landes, den sie für sehr gefährlich halten, überhaupt drehen dürften. Sie pokern, denn sie hoffen auf Geld, wie sie uns eines Tages mitteilen: Mit einem »Geschenk« ließe sich der Erhalt der Drehgenehmigung durchaus beschleunigen.

Ich weigere mich und rufe stattdessen die Botschaft in Berlin an. Ein weiterer Tag verstreicht mit weiteren erfolglosen Telefonaten, bevor ich die malische Botschafterin am Apparat habe – die mir verspricht, selbst mit den zuständigen Herren der Drehgenehmigungs-Vergabestelle des Kulturamts zu sprechen.

Nach über drei Wochen haben wir die Erlaubnis. In der Zwischenzeit haben sich erste Kontakte in den Nordosten des Landes ergeben. Wir besuchen die deutsche Botschaft, davor eine lange Schlange von Menschen, die Visa beantragen möchten. Sie werden ignoriert und abgewimmelt, indem man das Eisentor einfach verschlossen lässt. Dahinter wachen zwei Sicherheitsbeamte mit ihren deutschen Schäferhunden. Die Pförtnerluke in einem mit Stahlstäben gesicherten Häuschen scheint sich nur für Menschen unserer Hautfarbe zu öffnen: Wir kommen ohne Schwierigkeiten rein. Drinnen rät man uns davon ab, nach Gao in den Nordosten zu reisen. Zu viele Touristen würden dort entführt, zu viele Dschihadisten seien dort unterwegs. Hätten wir davon etwa nicht gehört? Für unsere Reisesicherheit könne jedenfalls nicht garantiert werden. Wie wir überhaupt planten zu reisen? Flüge gäbe es längst nicht mehr. Mit dem Bus 1200 Kilometer durch das ganze Land? Sie hätten doch eine Reisewarnung für diese Region ausgesprochen!

16 Mali

Bamako Markala Gao
2 850 km

Eine der ersten Erkenntnisse, die uns später nach unserer Ankunft in Gao ereilt, ist, dass viele Botschaftsmitglieder – vor allem die Deutschen – gerne in dieser Region Urlaub machten. Östlicher von Gao gar. Weil es dort so wenig Touristen gebe und die Wüstenlandschaft so beeindruckend sei ...

Auf der Straße in Bamako lernen wir einen jungen Mann mit seinem Taxifahrrad kennen, der auch als Reisebegleiter arbeitet und ursprünglich dorther kommt, wo wir hinwollen: Gao. Salif schlägt uns vor, dort bei seiner Familie zu wohnen. Diese vermiete ihr Zimmer im Hof häufiger an Touristen, die weiter in die Wüste wollten. »So habt ihr erst mal einen Anlaufpunkt.«

Dr. Camara, der Gründer des deutsch-malischen Kulturkreises, der uns auch unseren eloquenten Bambara-Übersetzer Jack vermittelt hat, gibt mir die Telefonnummer von einem seiner Deutschschüler, Jejah. Auch er ist aus Gao. Ich verabrede mich telefonisch mit ihm zu einem Kennenlernen auf dem »Place de la Jeunesse« – der Platz macht seinem Namen alle Ehre und ist von Jugendlichen überfüllt. Als wir dort ankommen, steht ein älterer Herr, in einem hellblauen Boubou gekleidet, auf, der bis zum Ende des Treffens seine Sonnenbrille nicht absetzen wird. Das gesamte Gespräch über hört er nicht auf, mit seinem Bein zu hibbeln – sein einziges Körperteil, das Regung zeigt während unserer angespannten Konversation. Die Sonne steht noch nicht im Zenit, aber er lädt uns auf ein Bier ein. Wir ziehen eine Hibiskus-Ingwer-Limo vor. Unser Gegenüber ist schwer durchschaubar, versucht uns zu testen, das ganze Gespräch über herauszufinden, wie viel wir über das Leben von Geflüchteten im Osten Malis wissen, eigentlich ohne unsere Absichten zu kennen. Ich erzähle ihm von einem Studentendreh und davon, dass wir Gao als multiethnischen Transitort an der Transsahararoute dokumentieren wollen, um herauszufinden, warum so viele junge Men-

Adrar	Oran	Maghnia	Oujda	Nador	Europa/
1370 km		180 km	150 km	15 km	Melilla

schen aus der Sahelzone sich gezwungen sehen, ihre Heimat zu verlassen. Nach gefühlten Stunden hält sein Bein unvermittelt inne. Eine der Antworten scheint ihm gefallen zu haben, denn er stellt keine weiteren Fragen. Abrupt nimmt Jejah seine Sonnenbrille vom Gesicht und schlägt in meine Hand. »Five.« Als ich seine leblos-trüben Augen sehe, schaudert es mich. Aber er hat beschlossen, uns zu helfen, und bestärkt dies mit der Einladung, einen Abend lang seine Gäste zu sein. Er will uns die kommende Nacht im Hotel »Azalaï Hôtel Salam« spendieren, in dem er immer wohne, wenn er auf Geschäftsreise in der Hauptstadt sei. »Außerdem müsst ihr das Nachtleben Bamakos kennenlernen!«

An einem der nächsten Abende sind wir mit ihm auf der Koulikoro National Road, der Partymeile Bamakos, verabredet. Im Keller des Clubs bestellt er seinen drei mitgebrachten Freunden und uns eine Flasche Whiskey. Grelles Stroboskoplicht, Kunstnebel, eine proppenvolle Tanzfläche, viele junge Menschen tanzen zum Rap von Altstar Oxmo Puccino und dem angesagten Nachwuchs-MC Amkoullel die ganze Nacht. Ich stelle mir unwillkürlich die Frage, was sie wohl für Pläne haben. Schon auf dem Platz der Jugend war ich irritiert, dass geschätzte siebzig Prozent der Jugendlichen, die dort ihre Zeit verbringen, Mali verlassen zu scheinen wollen. Sie haben dafür als Gründe das autokratische Regierungsoberhaupt mitsamt seiner Entourage genannt, die dank ihres Patronagesystems die das Land erreichenden Gelder einzig in die eigene Tasche wirtschafteten. Dazu fehlender Bildungszugang, vor allem für Mädchen. Und wenn sich doch eine Möglichkeit auftue, dann in Koranschulen mit oft vorgeprägten Inhalten. Welche Aussichten hätten sie hier angesichts eines ihnen vom Norden aufgezwungenen Wirtschaftssystems, das sich einzig an Kapital und Technologie orientiere und das mit ihrer Lebensweise kaum vereinbar sei, sie demütige und ihnen weismachen wolle, sie seien arm? Mali sei in Wahrheit reich, reich an Menschen und Ressourcen. Das Problem sei nur, dass unser Neoliberalismus ihnen den Zugriff auf ihre eigenen Ressourcen vorenthalte, Privatisierungen evoziere und ihnen, dem Nachwuchs, weder Aussichten auf eine Anstellung noch auf Bewegungsfreiheit biete. »Welch Perspektive!«

Die Tatsache, dass ich zwei Jahre vor dem Drehbeginn zu meinem Film »Fremd« in Ruanda gearbeitet hatte, ließ mich vor meiner Abreise nach Mali glauben, dass mich die Armut der Sahelzone nicht erschüttern könnte. Wissend, dass Mali zu den ärmsten Ländern der Welt gehört – auf dem Human Development Index wird es 2012 auf Rang 182 geführt –, war ich bei meiner Ankunft trotzdem sprachlos darüber, wie mittellos viele der Einwohner wirklich sind. In Gao, wo der Großteil der Einwohner keinen Zugang zu fließendem Wasser hat und einzig mit Holz heizt, wurde mir schmerzlich bewusst, dass hier schlicht keine Möglichkeiten für junge Leute existieren, sich ein Leben abseits von tradierten Familienstrukturen aufzubauen.

Das wurde mir auch bei den Dreharbeiten klar. Ich hatte extra eine sehr stromsparende Lampe mitgenommen, um sie wirklich nur in den Drehmomenten zu nutzen, in denen es sonst schwierig werden würde, noch Zeichnung in den Gesichtern zu bekommen (die Norm von Digitalkameras scheint sich wie so vieles nach der Hautfarbe der herrschenden Klasse zu richten – es ist frustrierend). Als ich allerdings später in Gao in dem Zimmer der Familie von Salif aus Bamako stand, das mit einer Gaslampe nur spärlich beleuchtet wurde, wurde mir schlagartig bewusst, wie unverhältnismäßig es wäre, überhaupt mit elektrischem Licht drehen zu wollen. In einem Land, in dem ein Gros der ländlichen Bevölkerung immer noch keinen Zugang zu Energie hat, von einem Stromanschluss ganz zu schweigen.

Adrar	Oran	Maghnia	Oujda	Nador	Europa/
1 370 km		180 km	150 km	15 km	Melilla

Erste Bekanntschaften in Gao

Ich hatte für die Kamera zwar mehrere Ersatzakkus im Gepäck, trotzdem mussten wir sie alle paar Tage im örtlichen Hotel Atlantide laden gehen. Das Hotel war uns von Jejah in Bamako bereits nahegelegt worden, und so erwarten uns bei unserer Ankunft am Busbahnhof in Gao sowohl sein Kumpel Baba, der Inhaber des Atlantide, als auch der kleine Bruder von Salif. Babas Unverständnis ist groß, als wir die Übernachtungsmöglichkeit im Hotel ausschlagen und die Privatunterkunft wählen, um unter den Einwohnern zu sein und ein besseres Gespür für ihre Lebensweise zu bekommen.

Die ersten Tage verstreichen. Wir besichtigen den Ort und machen in späten Morgen- und frühen Abendstunden unsere ersten Aufnahmen. Ich lerne unseren zukünftigen Übersetzer Ismael kennen, der mehrere Sprachen der verschiedenen Ethnien Gaos spricht: Bambara, Songhai und Tamashek. Noch schneller schließen wir Bekanntschaft mit der Polizei. »Jeder Ausländer, egal ob Wüstenreisender, NGO-Mitglied oder Filmemacher, hat sich unverzüglich bei uns einzufinden. Das sieht das örtliche Gesetz vor«, behauptet einer der Polizisten. Als er uns nach dem Grund unserer Reise fragt, schieben wir eine unterwegs erdachte Notlüge vor. Schon Jejah hatte uns dringend davon abgeraten, auch nur im Geringsten zu erwähnen, dass wir uns für Migranten interessieren. Der Polizist gibt uns einen weiteren Termin für den nächsten Tag mit dem Verweis, unsere Drehgenehmigung dem Chef vorlegen zu müssen. Am darauffolgenden Tag bekommen wir erneut einen Termin für den übernächsten Morgen, und so geht das munter weiter. Unsere Ausweise werden einbehalten, um sicher zu gehen, dass wir uns nicht aus dem Staub machen.

Das Ganze entwickelt sich zu einer kleinen Posse. Jedes Mal müssen wir mehrere Stunden auf einer langen Bank sitzen und werden neugierig von allen Seiten beäugt und befragt. Jedes Mal werden wir in dasselbe Zimmer gebeten, in dem sie ihr Mantra an Fragen in Gestalt unterschiedlicher Beamten wiederholen. Der jeweils ranghöchste Polizist hat den Platz auf dem einzigen Sessel im Raum inne, die anderen Beamten müssen sich einen wackeligen Tisch mit Holzstühlen teilen, der von Bierdeckeln unter einem der Tischfüße in Balance gehalten wird. Computer gibt es keine. Jedes Mal werden wir freundlich empfangen, und ein Helfer bringt reichlich gesüßten, grünen Tee. Zu diesem werden uns doppeldeutige, kaltschnäuzig vorgebrachte Fragen serviert.

Nach anderthalb Wochen werden wir zum Hauptkommissar weitergeleitet. Dieser logiert zwei Stockwerke über den anderen. Die Höhe des Baus scheint seine Position zu bekräftigen, zumal es in Gao ansonsten kaum mehrstöckige Bauten gibt. Wir betreten den Raum leicht nervös, aber dann muss ich mir das Lachen über meine Überraschung verkneifen. Der Kommissar thront auf seinem Sessel in einem Raum, vierfach so groß wie jener im Erdgeschoss. Verbarrikadiert hinter dem riesigen Monitor eines Computers auf seinem antiken Schreibtisch. Verdeckt durch eine Sammlung von Flaggen – die malische Trikolore, die lokalen Fahnen der acht Regionen des Landes, die von Bamako – und, mittendrin, eine deutsche! Er begrüßt uns mit »Guten Morgen«, um gleich darauf von »deutscher Pünktlichkeit und Ordnung« zu schwärmen und die Beiträge der Deutschen an »Zuschüssen für Fußballplätze und Straßen« zu loben. Meinen Hinweis, dass sie im Gegenzug ja auch Gold, Uran und Seltene Erden der Gegend entnehmen würden, überhört er geflissentlich.

Wir bekommen unsere Ausweise zurück und dazu die Drehgenehmigung. Wir dürfen gehen, unter einer Bedingung: »Meldet euch jeden zweiten Tag, damit wir wissen, dass es euch gut geht.« Und wir sollen uns doch bitte nur im Zentrum, das in

Gao aus dem Marktplatz mit dem angrenzenden Hotel Atlantide, der Markthalle und dem Hafen am Niger besteht, aufhalten. Die wichtigsten Straßen, die bei jeder Wegbeschreibung als wertvollste Koordinaten gelten, sind:»Gudron 1« und»Gudron 2«, die einzig beiden asphaltierten Straßen der Stadt. Hier befinden sich Elektroläden, Schweißereien, Stände mit ballenweise Baumwolle in allen Farben, sowie eine arabische Boutique neben der anderen, deren Regale zu meinem Entsetzen überwiegend mit Exportgütern aus westlichen Industrie- und Schwellenländern gefüllt sind. Von französischer Pulvermilch über eingelegte spanische Aprikosen bis zu brasilianischem Mais und saudischen Sardinen spiegeln sie die neoliberale Subventionspolitik des Nordens wieder.

In unserem vorübergehenden Zuhause bei der Familie von Salif werden wir sehr herzlich empfangen. Außer uns leben im schattigen Innenhof unter einem Karitébaum noch zwei Hühner und drei Schafe. Die Toilette mit Dusche befindet sich auf der anderen Seite des Hofs hinter einer niedrigen Mauer. Die jüngste Tochter, Ernestine, ist mit ihren sechs Jahren auf erschreckende Weise jene, die am längsten wach ist und am meisten zu tun hat. Gegen unseren Protest ist sie es, die mit dem Hahnenschrei aufsteht, um in der Morgendämmerung im Hof die Kohle zu fächeln, damit der Rest der Familie und ihre Gäste pünktlich zum Sonnenaufgang Kaffee trinken können. Anschließend geht Ernestine in die Schule, die ihr älterer Bruder Salif von Bamako aus und ihr Onkel, ein Bruder der Mutter, finanzieren. Mittags kommt sie nach Hause und hilft, das Essen zu kochen, um danach ohne Ruhepause in den Nachmittagsunterricht zurückzukehren. Als sie ein einziges Mal unpünktlich nach Hause kommt, wird sie mit einem Bambusstock geschlagen. Sie hatte morgens 200 CFA (etwa 30 Eurocent) bekommen, um nach der Schule Brot mitzubringen. Das Mädchen hat diese jedoch für eine Limo ausgegeben und sie gemeinsam mit ihren Freundinnen genossen, während sie auf der Straße spielten.

Ich versuche möglichst viele Kontakte in Gao zu knüpfen, um unauffällig herauszufinden, wo sich die *Foyers du Nord* befinden. So werden die Heime genannt, in denen sich die Migranten auf ihrer Reise Richtung Europa aufhalten. Unseren eifrigen Übersetzer aus Bamako mitzunehmen, der zu gerne mit in diesen Teil des Landes gekommen wäre, in dem er noch nie gewesen ist, machte leider keinen Sinn, da er keine der lokalen Stammessprachen beherrscht.

Vor dem Hotel Atlantide, mit einem guten Überblick auf das Marktgeschehen und das einzige teurere Restaurant des Ortes, das »Restaurant du Nord«, tummeln sich auf einer Holzbank jeden Tag mehrere junge Leute, ausschließlich Männer, um Touristen zu werben. Sie bieten an, sie zur Dune Rose, entlang des Nigers oder in die Wüste zu begleiten oder ihnen anderweitig zu helfen. Manche haben in Bamako studiert, sind aber mangels Job und Perspektive in ihren Heimatort zurückgekehrt. Die meisten kommen jedoch aus eher ärmlichen Verhältnissen, die ihnen wenig andere Möglichkeiten bieten. Eine Boutique zu eröffnen erfordert ein gewisses, selten vorhandenes Startkapital. Für ein Studium braucht man eine Familie, die genügend Geld hat, dass sie auch ohne diesen einen Sohn oder diese eine Tochter über die Runden kommt. Um einen Studienplatz zu bekommen, benötigt man neben einer beträchtlichen Summe Geld zudem entweder Verbindungen zur Elite des Landes oder zumindest Verwandte in der Hauptstadt, in der sich alles zentralisiert.

Ismael ist – und das ist bei vielen Migranten genauso – der älteste Sohn, auf den seine Familie zählt. Er muss genügend Geld nach Hause bringen, um auch seine Großeltern zu ernähren. Mindestens aber so viel, um gelegentlich die Schuldenliste beim Ladeninhaber um die Ecke wieder zu begleichen, wo der

Adrar		Oran	Maghnia	Oujda	Nador	Europa/
1 370 km			180 km	150 km	15 km	Melilla

Rest der Familie anschreibt, ohne die steigenden Preise überhaupt zu kennen. Ich lerne ihn im »Café du Nord« kennen, als er zum dritten Mal an mir vorbeiläuft, ohne mir Schmuck aus der Gegend oder einen Ausflug zur rosafarbenen Düne andrehen zu wollen. Er hilft mir, einen anhänglichen Schmuckverkäufer abzuwimmeln, und während ich mich noch frage, ob dies ein System ist, Touristen auf sich aufmerksam zu machen, lacht er und sagt: »Wenn du einmal ernsthafte Hilfe brauchst, komm gerne zu mir. Frag jederzeit vor dem Hotel oder hier an der Theke einfach nach Suzanne.« Ich stutze. Er nickt. Er werde wegen seiner Stimme hier »Suzanne« genannt. Nach Suzanne Vega. Tiefolo, ein etwa vierzehnjähriger Junge, der im Café arbeitet, würde dann losgeschickt und hole ihn. Man könne zwar nicht wissen, wie lange Tiefolo noch hier sei, er wolle unbedingt nach Europa. Aber bis dahin würde er Suzanne jederzeit und überall finden. Ich versuche mir meine Überraschung nicht anmerken zu lassen. Ist es Zufall oder waren wir zu auffällig, sodass Ismael alias Suzanne weiß, warum wir hier sind?

Bevor ich den Gedanken zu Ende gedacht habe, ist er verschwunden. Als ich bei dem Jungen noch einen Joghurt bestelle, frage ich ihn: »Warum willst du nach Europa?« Es bedarf der Songhai-Übersetzungshilfe seiner Mutter, die er dafür extra aus der Küche holt. »Weil alle, die hier vorbeikommen auf ihrem Weg nach Europa sagen, dass es dort besser sei als hier«, übersetzt sie in perfektem Französisch. Ich verabschiede mich mit einem nachdenklichen »Al watoumabouri« (»Tschüss« auf Songhai) und meinem Joghurt »zum Mitnehmen«.

Kons wird krank. Eines Morgens wacht der Tonmann ganz grün im Gesicht auf und fühlt sich nicht fähig, die geladenen Batterien im Hotel abzuholen, geschweige denn ein paar Atmos des Ortes aufzunehmen. Er findet die Kinder anstrengend, die um uns herumlaufen und uns mit ausgestreckten Armen nach Wasser, Münzen oder Geschenken fragen. Er ärgert sich, dass das kleinste Familienmitglied die meiste Arbeit verrichten muss, und beschließt, heute in unserem Zimmer zu bleiben.

Ich mache mich auf den Weg Richtung Hotel und bin so beschäftigt zu überlegen, wie ich am unauffälligsten in die *Foyers du Nord* gelangen könnte, dass ich Ismael alias Suzanne erst bemerke, als er schon neben mir ist. Wir trinken einen Kaffee zusammen, und ich frage, ob er mir ein bisschen den Ort zeigen könne. Wenig später finde ich mich auf dem Rücksitz eines Mofas wieder, das seinen Standort zwischen Café, Hotel und Tankstelle hat und das die Guides sich je nach Auftragslage teilen. Der Tankwart füllt aus einer der unzähligen Glasflaschen, die in allen Größen und Formen auf einem kleinen Holztisch vor der Tankstelle aufgebaut sind und in unterschiedlichen Gelbtönen glänzen, etwa die Hälfte in den Tank des Mofas, und es geht los. Wir verlassen das Zentrum Gaos und fahren auf der Asphaltstraße 1 in die abgelegenen Winkel der Stadt.

Die Straßen scheinen nach einem Schachbrettmuster angeordnet, die ockergelben Lehmhäuser sind teilweise auffällig rot getüncht – um der prallen Wüstensonne zu widerstehen, wie Ismael mich wissen lässt. Die Straßen sind unasphaltiert, an jeder größeren Straßenecke befinden sich Boutiquen, die World-Prepaid-Cards verkaufen. Alte Frauen sitzen, umgeben von Töpfen, am Straßenrand und verkaufen frisches, rundes, in fett gebratenes Gebäck. Kinder, die riesige, knallfarbene Kühlboxen auf ihren Rücken tragen, bieten gekühltes Wasser und Eis aus Ingwer, Hibiskus und Zucker feil.

Wir halten vor einer Hütte, vor der drei Männer bei ihrer zweiten Runde Tee sitzen. Nach dem üblichen Begrüßungsritual lädt uns einer von ihnen ein, uns zu setzen. Er organisiert zwei weitere der niedrigen Stühle, in denen man mehr liegt als sitzt, und sagt: »Ihr kommt genau richtig für das Leben!« Ich habe das bereits vor dem Hotel beobachtet, aber nun höre ich auch die Geschichte dazu. Zu jeder Zeremonie des Teetrinkens gehören drei Aufgüsse: der erste »bitter wie der Tod«, »der zweite auf das Leben und die Freundschaft« und der dritte »süß wie die Liebe«. Es dämmert schon, als wir wieder aufbrechen. Ismael will vor der Dunkelheit zu Hause sein in seinem Quartier, liebevoll »Wasserschloss« genannt, dort befindet sich die einzige Wasseraufbereitungsanlage der Stadt. Als er mich vor unserer Unterkunft absetzt, fragt er mich, ohne dass ich die Konturen seines Gesichts noch eindeutig erkennen kann, so dunkel ist es mittlerweile um kurz nach 18 Uhr: »Was für einen Dokumentarfilm plant ihr eigentlich wirklich?« Als ich ihm erzähle, es sei ein Film über das friedliche Zusammenleben der multikulturellen Bewohner Gaos, schüttelt er ungläubig den Kopf. Aber er stimmt zu und sagt, ich solle wie gehabt nach »Suzanne« fragen, dann könne er uns helfen.

So beginne ich vorerst, mit Suzanne alleine zu drehen, das Mikro auf die Kamera geschraubt, während Kons versucht, wieder gesund zu werden. Wir fahren zu den Frauen, die ballenweise Stoffe blau einfärben für das in zwei Monaten stattfindende »Fête de l'Aïd El Kebir«, das Tabaski-Opferfest. Und wir drehen die Männer, die die Stoffe klöppeln, damit sie für diesen Anlass tragbarer und anschmiegsamer werden. Wir kommen beim einzigen Zeitungskiosk des Ortes vorbei, »Bei Ali«, und er lässt uns in seinem kaum größer als fünf mal zwei Meter großen Container drehen, der einen Eingang und einen Ausgang hat. Quietschgelb angestrichen, befindet sich an der einen Tür ein Ständer, der als Zeitungsablage dient. Dort wird die *Le Républicain* ebenso verkauft, wie *Jeune Afric*. Der Dogon Ali erzählt uns, wie er die Zeitungen bestellt, wie er handschriftliche Tabellen und Listen jedes Einwohners von Gao führt, der ein Zeitungsabonnement hat. Einmal wöchentlich gibt er in Bamako telefonisch seine Bestellung auf. Am Dienstag der darauf folgenden Kalenderwoche erhält er die zum Teil veralteten Ausgaben der Woche und des Wochenendes, alle gleichzeitig. Jeden Mittwochmorgen fährt er sie mit dem Mofa aus, noch bevor er seinen Kiosk öffnet. In der Ablage an der anderen Tür befinden sich ein paar von der Sonne vergilbte Postkarten mit Motiven aus der Dogon-Region im Osten Malis sowie eine Sammlung an Softpornoheften, deren Titelbilder arabische Schönheiten in stereotypen Posen zeigen. Als mein Blick darauf fällt, erzählt mir der Geschäftsinhaber verschmitzt, dass die schönsten Frauen der Region die Tuareg-Frauen seien und es in einer der Zeitschriften einen lesenswerten Bericht über deren jährlich stattfindenden Schönheitswettbewerb in der Ténéré gebe.

Nachdem ich die Akkus der Kamera über Nacht wieder im Hotel geladen habe, prophezeit mir Baba, der Chef des Atlantide und Jejahs Freund, dass ich bestimmt bald bei ihm wohnen würde. Auf dem Weg zum Café, in dem ich mit Ismael verabredet bin, begrüßen mich seine Kollegen auf der Bank wie alte Bekannte. Niemand versucht sich mehr als Guide anzubieten, mir den Schmuck der örtlichen Kunsthandwerker oder Masken der Dogon zu verkaufen. Ich arbeite mit einem von ihnen, und sie wissen, dass dies auch ihnen zugutekommt. Das verstehe ich allerdings erst Wochen später bei meiner Abreise.

Ismael ist schon da, und ich erzähle ihm, wie wunderbar die Bilder und Gespräche des vorigen Tages geworden seien und dass ich heute gerne die Bellah-Frauen aufsuchen würde. Ich frage ihn, welche weiteren Ethnien in Gao noch zu finden seien. Wir fahren zu den Tamashek sprechenden Frauen, die so mittellos sind, dass sie auf dem Boden sitzend Brennholz und Kohle verkaufen, die sie vorher in kleine Plastiksäckchen verpackt haben. Sie wollen ungern über ihre Situation sprechen, wie Ismael mir übersetzt. Danach fahren wir zu einer Fulbe-Frau, die eine ornamentale Hennabemalung um ihren Mund trägt und in der einzigen Alkoholbar des Ortes arbeitet. Fati verkauft aus der Elfenbeinküste importierten Whiskey in klei-

nen Plastiktütchen, Bier aus Angola und französischen Pastis.
Anschließend bringt mich Ismael zu einem Schuhmacher, der
seinen Tisch unter dem einzigen Baobab-Baum der verkehrs-
reichsten, tief durchfurchten Sandstraße hat, die vorbei an einem Gebäude der Stadtverwaltung zur Gendarmerie fuhrt.
Das ausführliche Begrüßungsritual zeigt mir, dass Ismael und
Mammadou sich seit langem kennen.

Mammadou bereitet einen ersten Teeaufguss vor, einige seiner Kunden stoßen dazu und setzen sich ebenfalls auf die Holzbänke. Das Teeservice besteht aus einer kleinen, schon sehr
abgenutzten blauen Kanne und drei kleinen Gläsern. Es befindet sich auf einem gravierten Tablett, neben dem diverse Rol-
len Garn und Kleber jeglicher Art für die Reparatur fein säuberlich drapiert sind. Sein wichtigstes Schuhmacherwerkzeug hat
Mammadou auf dem Tisch direkt vor sich liegen: Ein Nagel,
der sehr dem Hufnagel eines Schmiedes ähnelt und mit dem er
Flipflops und Taschen ebenso repariert wie alte Fahrradreifen.
Den grünen Tee, den er uns aufgießt, bis sich der zum Schlür-
fen hervorragende Schaum bildet, ist »made in China«, wie ich
der Packung entnehmen kann. An dem Affenbrotbaum hängt,
in einen alten Bilderrahmen gerahmt, ein Zertifikat, das
Mammadous erfolgreiche Weiterbildung in einer speziellen Le-
derziertechnik für Schuhmacher bestätigt. Ausgestellt im Jahr
2000 in Aix-en-Provence, Frankreich.

Ich kann meine Überraschung nur schwer verbergen, als
Mammadou mir unerwartet erzählt, was er an Europa so
liebe:»Dort hat jeder sein eigenes Zimmer. Man kann selbst
entscheiden, ob man die Zimmertür aufmacht oder geschlossen hält.« Man gebe sich gegenseitig Uhrzeiten für Verabre-
dungen, und wenn diese vom Gegenüber nicht eingehalten
würden, brauche man die Türe später nicht mehr aufzumachen. Diese Freiheit des eigenen Raums liebe er an Europa.
Ich frage ihn, ob er in Frankreich zu Besuch gewesen sei. Er

Bamako   Markala   **Gao**
                                 2 850 km

Mammadou und Kunden an seinem Arbeitsplatz

verneint. Er sei bereits Ende der neunziger Jahre nach Europa emigriert. Durch Algerien, über Tunesien, und weil er sich mit einigen Hafenarbeitern angefreundet habe, sei er im Motorraum einer Fähre versteckt in Marseille angekommen, wo er sieben Monate undokumentiert gelebt habe. Gewohnt habe er bei Freunden von Freunden, bei Brüdern oder Schwestern aus Mali. Sein Geld habe er als Schuhputzer verdient. Sei täglich mit einem Schemel, einem Lappen und einer Bürste unterwegs gewesen. Er habe gut verdient. Eines Tages, als er nach Hause kam, sei er von der Polizei überrascht worden. Da er ihnen keinen Pass zeigte, nahmen sie ihn mit auf die Polizeiwache. Er habe nicht gewusst, dass es ein Fehler sei, seine Herkunft preiszugeben. Er sei stolz auf seine Heimat, und so habe er erfreut Songhai gesprochen mit dem Herrn, der kurz darauf das Polizeirevier betrat. Dadurch habe er seine Identität bestätigt und wurde nach Wochen in Haft nach Bamako zurückgeschoben.

Ismael lacht laut schallend unter seinem Turban, und auch Mammadou amüsiert sich über seine Naivität und meint: »Auf jeden Fall sitze ich nun seit sechs Jahren wieder hier und versuche, genügend Geld für einen erneuten Aufbruch nach Europa zu verdienen.« Wie solle man in einer Stadt mit Stromschwierigkeiten und Wassermangel, einem einzigen Krankenhaus und Problemen mit hygienischer Infrastruktur in Ruhe altern können? Bei ständiger und willkürlicher Polizeipräsenz in einem Land, wo Menschen Flipflops aus Gummi noch zum Flicken bringen würden, anstatt sie wegzuwerfen? Freundschaften mit einem Fährmann ließen sich am Hafen von Tunis sicherlich immer noch schließen. Immerhin würden es heute doch Menschen sogar über die Kanaren nach Europa versuchen. Das habe er gestern erst wieder im Radio gehört. Liebevoll tätschelt er das Kofferradio, das sich auf seinem Tisch, direkt neben seinen Werkzeugen befindet und just ein Lied von Tiken Jah Fakoly leiert, »Plus rien ne m'étonne « (»Nichts überrascht mich mehr«). Damals habe ich nicht geahnt, dass dieser in den folgenden Jahren den Soundtrack meiner Arbeit mit den Migranten liefern würde.

Am Abend sind Kons und ich zu einer Party geladen. Jejah, der uns zu Beginn unserer Reise den Kontakt zum Chef des Hotel Atlantide verschafft hatte, ist in der Stadt und will dies mit seinen Freunden aus Europa feiern. Das teilt uns Baba mit, als ich die Kamera an ihrem Platz an der Rezeption abstelle. Widerspruch ausgeschlossen. So finden wir uns ein paar Stunden später in einem Viertel am Rand von Gao wieder, vor einem Club, der sich in einer Wellblechdachhütte versteckt. Neben dem Eingang sind massenhaft Motorräder und Mofas abgestellt. Vor der Tür wartet geduldig eine riesige Traube Menschen, bis die beiden Türsteher Eintritt gewähren. In Begleitung des Hotelchefs und unseres scheinbar lokalweit bekannten Gönners Jejah, vor allem aber aufgrund unserer Hautfarbe bleibt uns das Warten erspart. Wir werden direkt in den Club gelotst. Gegenüber der Kasse gibt es eine kleine Luke, hinter der sich eine Küche zu verbergen scheint – Wasserdampf und Essensgeruch kommen uns entgegen. Es gibt Sitzecken, in denen sich die für Gao typischen Liegesitzstühle befinden. Vor uns eröffnet sich ein riesiger Innenhof, der – spärlich von Lichterketten beleuchtet – von ohrenbetäubenden Beats beschallt wird. Wir werden zur Essensausgabe gedrängt, wo uns Salat mit »Chicken Haché« bestellt wird. Das beste Mahl des Clubs, wie uns versichert wird. Europäer seien doch immer auf der Suche nach Salat … Unser vermuteter Wunsch wird uns erfüllt. Dazu gibt es Whiskey-Cola.

Ein paar Stunden später, als die Tanzfläche so proppenvoll ist, dass kein Ausweichen mehr möglich ist, haucht mir Baba ins Ohr, dass auch er dieses Land irgendwann verlassen werde. Er habe seine Ausbildung in China absolviert. Das Hotel sei zwar in Familienbesitz, aber irgendwann werde er es von Angestellten weiterführen lassen und sich selbst zumindest einen Zweitwohnsitz in Europa bauen. Noch ein paar Stunden später will Jejah unbedingt alleine mit mir vor der Tür sprechen. Vorbei an schwitzenden Körpern, betäubt von der Lautstärke der Musik, bahnen wir uns den Weg nach draußen. Die Schlange der Wartenden scheint sich noch verlängert zu haben. Es ist immer noch schwül, und wir setzen uns bei geöffneten Türen in sein Auto. Wieder guckt er mich mit seinen glasig-toten Augen an, die vom Alkohol zusätzlich gerötet sind. »Bist du zufrieden mit dem bisherigen Verlauf des Drehs? Hast du schon mit Flüchtlingen gedreht?« Mein Atem stockt. Das sei doch der einzige Grund, weshalb ich hierhergekommen sei. Er könne mir helfen. Ob ich schon einmal von Tinzouatine gehört habe? Schließlich würde auch er Waren Richtung Algerien transportieren. Und nicht nur Ware. Zum Geldverdienen tue er alles …

Ich lasse mir eine Ausrede einfallen, um sein anschließendes Angebot einer gemeinsamen Spritztour nicht annehmen zu müssen. Mir ist mulmig im Magen, als wir uns wieder zu den anderen auf die Tanzfläche gesellen. Die Frage, ob das an zuviel Whiskey oder seiner Aussage liegt, versuche ich zu verdrängen. Als wir den Club verlassen dämmert es schon. Ein rötlicher Schleier zieht sich den Horizont entlang und die Zikaden singen. Wir dürfen unsere Gastgeber nicht verlassen, ohne ihnen zu versprechen, demnächst ins Hotel Atlantide umzuziehen. Das seien wir ihnen schuldig. Schließlich hätten wir Salifs Familie doch nun schon fast drei Wochen lang Geld gegeben. Ich versuche mich herauszureden, dass wir uns das Hotel nicht leisten könnten. Da kommt uns Baba so weit entgegen, dass er uns ein Doppelzimmer bei ihm zu den gleichen Konditionen anbietet. »Andernfalls müsst ihr den selben Preis zukünftig allein zur Nutzung des Stroms zahlen«, lässt er uns spitzfindig wissen.

Gaos Busbahnhof, Drehscheibe für Reisende und Geflüchtete

Zwei Tage später ziehen wir ins Hotel ein, und tatsächlich ist nun eine noch unauffälligere Arbeit möglich, nur dass ich mich den Menschen nicht mehr so nahe fühle. Die Kamera behält ihren täglichen Ladeplatz, und wir bekommen die Erlaubnis, kritische Interviews und brenzlige Treffen verborgen vor der Polizei im lauschigen Innenhof zu organisieren. Unsere Nachbarn sind nun nicht mehr Ernestine und die fußkranke Mutter von Salif, sondern der holländische Schriftsteller Alfred van Cleef auf der Suche nach dem Nullmeridian, eine kongolesische Ärztin und drei neuseeländische Fluggesellschaftsmitarbeiter. Ich fühle mich beobachteter, da Ismaels Kollegen nun häufiger morgens oder abends im Innenhof auftauchen, um in Erfahrung zu bringen, womit wir uns unsere Zeit vertreiben. Insgesamt ist es aber erholsamer, weil wir uns nun gegenüber des Marktes, nahe des Nigers und der Tankstelle, also direkt im Zentrum der Stadt befinden. Im Hinterhaus des Hotels ist eine Bar, in der sich die Mittelschicht der Stadt aufhält. Es gibt zwar keinen Alkohol, aber nicht nur die Neuseeländer, auch eine malische Künstlerin mit ihrem belgischen NGO-Freund sowie ein Guide aus dem Niger und ein junger amerikanischer Peace-Corps-Freiwilliger kommen hierher. Khadidia, die Tochter des Imams, schlägt diesen Ort als Treffpunkt vor. Ihr Vater hat uns erlaubt, in der wichtigsten Moschee der Stadt zu drehen, die von demselben Baumeister der berühmten Moschee von Timbuktu erbaut wurde und einzigartig in ihrer Bauart ist. Khadidia studiert in Bamako Psychologie und Ernährungswissenschaften und gehört damit zu einem der privilegierten Mädchen der Stadt. Sie und ihre drei Schwestern haben alle in Gao die Schule besucht, und Khadidia wurde an der Universität von Bamako akzeptiert. Sie ist ihrem Vater sehr dankbar, dass er ihr diese Ausbildungsmöglichkeit ermöglicht hat. Allerdings wünscht sie sich, er sei manchmal weniger patriarchalisch und gläubig. Er erwarte langfristig, dass sie einen gebildeten Muslim heirate und mit ihm Kinder bekomme. Sie aber habe sich verliebt in den Busfahrer, der den Bus fährt, den sie einmal im Monat von Bamako nach Gao nimmt, um die Familie zu besuchen. Dieser habe weder studiert noch sei er praktizierender Muslim. Ihr sei das gleich, aber leider müssten sie ihre Beziehung heimlich führen, denn selbst die eingeweihte Mutter wage nicht, ihrem Mann davon zu erzählen.

Kons ist immer noch schwammig zumute. Trotzdem drehen wir ein paar atmosphärische Bilder des Ortes. Einen Araber, dessen Supermarkt von Exportprodukten überquillt, nehmen wir ebenso auf wie einen Angehörigen der Volksgruppe der

Adrar		Oran	Maghnia	Oujda	Nador	Europa/
1 370 km			180 km	150 km	15 km	Melilla

Songhai, der Salz aus den Salinen nahe des Nigers abbaut und es auf dem Markt feilbietet. Wir suchen einen alten Bozo auf, der in seinem Container vor einer Schreibmaschine sitzt und seinen Kunden damit jede Bitte erfüllt. Hinter seiner riesigen Hornbrille versteckt tippt der Mann im Stakkato offizielle Briefe für die Menschen, die nicht schreiben können – das sind über sechzig Prozent der Bevölkerung. Gegenüber seines Arbeitsplatzes nehmen wir eine Freiluftgebetsfläche auf, »mirhab« genannt. Diese mit Ziegeln umsäumten Orte, sorgsam geharkte Flächen, befinden sich überall an den Straßenrändern der Stadt. Der muslimische Glauben ist die vorherrschende Religion des Landes.

Nachdem ich mir wie jeden Abend die am Tag gedrehten Bilder angeschaut habe, sitzen wir zu später Stunde noch mit Ismael und einigen Gästen des Hotels im Innenhof zusammen. Wir trinken heiße Milch mit Reis, hören den Zikaden zu und unterhalten uns. Die Neuseeländer haben sich ein paar Flaschen algerischen Wein über Fatis Bar organisiert und sind auffällig redselig. Wie sich herausstellt, arbeiten sie für ihre größte nationale Fluggesellschaft und sind mit einer kleinen Propellermaschine hier. Einer stellt sich als Flugingenieur vor, ein anderer als Pilot, der dritte als Co-Pilot. Von einem der Guides wissen wir, dass sie sich für einen unbegrenzten Zeitraum im Hotel eingebucht haben. Und von einem der Hotelmitarbeiter, dass sie nur für sie seit neuestem Toilettenpapier kaufen müssen, das es im Hotel normalerweise nicht gibt. Es entspricht nicht dem afrikanischen Brauch. Der Flugingenieur soll ausgerastet sein, als man ihm sein herrschaftliches Zimmer mit einem Klo ohne Toilettenpapier zeigte.

Die drei erzählen die halbe Nacht Geschichten von ihren täglichen Ausflügen ins Landesinnere und über die Staatsgrenzen in die Nachbarländer. Jeden Morgen brechen sie bei Sonnenaufgang auf und sind meist erst bei Einbruch der Dunkelheit

Bamako   Markala   **Gao**
                                 2 850 km

zurück. Ismael hat uns schon lange verlassen, der Wein ist längst leer, und auf dem Markt sind alle Geräusche verklungen, da erzählt uns der Co-Pilot vom eigentlichen Grund ihres Aufenthalts: »Wir sind hier, um in der Gegend Probebohrungen nach Ölvorkommen und Seltenen Erden durchzuführen, und kehren erst zurück, wenn unsere Mission erfolgreich erfüllt ist. Egal, wie lange das dauern wird.« Finanziert von der offiziellen Fluggesellschaft Neuseelands. Er bestätigt damit die neokolonialen Wirtschaftsinteressen des Auslands an dieser Gegend, die nicht nur in Europa tunlichst verschwiegen werden. Stattdessen ist der Nordosten Malis vor allem wegen islamistischer Tendenzen unter den lokalen Tuareggruppen und in diesem Zusammenhang wegen vergangener Touristenentführungen im kategorisierenden Blick der europäischen Öffentlichkeit. Dieser Fokus ist ein pures Ablenkungsmanöver der Industrie- und Schwellenländer von der Ausbeutung des Ressourcenreichtums des afrikanischen Kontinents.

Die Wochen verfliegen und wir haben genügend gedreht, um unsere Suche nun auf Geflüchtete oder Migranten zu konzentrieren und deren Heime aufzusuchen. Diese befinden sich häufig nahe der Ausfahrtsstraßen Richtung Wüste beziehungsweise in der Nähe der Busbahnhöfe. Für unseren täglichen Kaffee bringt Ismael mich heute daher ins Hotel Europa. Als wir dort im Innenhof von einer Ghanaerin bedient werden, erklärt er mir, sowohl das Foyer der ghanaischen Flüchtenden als auch jenes der Liberianer befände sich in unmittelbarer Nachbarschaft – in den *Foyers du Nord* genannten Unterkünften leben die Migranten streng nach Nationalitäten unterteilt. Jedes Land unterhält seine eigenen Heime, nur in wenigen Fällen tun sich die Flüchtenden aus Sympathie, gemeinsamen Interessen oder gleichen Berufen panafrikanisch zusammen.

»Im Hotel Europa werden vor allem Frauen untergebracht, deren Reise schon von Europa aus in den Heimatländern organisiert wurde«, sagt Ismael. Was sie in Europa dann tatsächlich erwartet, wissen sie in der Regel noch nicht. Die Männer würden unterwegs, wie hier im Café-Restaurant, arbeiten. Jene, die noch genügend Geld haben, mieten sich eine Matte in den kleinen Zimmern, die sie sich mit bis zu zehn anderen Menschen teilen. Hier im Innenhof würden sich die *Coxer*, Verbindungsmänner, und die Foyerchefs der Heime häufig mit Polizisten treffen, um die Wegpassagen der mit Flüchtenden beladenen Vehikel zu besprechen. Junge Menschen, die ihre erste Emigration planten, kämen hier vorbei und ließen sich von den sogenannten »Ehemaligen«, von ehemaligen Migranten, die möglichen Fluchtrouten auf kleine Zettel notieren. Dafür müssen sie teuer bezahlen.

Ein älterer Herr kommt an unseren Tisch, grüßt Ismael freundlich und fragt ihn, was uns hierher verschlagen habe. Mich ignoriert er. Ismael tauscht sich in Songhai mit ihm aus und nickt mir dann aufmunternd zu. Der Mann dreht nun endlich seinen Kopf zu mir und fragt: »Auf der Suche nach Abenteurern sind Sie also?« Ich nicke und erzähle ihm die »Polizeiversion« des Drehs und dass zu den Einwohnern auch die Wanderarbeiter und Migranten gehören würden, die ich hier zu finden erhoffte. Ich bin irritiert, als der Herr im Jogginganzug plötzlich seinen Tonfall ändert und mir befiehlt, erstmal habe ich mich auszuweisen. Nachdem er meinen Reisepass begutachtet hat, steckt er ihn in seine linke Hosentasche. Gleichzeitig zieht er aus seiner Rechten ein mir wohlbekanntes Abzeichen. Ich hätte mich am nächsten Morgen unversehens auf dem Polizeipräsidium einzufinden, raunzt er mich an. Vorher käme ich mit meinem Vorhaben keinen Schritt weiter.

Bedrückt verlassen Ismael und ich das Hotel. Ich komme mir naiv und ungeschickt vor. Ich bin mir nicht sicher, ob Ismael wusste, dass es sich um einen Polizisten handelte, ob ihm klar war, mit wem er sprach. Er macht sich Sorgen um seine Guide-

Bamako   Markala   **Gao**
                                 2 850 km

Lizenz, da er mir den Ort der Migranten gezeigt hat. Wir beschließen, uns für heute zu trennen und abzuwarten.

Es bedarf am nächsten Morgen einer Runde Tee, dem erneuten Vorzeigen der Drehgenehmigung und dem Hinweis des Polizisten, »dieser Faux-Pas sei am ehesten mit einem angemessenen Geschenk vergolten« – und ich habe meinen Pass wieder. Ich verlasse das Revier allerdings ebenfalls mit der Telefonnummer eines Polizisten, der uns von nun an unaufhörlich zu beschatten scheint. Ismael darf seine Guide-Zulassung behalten und will mich endlich nachts an die beiden größten Busbahnhöfe der Stadt bringen. Die Polizei kenne mein Vorhaben nun ohnehin. Mit den Schleppern stecke sie sowieso unter einer Decke, da sie sowohl an der Brücke, die die einzige Zufahrt nach Gao von Süden her gewährt, als auch an der Ausfallstraße, dem Tor zur Wüste, täglich jeden Bus, Lkw und Pick-up kontrolliert. Für den Fall, dass sie bei ihren Kontrollen Flüchtende finden, müssen diese Schmiergeld in Form von einer »Stadttaxe« oder »Wegegeld« bezahlen. So verhelfen sich die unterbezahlten Beamten zu einem Zusatzverdienst. Zulas-

Warten auf den Bus gen Norden

Gaos Busbahnhof, Drehscheibe für Reisende und Geflüchtete **37**

Adrar		Oran	Maghnia	Oujda	Nador	Europa/
1370 km			180 km	150 km	15 km	Melilla

ten derjenigen, die unter mühsamsten Bedingungen versuchen, der Armut und der Perspektivlosigkeit in ihrer Heimat zu entfliehen.

Abends stillen wir unseren Hunger in einer der mobilen Garküchen, die mit Einbruch der Dunkelheit in Windeseile an den Seiten der größeren Straßen öffnen, mit »Harricot«, einem traditionellen Bohnengericht. Gegen 22 Uhr fahren wir zu dem Busbahnhof, gelegen an der Ausfahrtsstraße in die Wüste. Es herrscht reges Treiben, Busse werden beladen, Gepäck zum Schutz gegen Staub in Müllsäcke verstaut und beschriftet. Waren werden festgezurrt. Der Fernseher vor dem Ticketschalter strahlt eine Diskussionsrunde mit Sarkozy aus zum Thema »Afrika heute«. Die Passagiere sitzen auf Matten oder stehen um das Gerät und verfolgen die Diskussion ihrer ehemaligen Kolonialmacht, in deren Runde wie so oft kein einziger Afrikaner mitdiskutiert.

Wir sitzen etwas abseits, ich halte meine Kamera in einem einfachen Turnbeutel – einer chinesischen Nike-Imitation – versteckt, den ich mir bei einem der fliegenden Händler auf dem Markt gekauft habe. Ein Bus aus Bamako zur Weiterfahrt Richtung Niger soll gegen Mitternacht eintreffen. Mit Verspätung fährt er um zwei Uhr früh vor. Die Menschentraube bewegt sich vom Fernseher weg, vorsichtig an den Schlafenden vorbei, die sich auf den Matten am Boden ausgesteckt haben. Ihre »Tagelmust« bis über das Gesicht gezogen versuchen sie, ein bisschen Ruhe zu finden. Eselskarren, Menschen mit Schubkarren und Autos kommen aus dem Nichts. Der Bus hält unter einer flackernden Straßenlaterne vor dem Ticketverkauf, und schon höre ich wispernde Stimmen, die sich unter die aussteigenden Passagiere und Helfer mischen:

»Niger?«

»Wer will weiter in den Norden?«

»Nach Algerien?«

»Kidal, Niamey?«

Mein Ziel scheint mir nahe. Hier suchen ehemalige Emigranten nach jüngst aufgebrochenen Flüchtenden, um diese in die *Foyers du Nord* zu bringen. Oder um ihnen als Reisebegleiter zu dienen und sich so die eigene Weiterreise nordwärts zu finanzieren. Schemenhaft erkenne ich vereinzelte Grüppchen, die von der Dunkelheit fast verschluckt werden. Helfer laden immer noch Taschen und schwere Geräte aus dem Kofferraum auf Eselskarren um. Festgebundene Ziegen, Hühner und Autoreifen werden vom Dach abgeladen. Am Himmel zeichnet sich funkelnd die Milchstraße der südlichen Hemisphäre ab. Eine Viertelstunde später ist der Spuk vorbei. Nur ein einzelner Mann umkreist noch immer die letzten davoneilenden Passagiere. Als er wiederholt »Kidal? Niamey? Bordj Badji-Mokhtar?« ruft und dabei verschmitzt in meine Richtung blickt, habe ich die dumpfe Vermutung, er tue dies für mich. Und amüsiere sich köstlich darüber.

Erfolgloses Treffen am Ufer des Niger

Den Mann sehe ich das nächste Mal, als Ismael mich wieder, diesmal morgens, zum Busbahnhof bringt. Ismael will einen der Verbindungsmänner bitten, uns bei der Suche nach Geflüchteten behilflich zu sein. Eine Gruppe Männer packt gerade Ziegen in Jutesäcke, sodass nur noch ihr Köpfe herausgucken. Anschließend werden die Hörner der Tiere mit roter Farbe beschriftet, und sie werden in den Kofferraum des Busses verladen. Die Verwandten aus der Peripherie schicken sie ihren Familienangerhörigen in Bamako zum kurzbevorstehenden islamischen Opferfest. Der Mann vom Vorabend schützt sich im Inneren einer kleinen Holzbude vor der Sonne. Er scheint der von uns gesuchte *Coxer* zu sein. Ismael spricht

Adrar		Oran	Maghnia	Oujda	Nador	Europa/
1 370 km			180 km	150 km	15 km	Melilla

lange und eindringlich auf Songhai auf ihn ein, bis er herauskommt und mit uns zu den Männern läuft, die die Schafe verladen. Er ruft jemanden zu sich, kurz darauf kommt aus dem Inneren des Bahnhofs ein weiterer Mann auf uns zu, und sie unterhalten sich auf Französisch. Der *Coxer* weiht sie in mein Vorhaben ein, mit Migranten drehen zu wollen. Sie mögen dabei helfen und den Foyerchefs Bescheid geben. Es wird vereinbart, dass man sich bei anbrechender Dunkelheit am Rande des Nigers trifft, hinter der Stadtbibliothek, fernab des Trubels der Pinassen am Hafen.

Wir treffen in der Dämmerung dort ein, der *Coxer* wartet bereits mit fünf Männern auf uns. Als ich mein Vorhaben erläutere, löst das unter den Männern heftige Diskussionen aus. Drei von ihnen stehen links von Ismael und mir, die anderen weiter rechts. Einige fragen wiederholt nach, als ob sie nicht alles verstanden hätten. Nach dem lautstarken Protest eines der Männer werde ich unterbrochen, Ismael möge bitte in Bambara übersetzen. Dem *Coxer* und einem weiteren Mann wiederum scheint das gar nicht recht zu sein, und sie versuchen, meine erneuten Erklärungen auf die unverstandenen Fragen abkürzen zu wollen: »Wir können dir organisieren, mit wem auch immer du drehen willst.« Ich erkläre, ich sei auf der Suche nach Menschen, die aus Armut aus ihren Heimatländern fliehen. Und die Europa als Wirtschaftsmigranten stigmatisiere. Einer der Männer dreht sich verächtlich weg. Er zieht seinen Kumpel zur Seite, und sie fangen an, in einer mir fremden Sprache lautstark zu schimpfen.

Fernab jeglicher unerwünschter Zuhörer haben sich die Männer nun in zwei Grüppchen unterschiedlicher Meinungen aufgeteilt. Ständig unterbrechen sie sich gegenseitig und weisen sich zurecht. Ich komme mir vor wie der Störenfried in einem Duell. Ismael scheint die Situation kein Unbehagen zu bereiten.

Ich erkläre, dass ich je einen Emigranten aus Westafrika und aus einem zentralafrikanischen Land suche. Im Idealfall eine Frau und einen Geflüchteten, der sich in umgekehrter Richtung befände, also auf dem Weg zurück in sein Heimatland sei. »Kennt ihr in Gao jemanden, der nur wegen des Drucks durch seine Familie unterwegs ist? Der eigentlich gar nicht aus Afrika weg will?«

Die beiden Männer, die sich schon die ganze Zeit über als gönnerhafte Wortführer aufspielen, versichern mir, sie könnten mir helfen. Ich müsse aber bereit sein, dafür etwas (zurück) zu geben. Ich sei hier als reiche Europäerin in der Sahelzone, ohne Geld gebe es keine Informationen. Ich versuche, mir meinen Ärger nicht anmerken zu lassen, da ich es mir mit ihnen nicht verscherzen will. Immerhin sind sie gerade mein einziger Zugang zu den *Foyers*. Ich erwidere, wenn sie mir einige Flüchtende vorstellen könnten, würde ich mit diesen selbst verhandeln. Einer der schweigenden Männer beobachtet mich während des ganzen Gesprächs aufmerksam. Jedes Mal, wenn ich seinen Blickkontakt suche, weicht er jedoch aus, und seine Augen verschwinden unter der riesigen Kapuze seines Pullovers. Als wir uns verabschieden, sieht außer den beiden Wortführern niemand zufrieden aus. Die Männer verschwinden, aufgeteilt in zwei Grüppchen.

Aus dem Nichts taucht der *Coxer* noch einmal auf, als wir schon wieder nahe der Tankstelle sind. Wenn ich ihm Geld zahlen würde, könne er mich noch heute genau zu jenen Migranten bringen, die ich suche. Ich zögere. Ismael dreht sich weg. Hinter der Tanksäule erscheint plötzlich der andere Wortführer und springt wie von der Tarantel gestochen auf uns zu. Hier wirken die beiden auf einmal wie Rivalen. Er beschimpft seinen Kumpel, schubst ihn weg und sagt Ismael, das Geschäft sei gestorben. Mit solch hinterlistigen Vorgehensweisen wolle er nichts zu tun haben. Ich solle mir meine Flüchtlinge an einem anderen

Ort besorgen, außerdem werde er die Polizei einschalten. Ismael redet beschwichtigend auf ihn ein, das erste Mal kann ich seinen Spitznamen nachvollziehen. Auch der Auslöser für den Streit versucht seinen Rivalen zu beruhigen. Das Gespräch wird von einigen »Wallah« (»Ich schwöre!«) begleitet und endet erst, als der Vollmond längst die Straße erhellt hat. Erfreulicherweise mit einer Verabredung für den nächsten Nachmittag. Wieder am Fluss, hinter der Bibliothek. Inch'Allah!

Am nächsten Nachmittag warten alle Männer bereits rauchend am Fluss, als wir zum abgemachten Zeitpunkt dort ankommen. Zwei neue Gesichter sind dabei, und die beiden Anführer erklären mir, welcher der Männer meine Suchkriterien erfülle. Ich bin erstaunt und mache deutlich, dass ich gerne selber mit ihnen reden würde. Diese weichen meinem Blick aus, als die gestern noch so verstrittenen Anführer heute in vollem Einverständnis behaupten, dafür sprächen sie nicht ausreichend Französisch. Aus Ismaels Blick lese ich, dass ich die Lüge erst mal annehmen solle. Die beiden Chefs nehmen mich zur Seite und drängen nun, die Konditionen auszuhandeln. Als ginge es hier um eine Ware. Als ich insistiere und mein Recht einfordere, mit diesen angeblichen Migranten selbst sprechen zu dürfen, ist das nur möglich, während die beiden offensichtlichen Chefs daneben stehen. Und beinahe jede meiner Fragen noch vor den beiden beantworten.

Bevor ich reagieren kann, nimmt Ismael mich zur Seite, und etwas abseits beginnen die beiden Männer, ihre Forderungen zu stellen. Pro Drehtag und Person hätte ich eine gewisse Summe an sie abzutreten. Ich verstehe nicht, was hier abläuft. Ich fordere erneut, mit den Geflüchteten selber reden zu dürfen, um in Erfahrung bringen zu können, wer überhaupt Lust hätte, an einem Dokumentarfilm teilzuhaben. »Lust?« Einer der Wortführer schnaubt verächtlich. »Hier geht es doch nicht um Lust. Schließlich willst du doch deine Reportage drehen.«

Als ich versuche, ihm den Unterschied zwischen Reportage und Dokumentarfilm klar zu machen, unterbricht Ismael mich ruppig. Im Wortlaut übersetzt er mir, was der Mann nun auf Songhai fordert: Wenn ich bereit sei, ihnen 300 Euro zu zahlen, könne er mir versichern, dass die Geflüchteten sprechen würden. Mit dem Preis käme er mir schon entgegen ... Ich bin mir nicht sicher, woher meine Wut kommt, aber ich beschließe zu gehen und sie mir nicht anmerken zu lassen. Hinter mir bleiben ein paar sprachlose Gestalten zurück.

Im Innenhof des Hotels kaue ich auf der Tüte von einem Ingwer-Hibiskus-Eis herum und lasse die Diskussionen der letzten beiden Tage Revue passieren. Soll ich aufgeben? Wie beziehungsweise wo kann ich sonst noch Flüchtende kennenlernen? Da kommt auf einmal Tiefolo, die Bedienung aus dem Café, in den Hof geschlendert und verändert sein Tempo, just als er mich entdeckt. Ein gewisser Mohamed wolle mit mir sprechen. Ich bin überrascht. Ich bin in Gao bisher niemandem über den Weg gelaufen, der Mohamed heißt. Aber der Junge beteuert, dieser Mann kenne mich und müsse unmittelbar mit mir sprechen.

Mohamed – einmal aufgebrochen, einmal abgeschoben, zum zweiten Mal unterwegs nach Europa

Im Café-Restaurant erkenne ich als Erstes die Kapuze wieder, die dem Mann in der hintersten Ecke des Raums tief ins Gesicht fällt, wie gestern. Erst als ich an seinem Tisch angekommen bin, ändert er seine Haltung. Er blickt auf die Tür, während er aufsteht und mir die Hand gibt. Und bedankt sich auf Französisch dafür, dass ich gekommen bin. Mohamed Ali Sanougo Keita heiße er, geboren am 19. Februar 1977 in Markala, südwestlich von Bamako. Er stamme aus einer Reisbauernfamilie und habe sieben jüngere Geschwister. Sein Vater sei gestorben, bevor er die Schule beenden konnte. Da habe seine Mutter beschlossen, er als ältester Sohn müsse nun die Verantwortung für die Familie übernehmen. Sie verkaufte die wenigen Rinder, mit denen sie ihre Felder bewirtschafteten, und schickte ihn auf Reisen. Geld verdienen solle er und es umgehend nach Hause schicken, damit zumindest seine Geschwister die Schule beenden könnten, die Brüder gute Ehefrauen fänden und die Familie überleben könne. Mohamed bricht notgedrungen auf. Gegen seinen Willen. Er selbst hätte auch lieber die Schule abgeschlossen und weiterhin als Reisbauer gearbeitet, nahe seiner Freundin und seiner Kumpels.

Zuerst versuchte er, nach Angola zu gelangen und Gold zu schürfen. Gold sei gefragter denn je, das hätte ihm Geld einbringen können, und zumindest wäre er so auf seinem Kontinent geblieben, dessen Landschaft und Vielfalt er so liebt. Unterwegs habe er gehört, wie schwierig es mit dem Goldabbau geworden sei, und von den Wegen Richtung Europa erfahren. Er errechnete, dass seine Mutter ihm gerade genug Geld gegeben hatte, um eines der Boote auf der afrikanischen Seite der Straße von Gibraltar zu nehmen und überzusetzen. Gerade im Spätsommer würden diese ungehindert nach Spanien ablegen können, weil dort Erntehelfer benötigt würden – zu Bedingungen, die Europäer selten akzeptieren würden.

2001 sei das gewesen, und er habe sich gewundert, warum diese Europäer, die er bisher nur als Touristen oder NGO-Mitarbeiter in Afrika kannte, sich so wenig um ihre Böden scherten und sie nicht selber bewirtschaften wollten. Es reizte ihn auch die Vorstellung, mehr als die Ausbeute einer Ernte mit dieser Arbeit verdienen zu können. Bei der Ernte zu helfen und damit seine Familie zu Hause, womöglich noch inklusive all der Onkels und Tanten ernähren zu können – zumal die, seit sie von seinem Reiseziel wussten, ihm ständig aufrechneten, was sie ihm bisher alles Gutes getan hätten. So habe er sich auf den Weg gemacht, und als der Bus ein knappes Jahr später in Algerien die Straße am Meer entlanggefahren sei, sei ihm angst und bange geworden bei der Vorstellung, bald ein Boot betreten zu müssen. Er, der in einem Land ohne Küste groß geworden ist, könne doch nicht schwimmen. In seiner Heimat Markala habe er nahe des Staudamms im Niger zwar gebadet und in Gao würde er dieses Ritual mit dem wöchentlichen Waschen seiner Kleider verbinden, wie die meisten der hiesigen Bewohner. Aber schwimmen, das brauche er dazu nicht.

Er unterbricht und schaut mich erwartungsvoll an. Ob mich das interessieren würde? Er sei bereit zu erzählen, denn mein Anliegen und meine Neugier seien ihm wichtig. Aber wir müssten aufpassen. Die Männer, die mich um Geld gebeten hätten, seien Ehemalige. Sie würden nicht die Leute finden, die ich suche, sondern nur Geld verdienen wollen. Ich solle ihnen nichts geben und ihnen möglichst aus dem Weg gehen. Er müsse jetzt aufbrechen. »Wir sehen uns wieder«, versichert er mir zum Abschied. Wann, das könne er mir allerdings nicht sagen.

Ehe ich mich bedanken kann, ist er verschwunden. Bevor er durch die Tür hinaustritt, zieht er sich seine Kapuze wieder über den Kopf. Als ich das Café mit seinen Plastiktischen und -stühlen verlasse, ruft draußen schon der Muezzin zum Sonnenuntergang. An jeder Straßenecke und auf den kleineren und größeren Plätzen verneigen sich die Einwohner Gaos vor ihrem Gott.

Am nächsten Morgen klagt Kons wieder über starke Magenschmerzen. Er ist ganz grün im Gesicht, und wir beschließen, einen Arzt aufzusuchen. Wir werden an das örtliche Krankenhaus verwiesen, das sich nahe der Gendarmerie in der Parallelstraße zu Mammadous Schustertisch befindet. Wir fahren beide auf Mofas mit. Er bei Ismael und ich auf dem Rücksitz eines *taximoto*. Das Krankenhaus ähnelt einer Militärkaserne. Zur Notaufnahme muss man von Ventilatoren gekühlte Zimmer durchqueren und Freiluftgänge nehmen. Trotz der Schlange vor dem Notaufnahmezimmer werden wir von einem Mann um die dreißig Jahre ins Zimmer gewunken. Während er sein Telefongespräch beendet und sein Handy, begleitet von einem geräuschvollen Rasseln der daran befestigten Anhänger, zuklappt, bleibt Zeit, sich umzusehen. Die Fensterläden sind geschlossen, es ist angenehm kühl. Im Zimmer befinden sich eine Liege, ein Garderobenständer, ein Tisch mit einer Schüssel voller Arztutensilien und ein Stuhl.

Der Arzt bittet seinen Patienten, sich hinzulegen und seinen Oberkörper freizumachen. Er fragt nach seinem Befinden, hört sein Herz ab und tastet keine zwei Minuten dessen Bauch ab. Dann kommt er zu mir und flüstert mir leise zu, er denke, die Schmerzen kämen vom Blinddarm, er würde meinen Kollegen hier behalten und gegebenenfalls notoperieren. Kons hat es trotz Schmerzen und Flüstern gehört und springt mit sorgenvollem Blick auf die einzige Schale mit Ärztebesteck erschrocken auf. Ungläubig beschließt er, entgegen des Ärzterats zu gehen. Und bestätigt seinen Entschluss mit einer Unterschrift unter dem Diagnosebericht.

Auf dem Rückweg schwanken wir zwischen Fassungslosigkeit aufgrund der Kürze der Untersuchung und unserem Glauben an die Diagnose. Kons ruft abends bei der Versicherung in Europa an, bei der der Produzent vor Drehbeginn eine Auslandskrankenversicherung für uns abgeschlossen hatte. Diese verlangt nach einem Fax des Krankenberichts und rät ihm, sich schnellstmöglich operieren zu lassen. Direkt nach Eintreffen des Diagnosefaxes würden sie ihm eine Maschine chartern. Er könne sich aussuchen, ob er in einem europäischen Krankenhaus auf den Kanaren oder in einem Krankenhaus für gut situierte Afrikaner und europäische Diplomaten in Bamako behandelt werden wolle. Sie empfehlen Letzteres, da man bei vermutetem Blinddarmdurchbruchsrisiko lange Flüge vermeiden solle.

Noch in der Nacht bekommt er einen Rückruf mit der Nachricht, eine Maschine würde ihn am folgenden Morgen gegen zehn Uhr auf dem Flugplatz von Gao abholen, den die Amerikaner als Basis für ihre Expansion des Afrikakommandos Africom kofinanzieren. Die kleine Maschine landet am nächsten Morgen pünktlich und der hellhäutige Pilot und sein Co-Pilot freuen sich über ihren Krankentransportflug. Es sei eine nette Abwechslung, in die Hauptstadt zu fliegen. Normalerweise würden sie mit dieser Maschine im Norden Malis, im Niger und Tschad nach Goldvorkommen suchen. Mir ist ganz schwindelig, als ich mich verabschiede. Nicht der Beweis einer weiteren neokolonialen ausbeuterischen Tätigkeit macht mir zu schaffen, sondern diese schreiende Ungerechtigkeit. Wir sind hierhergekommen, um einen Dokumentarfilm über Menschen zu machen, die, um ihrer Armut zu entfliehen, die Wüste zu Fuß durchqueren müssen und dabei massenweise sterben. Und wir als Europäer bekommen eine Diagnose, wollen uns unter bestimmten Umständen nicht behandeln lassen und benötigen nur einen einzigen Anruf, um mit einer aus dem Nachbarland gecharterten Maschine binnen weniger Stunden ausgeflogen zu werden. Mein Privileg, in Europa geboren zu sein, wird mir einmal mehr schmerzhaft bewusst. Da wundere sich noch jemand, warum sich das Trugbild Europas so standhaft hält. Einer der vielen Gründe, warum so mancher Migrant in Europa sein Glück versuchen will, ist auch, um Teil eines minimal funktionierenden Gesundheitssystems zu werden.

Von nun an ersetzt Ismael den Tonmann, den er unglaublich aufmerksam beobachtet zu haben scheint. Er nimmt den Ton sorgsam auf, und seine exakten Mikrofonpositionen erstaunen mich jedes Mal von Neuem.

Adrar	Oran	Maghnia	Oujda	Nador	Europa/
1370 km		180 km	150 km	15 km	Melilla

Das Leben in der Fremde

Ismael wirft mir vor, ich sei schuld, dass es solange dauern würde, Geflüchtete zu finden. Ich könne die Männer, mit denen ich bereits in Verhandlungen stehe, nicht einfach so wie neulich stehen lassen. Ich widerspreche ihm, ich würde weder mit jemandem drehen, der darauf keine Lust hat, noch würde ich für Informationen zahlen. Ich sei keine Journalistin, die es eilig habe, und schon gar nicht sei ich bereit, mit Mittelsmännern zu verhandeln.

So bringt er mich zu einem Foyer, in dem Frauen leben. Am Eingang des Hauses hängt, wie an den Nachbarhäusern auch, eine rote Lampe. Ehe ich meinen Gedanken an die Ähnlichkeit zu europäischen Rotlichtvierteln noch weiter zu spinnen vermag, tritt eine Frau mit orangefarbenen Haaren heraus. Sie fragt Ismael auf Französisch, was wir wollten, und bittet uns dann hinein. Wir treten in einen Innenhof, von dem mehrere Türen abgehen. In einer Ecke steht ein Fernseher, in einer anderen ein Kühlschrank. Darüber flattern Frauenkleider an einer Wäscheleine. Der Geruch von Parfum und Alkohol hängt in der Luft und schneidet mir fast den Atem ab. Plastikstühle stehen um umgedrehte Bierkisten, die als Tischchen dienen. Die Frau klopft an eine der Türen, und zwei müde aussehende Gestalten mit glasigen Blicken treten heraus. Die Frau erklärt den beiden in Twi, warum ich hier sei. Als sie meine Nationalität erfahren haben, setzen sie sich lustlos auf zwei der Stühle. Ismael verabschiedet sich mit dem Hinweis, dass er an der Tür warte.

Ich fühle mich unwohl angesichts des Leids, das die Gesichter der beiden Frauen prägt. Sie befinden sich keinen Meter von mir entfernt und scheinen doch meilenweit von mir weg zu sein. Ihre Blicke sind stumpf, jegliche Würde scheinen sie verloren zu haben. Ich verspüre keine Kraft, ihnen von meinem Vorhaben zu erzählen. Ich wage es nicht einmal, sie mir als mögliche Protagonistinnen eines Dokumentarfilms vorzustellen – selbst wenn ihre Situation Realität ist. Bereits der Anfang des Gesprächs ist mühsam, die eine Frau fragt wiederholt nach. Die andere, deren Alkoholfahne mich umhüllt, kann sich schon jetzt, morgens um zehn Uhr, kaum mehr artikulieren. Sie erzählt mir, sie habe in Deutschland gelebt. Mit ihrem Mann, der sie dann für eine Deutsche verlassen habe. Sie beginnt zu weinen und erklärt mir auf Deutsch, dass sie im Rheinland gelebt habe. Zwischen Köln und Essen. Ihre Aufenthaltsgenehmigung sei nach drei Jahren nicht mehr verlängert worden, obwohl sie als Putzhilfe gearbeitet habe. Sie schluchzt und fleht mich an, ihr zu helfen. Nach ihrer Abschiebung nach Ghana sei sie ein Jahr dort geblieben, dann habe sie den Computer ihres Bruders geklaut und sei mit dem Geld erneut aufgebrochen. Hier, vor der Wüste, käme sie nicht mehr weiter. Sie wolle es dennoch versuchen, und wenn nicht wie das letzte Mal mit einem Touristenvisum per Flugzeug, dann eben zu Fuß durch die Westsahara. Ob ich ihr dabei nicht helfen könne?

Die zweite der beiden tätschelt ihren Rücken und fragt mich, ob mich ihre Geschichte nicht interessiere? Ich schüttele den Kopf und verfluche meine Anwesenheit. Hatte ich wirklich erwartet, Migrantinnen in einem anderen Zustand vorzufinden? Ich versuche zu erklären, warum ich mir nicht vorstellen kann, sie in ihrer Situation mit der Kamera zu drehen. Vor allem könne ich ihnen nicht helfen, dieser Situation zu entkommen.

»Wie bitte?« – Sie hat mich wieder nicht verstanden, aber ihr Blick ist auch schon wieder woanders. Sie nicken. Tja, dann könnten sie mir also nicht helfen. Noch bevor ich die Tür des Foyers erreicht habe, öffnet sie sich, und ein Mann kommt herein. Er ist überrascht, mich zu sehen, grüßt aber freundlich und fragt die Frauen harsch auf Englisch, was sie hier mit mir besprochen hätten? Ich höre die Frau, die mich so schlecht verstanden hat, auf einmal sehr offensiv antworten, ich sei eine »Schwester« einer NGO. Draußen sitzt Ismael und dreht sich eine Zigarette.

Am nächsten Tag suchen wir einen Choreographen in der Gegend auf, denn gerne würde ich bei einer seiner Proben, die er auf dem Sandboden des großen Fußballstadions abhält, drehen. Aber der Herr, der die Verhandlungen aus seinem Peugeot Pick-up heraus führt, verlangt eine solch horrende Summe, dass ich das Angebot schweren Herzens ausschlage. Nicht viel anders ergeht es mir, als wir auf einen Tee bei einem Griot-Sänger vorbeifahren. Von ihm hätte ich mir gewünscht, ihn dabei zu filmen, wie er mit seiner Kora eines der Griot-Lieder, das mit Aufbruch in die Fremde, Heimat oder gar Emigration zu tun hat, erzählt und singt. Doch er schüttelt nur entrüstet den Kopf: Nein, das könne er nur gegen eine angemessene Entlohnung tun. Über den Preis finden wir keine Einigung, und so kehre ich frustriert über mein zu niedriges Budget und die mit meinem Weißsein verbundene Erwartung zurück ins Hotel.

Dort treffe ich auf den Schriftsteller, der auf der Suche nach dem Nullmeridian morgen früh die erste Pinasse den Niger entlang zum Dreiländereck von Niger, Benin und Burkina Faso nehmen will, um von dort aus weiter nach Ouagadougou zu gelangen. Wir verabreden uns auf ein Getränk bei Fati am Abend. Er berichtet mir von seinem Erlebnis gestern in der Wüste, das mindestens genauso unerträglich ist wie meine Begegnung im Foyer der Ghanaerinnen. Auf der Piste durch die Wüste Richtung Niger liege eine ausgebrannte VW-Ente am Wegesrand. Aus den zerschellten Fenstern rage noch die Hand einer mumifizierten Leiche heraus. Auf der Windschutzscheibe ein Blatt Papier, auf dem in schon vergilbter Schrift zu lesen sei:»Mein Traum war es, nach Europa zu gelangen. Diallo, Eric 20.7.2006.«

Am nächsten Morgen trinke ich auf dem Markt einen Kaffee, angerührt mit holländischer Pulvermilch, und sitze auf einer der Bänke rund um die Tische mit Kaffeegeschirr, wo sich morgens die halbe Stadt zu treffen scheint. Dazu bekomme ich ein traditionelles Fladenbrot gereicht. Ich traue meinen Augen nicht: Eine Karre voller Melonen vor sich her schiebend kommt plötzlich Mohamed auf mich zu und bietet mir »eine Melone für 100 CFA« an. Als ich ihm die Münzen in die Hand drücke, verabredet er sich mit mir bei Einbruch der Dunkelheit im Innenhof des Hotels.

Er erscheint pünktlich mit einer ihm vorauseilenden Whiskeyfahne und sagt, ich solle meine Kamera auspacken. Als sie läuft, rückt er seinen Stuhl zurecht und beginnt, von seiner ersten Abschiebung zu erzählen.

Mohamed hatte 2005 neun Monate in Marokko verbracht. Im Süden des Landes, in El Ayoun, sei er mit einer Gruppe Malier knapp zwei Wochen lang in einem Wüstenverschlag versteckt gehalten worden, den sie nur zum Pinkeln hätten verlassen dürfen. In einer Vollmondnacht, wenn das Meer leichter zu überblicken und normalerweise ruhiger ist, hätten sie dann die Überfahrt zu den Kanarischen Inseln gewagt. Sie seien festgebunden worden, um bei eventuell aufkommender Panik das Boot nicht zum Kentern zu bringen. An die Passage habe er nur noch vage Erinnerungen. Einer der Männer sei, als sie nach 48 Stunden die ersten Lichter gesehen hätten, plötzlich aufgesprungen und habe gesagt, er wolle sich eine Zigarette anzünden. Irgendwie habe er es geschafft, sich aus den Seilen zu winden und habe gerufen:»Mutter, ich komme. Lass uns eine rauchen.« Dann habe er das spiegelglatte Wasser betreten und sei kurz darauf in aufrechter Position vom Meer verschluckt worden.

Adrar		Oran	Maghnia	Oujda	Nador	Europa/
1 370 km			180 km	150 km	15 km	Melilla

Panik habe sie ergriffen und hätte ihr Boot beinahe zum Kentern gebracht. Der Steuermann, ein senegalesischer Flüchtender, habe sie mit vorgehaltenem Messer zurechtgewiesen. Seine Reise bis Marokko war von den Schleppern vorfinanziert worden, da er als Fischer mit den Gezeiten und Gepflogenheiten des Meeres umzugehen wusste, ein Boot zu steuern vermochte und schwimmen konnte. Er würde jeden Einzelnen zusammenschlagen, der sich nicht sofort beruhige!»Geduld! Mut! Gleich haben wir es geschafft!«, schrie er. Sie hätten leise Gebete gemurmelt und rituelle Lieder gesungen, während der Gestank von Urin und Erbrochenem, das sich auf dem Bootsboden befand, ihnen den Atem raubte. Das Salz des Meeres juckte in ihren Augen. Irgendwann seien sie auf einen Felsen zugesteuert. Weil die ersten sich aus den Seilen losreißen wollten, wäre ein Junge, der schon die halbe Fahrt ohnmächtig war, beinahe ins Wasser gefallen. Auf einmal habe er Boden unter den Füßen gespürt, aber kaum mehr die Kraft gehabt zu laufen. Mit vor Kälte tauben Gliedern sei er über den Boden gekrochen, völlig orientierungslos. Mitten in der Dunkelheit sei er dann plötzlich von gleißendem Licht geblendet worden. Die dunklen Gestalten, die auf ihn zuliefen, habe er zuerst für Geister gehalten. Handschellen schnappten zu, und er wurde über den Boden geschleift, nichts spürend außer dem stechenden Schmerz an seinen Handgelenken.

Ankunft und Festnahme auf Fuerteventura

Die spanische Guardia Civil und Frontex, die EU-Grenzpolizei, hatten gewartet, ob das Boot es durch die fremden Hoheitsgewässer überhaupt schaffen würde; den Flüchtlingen die letzten Mühen abgefordert, um zu sehen, ob sie überhaupt ankommen würden. Mit Betreten des rettenden Bodens steht ihnen laut Genfer Flüchtlingskonvention das Recht zu, Schutz zu beantragen – empfangen wurden sie jedoch einzig mit Handschellen und Haft.

In El Matorral auf Fuerteventura habe er um Asyl gebeten, sagt Mohamed. Es wurde ihm jedoch verweigert mit der Aussage, er hätte illegal versucht, diesen Kontinent zu erreichen, das sei strafbar, und somit habe er kein Anrecht auf Asyl. Nach seiner Herkunft wurde er nicht einmal gefragt. Vor lauter Verzweiflung habe er tagelang nur im Bett des fünfzehn Quadratmeter großen Zimmers gelegen, das sich zwölf Malier teilen mussten – die Nationalitäten dürfen sich nicht mischen. Die Betten seien übersät mit eingeritzten Namen und Wünschen, die Auskunft gäben über die Insassen des Lagers und deren mentale Verfassung. Einen Augenblick glaubte Mohamed, seinen Augen nicht zu trauen. Er habe in seine Bettkante graviert den Namen eines malischen Flüchtlings entdeckt, mit dem er lange Zeit in Algerien zusammengelebt habe. Nachname, Vorname, Geburtstag sowie der Spitzname, unter dem ihn die meisten Flüchtlinge kannten, stimmten. Daneben der folgende Satz: »Ich habe es geschafft. Taoré, Idrissa. El Matorral 2002.«

Im Maghreb unter den Flüchtlingen sei immer das Gerücht umgegangen, dieser Mann hätte es nicht geschafft, weil nie wieder etwas von ihm gehört wurde. Das Gegenteil schien der Fall. Bei einem der Mitarbeiter erkundigte Mohamed sich, ob er noch etwas von Herrn Taoré wüsste. Er erfuhr, dass sich sein Leidensgenosse nach zweieinhalb Wochen der Ungewissheit, des Wartens und nach Ankündigung einer Sammelabschiebung nach Mali mit dem Seil der Klospülung im Duschraum aufgehängt habe.

Nach etlichen Anhörungen und Sprachtests wurde eine Gruppe von Gambiern, Senegalesen und Maliern nach neun-

Adrar		Oran	Maghnia	Oujda	Nador	Europa/
1 370 km			180 km	150 km	15 km	Melilla

zehn Tagen in zwei Polizeibussen unter Sirenengeheul zum Flughafen der Insel gebracht. Dort wurden sie durch mehrere Gruppen ankommender Touristen geschleust, denen in ihrer freudigen Erwartung auf Urlaub und Sonne die Niedergeschlagenheit und die Handschellen der Männer kaum auffielen. Den Subsahariern wurde versprochen, sie würden nach Madrid ausgeflogen. Einer der Männer war besorgt, denn er wusste, dass man erst nach über zwanzig Tagen Aufenthalt in einem der Auffanglager aufs spanische Festland gebracht wird. Auch die multinationale Zusammenlegung ihrer Gruppe bereitete ihm Kopfzerbrechen. Er, Mohamed, habe versucht, ihn zu beruhigen – warum sollten sie ihnen nicht die Wahrheit erzählen? Die Mitarbeiter des Zentrums hätten doch teilnahmsvoll genickt, während sie die von ihm aufgezählten Gründe seiner Flucht detailgetreu notierten. Er habe sich zwar gewundert, warum sie über Jobaussichtslosigkeit, Perspektivlosigkeit, Demütigung und Korruption in Mali so viel zu schreiben hatten, aber Fragen zu stellen sei den Antragstellen generell untersagt worden.

Direktflug Fuerteventura-Bamako – Mohameds Abschiebung aus Europa

In der Maschine schien sich sein Vertrauen nach gefühlten Stunden des Flugs bei einer Durchsage des Piloten zu bestätigen. In einer halben Stunde würden sie auf dem Internationalen Flughafen von Madrid landen. Draußen war es verdächtig dunkel, und Mohamed ertappte sich bei dem Gedanken, dass die Lichter Europas gar nicht so schillernd seien, wie sie viele der Migranten, die ihm unterwegs begegnet waren, beschrieben hatten. Irgendwie erinnerte ihn dieses versprenkelte rötlich-gelbe Lichtermeer, das da vor seinen Augen wogte, an die

Bamako   Markala   **Gao**
                                 2 850 km

Hauptstadt seiner Heimat. Als die Bordtüren sich öffneten, ging ein Schrei der Fassungslosigkeit durch die Frauen und Männer, die sich erwartungsvoll im Gang aufgereiht hatten, wie von den mitreisenden Polizisten befohlen. Die Nacht war dunkel, nur drei grelle Scheinwerfer warfen flimmerndes Licht auf die holprige Landebahn. Die Gendarmen, die sie draußen erwarteten, zeichneten sich von der Finsternis der Nacht kaum ab. Die Zikaden sangen. Der ihnen wohlvertraute Geruch aus aufgeheiztem Teer, trockenem Staub, verbrannter Holzkohle, Benzin und süßlich-erdiger abendlicher Schwüle ließ ihren Atem stocken. Sie waren zurück in Mali! Am internationalen Flughafen von Bamako, 3 115 Kilometer Luftlinie von Madrid entfernt.

Die Tage nach seiner Abschiebung verbrachte Mohamed auf den Straßen Bamakos im Freien oder auf einer Matte schlafend, die ihm seine Bekanntschaften anboten, die er tagsüber auf der Suche nach Nahrung machte oder beim Kiffen und Livemusikhören auf dem Platz der Jugend, um die vergangenen Tage aus seinem Gedächtnis zu verdrängen. Seine Verwandten im Viertel Bankoni aufzusuchen, wagte er nicht. Er hatte Angst, begründen zu müssen, warum er, der den europäischen Boden schon unter seinen Füßen gehabt hatte, mittellos zurück war. Mit leeren Taschen, ohne zu Hause das Geld für die verkauften Rinder zurückzahlen zu können, während seine Familie in Markala weiterhin Schulden gemacht hatte, um ihre Felder ohne die Tiere bewirtschaften zu können. Ohne die Schulden begleichen zu können, die seine Mutter in Erwartung seiner Geldsendungen machte, um das Schulgeld für seine jüngeren Brüder zahlen zu können. Den Töchtern enthielt sie diese Bildung vor, diese wurden im Haus und auf den Feldern gebraucht. Sie erwartete vielmehr mit Ungeduld deren Jugend, um sie an Ehemänner wohlhabender Familien verkaufen und mit der Mitgift den Alltag finanzieren zu können.

Mit jedem Tag, der verstrich und an dem er sich mit Betteln auf dem Markt Dabanani oder am Busbahnhof im Zentrum durchschlug, wuchs seine Sehnsucht, nach Hause zurückzukehren. An einem Freitag vor dem Morgengebet bat Mohamed einen ebenfalls Abgeschobenen um den Gefallen, seine Mutter anzurufen. Sich als Polizist auszugeben und die Heimkehr des Sohnes anzukündigen. Trotzdem haderte er noch einige Tage, bis er den Mut aufbrachte, nach Markala zurückzukehren. Er hatte es nicht geschafft, mit kleinen Hilfstätigkeiten für eine Moschee genügend Geld für die Busfahrt dorthin zu verdienen, und so bot er dem Fahrer am Busbahnhof von Bamako seine Kleider feil, die er im Auffanglager bekommen hatte. Westliche Kleidungsstücke: die Jogginghose, den Kapuzenpullover und die Turnschuhe, die er bei der Abschiebung getragen hatte. Und den Blaumann, den er gerade zum Waschen hatte geben wollen, als ihn die Flughafenmitarbeiter von El Matorral in den Aufenthaltsraum gebeten hatten. Dort, wo schon die Senegalesen, Gambier und anderen Malier auf ihren Abflug warteten. Der Busfahrer akzeptierte, und so kehrte Mohamed eine Woche nach dem Telefonat seines Leidensgenossen an einem Freitagnachmittag in einem geschenkten, abgeschliffenen Boubou und Flipflops nach Hause zurück.

Daheim in Markala – die Familie und die Last der Erwartungen

Schweigen. Weder seine Mutter noch seine Geschwister stellten ihm Fragen. Sie hatten ihn herzlich umarmt. Seine jüngste Schwester hatte ihm einen Kaffee gemacht und sagte:»Du siehst müde aus.« Später hatte er mit seinen Brüdern zusammen eine Runde Tee getrunken und sich von der Schule und Neuigkeiten aus dem Dorf und vom Nigerstaudamm erzählen lassen. Der Nachbarssohn, der seine Schule erfolgreich beendet hatte, sei aufgebrochen Richtung Europa. Er hätte keine Geduld mehr gehabt mit den Mühen des Landlebens. Der Brunnen hätte täglich weniger Wasser, Strom gäbe es immer noch keinen. Der Regen hätte trotz Regenzeitsaison Monate auf sich warten lassen, und so sei der Großteil des eingesetzten Saatguts erst vertrocknet und später weggeschwemmt worden.

Mohamed war erstaunt zu sehen, dass die dünnen Matten, auf denen sie immer geschlafen hatten, gegen einfache Betten und dickere Matratzen ausgetauscht worden waren. Ihren drei Schafen hatte seine Familie sogar einen Stall gebaut.

Es war sein Freund aus Kindertagen, der ihn am nächsten Morgen in aller Frühe besuchte und der Einzige war, der erleichtert schien, ihn gesund wiederzusehen. Sein Freund klärte ihn auf, woher seine Mutter das Geld für ihre Investitionen nahm. Sie hatte ein Darlehen bei der bestsituierten Frau der Region bekommen, die mit einer Mischung aus Mystik und düsteren Unheilsverkündungen ihren Reichtum, der auf illegalem Handel basierte, geschickt zu vermehren wusste. Mohamed galt als Garant für die Kreditvergabe. Seine Familie war nun noch verschuldeter als vor seiner Abreise. Er fühlte sich unwohl unter dieser Last und versuchte, die Bürde zu vergessen, indem er seinen Schwestern bei der Feldarbeit half. Er stand jeden Morgen vor Sonnenaufgang mit ihnen auf, holte Wasser in den Kalebassen und arbeitete auf den Feldern der Familie, obwohl er sich wie erschlagen fühlte und am liebsten nur geschlafen hätte.

Nach und nach kamen immer mehr Nachbarn, die von seiner Rückkehr gehört hatten, und suchten ihn während der Feldbestellung auf. Alle hatten das gleiche Anliegen: Was hatte er ihnen nach all dieser Zeit der Abwesenheit mitgebracht? Hatte er sie etwa vergessen? Hatte er ihnen überhaupt nichts zu geben, wo sie der Familie in seiner Abwesenheit doch so viel geholfen hatten? Seine Schwester hätte Schulden, und er müsste sie zurückzahlen. Mohamed war sprachlos. Er vermied die Felder und zog sich eine Woche lang in den Innenhof des Hauses zurück, ohne vor die Tür zu gehen. Einzig sein alter Freund kam ihn täglich besuchen, informierte ihn über Neuigkeiten und teilte ihm mit, die Kreditgeberin seiner Mutter wolle ihn sprechen. Bei seinen Abschieden vergaß er nie, Mohamed darauf hinzuweisen, dass er ihm für seine Besuche einiges schulde.

Mohamed versuchte mit seiner Mutter zu sprechen, doch diese schien ihm nicht zuhören zu wollen. Eines Abends, als sie sein Lieblingsgericht, Reis mit Erdnusssoße, für alle gekocht hatte, ließ sie ihn wissen:»Ich bin so glücklich, dass du wohlbehalten heimgekehrt bist. Nun hast du dich genügend ausgeruht, und den richtigen Weg kennst du jetzt doch.«

Mohamed war beschämt, aber ihm kam kein anderer Ausweg in den Sinn. Wie resistieren gegen die täglichen Erwartungen und Anfragen seiner Familie und Nachbarn, seiner Freunde und sogar Fremder? Wie die Familie ernähren? Wie eine Perspektive sehen trotz der strukturellen Not?

Unter dem Vorwand, die Kreditgeberin aufzusuchen, begab er sich zum regionalen Busbahnhof. Er bot dem Fahrer des Busses, der in den Nordosten Malis fuhr, seinen bis dahin gut versteckten Pass als Pfand. Dieser Pass war trotz aller Strapazen auf der Flucht, trotz der Bootsüberfahrt, des Aufnahmelagers und der Abschiebung, in seiner Boxershorts versteckt noch in seinem Besitz. Dem Busfahrer sagte er, er sei abgeschoben worden und müsse zu seiner Familie nach Gao zurück. Diese würde bei seiner Ankunft den Pass gegen Bares für ihn einlösen. Als der Bus nach tausend Kilometern und sechzehn Stunden beschwerlicher Fahrt durch die Wüstensavanne in Gao ankommt, verlässt Mohamed ihn durch den Hinterausgang. Ohne seinen Pass.

Wieder in Gao, zum zweiten Mal unterwegs

Seit über einem Jahr ist Mohamed nun wieder hier. In Gao. Er habe immer noch keine Gelegenheit gefunden, weiter in den Norden aufzubrechen, schließt er seine Erzählung. Er hilft gelegentlich am Busbahnhof aus, wie ich ja selbst gesehen habe. Er döst dort auf einer Matte vor dem Fernseher am Eingang und wartet auf den Bus, um »Neue«, um unerfahrene Erstflüchtende zu finden, die seine Weiterreise mitfinanzieren könnten. Im Gegenzug kann er ihnen mit seiner Erfahrung weiterhelfen: seine Kontakte nutzen, ihre Reise planen, willkürliche Zahlungen an fordernde Grenzposten eventuell verhindern oder ihnen Tricks zum unbemerkten Passieren der Grenzen verraten.

In Gao kann man mit etwas Glück für Hilfsarbeiten einen Euro pro Tag verdienen. Einen Euro (655 CFA) pro Tag! Wenn man weder ein abgeschlossenes Studium noch Verbindungen oder Bekannte bei NGOs habe, seien diese Arbeiten die einzige Möglichkeit, um an Geld zu kommen. Selbst diese Jobs seien rar geworden, weswegen er an solchen Tagen Melonen verkauft. Man bekomme von Lkw-Fahrern frühmorgens eine bestimmte Anzahl Melonen für 30 CFA (etwa vier Eurocent) pro Stück. Eine Melone könne man für 100 CFA (rund fünfzehn Eurocent) weiterverkaufen. So bleibe ihm zumindest etwas Geld für den täglichen Bedarf.

Mohamed versteht nicht, warum mich seine Geschichte interessiert oder wen sie interessieren könnte. Aber er bietet mir an: »Wenn du mir helfen kannst, ein bisschen Geld aufzutreiben, und mir meine Zigaretten und Essen bezahlst, arbeite ich mit dir.« Ihm habe gefallen, dass ich nicht bereit gewesen sei, mit den Verbindungsmännern zu diskutieren, die über die Flüchtenden bestimmen wollten. Außerdem fände er Ismael sympathisch und würde ihn vom Sehen her kennen. Ich solle

Adrar	Oran	Maghnia	Oujda	Nador	Europa/
1370 km		180 km	150 km	15 km	Melilla

Migranten beim Dame-Spiel vor ihrem Foyer

aber auf keinen Fall irgendjemandem erzählen, dass wir uns unterhalten hätten, und niemandem Geld zahlen. Die beiden Männer würden sich damit einzig ihre eigenen Taschen füllen. »Wen oder was willst du noch drehen?«, hakt er nach. Er könne versuchen, mir Kontakte zu anderen Flüchtenden zu verschaffen. Allerdings halte er sich hier in Mali ausschließlich unter seinen Landsmännern auf. Ich bitte ihn, mir weibliche Migrantinnen vorzustellen. Zum Abschied kaufen wir zwei Packungen Zigaretten.

Ein paar Tage lang höre ich nichts von ihm und bin beunruhigt. Hat er seine Meinung geändert? Hatte ihn nur der Alkohol zu unserem letzten Gespräch getrieben? Sind ihm die Mittelsmänner in die Quere gekommen? Aber eines Mittags kündigt mir Ismael ein Treffen mit Mohamed an und fährt mich mit dem Mofa zu einem der *Foyers du Nord*, dem Heim der Malier. Vor der Tür sitzt Mohamed und spielt Karten. Als er uns kommen sieht, deutet er mit der Hand auf ein größeres Lehmhaus und weist mich darauf hin, dass er hier Unterschlupf gefunden habe, nachdem er zum zweiten Mal in Gao angekommen sei.

60 Mali

Der Chef des Heims sei ein ehemaliger Migrant aus seiner Heimatstadt, und so habe er dort erstmal wohnen dürfen, ohne Miete bezahlen zu müssen. Mir sei der Zutritt leider verwehrt: Der Foyerchef will nicht, dass ich sehe, zu wie vielen sie in den kleinen Zimmern zusammenleben, sich eine Kochstelle und die einzige Toilette ohne fließendes Wasser teilen; und erst recht will er nicht, dass ich die Schmuggelware, die sie unter Planen im Innenhof des Foyers lagern, zu Gesicht bekomme.

Wir gehen etwas essen. Mohamed will mir jemanden vorstellen, der mir von Nutzen sein könne. Ismael fragt auf Bambara nach, freut sich über die Antwort und fährt mit mir auf dem Mofa voraus. Zwei Häuserblocks weiter halten wir vor einem kleinen Vorbau, der sich an ein Gebäude anschmiegt. Der blaue Schriftzug unter dem Strohdach verrät, dass wir vor einem Restaurant stehen. Auf einer Feuertonne neben dem Eingang wird selbstgebackenes Brot angeboten.

Auf der Terrasse unter dem Strohdach hat kaum mehr als ein kleiner Tisch mit einer Bank und zwei Plastikhockern Platz. In einer Ecke stehen drei große Töpfe auf Feuerstellen. Eine junge Frau mit Haarnetz, die ich auf Mitte zwanzig schätze, zerkleinert auf einer Anrichte Gemüse mit einem Mörser. Als sie uns sieht, hält sie inne und bittet uns, Platz zu nehmen. Sie schenkt uns Wasser ein und ruft nach jemandem, der kurz darauf aus dem angrenzenden Raum tritt, in den die grelle Mittagssonne keinen Einblick gewährt. Mohamed stellt mir das Paar vor: »Hope und Charles kommen aus Nigeria. Sie sind unterwegs nach Europa.«

Er hat schon mit ihnen gesprochen. Ich könne drehen, am besten sofort. Die Mittagessenszeit sei vorbei, und so hätten wir ein bisschen Ruhe. Mohamed will auf der Straße Wache halten und aufpassen, dass keine ungebetenen Gäste kommen. Ich bin überrumpelt, habe mein Heft mit Fragen nicht bei mir, und das Licht steht kurz hinter dem Zenit denkbar ungünstig –

Das Restaurant von Hope und Charles mit Feuertonne und Kundenvehikeln

aber ich will die Gelegenheit nicht ungenutzt verstreichen lassen. Ich frage nach, ob sich die beiden vorstellen können, dass ich sie von nun an häufiger mit der Kamera aufsuche. Ob sie überhaupt schon etwas über meine Idee wüssten? Ich schlage vor, ein Interview zu drehen, damit sich anschließend alle Seiten überlegen können, ob sie Lust auf dieses gemeinsame Projekt haben. Die beiden äußern zu meinem Erstaunen weder Einwände noch Fragen. Irgendetwas gefällt mir an Hope mit ihren maskulinen Gesten.

Charles erzählt. Vor drei Jahren sei er in seiner Heimat Kano aufgebrochen und hat im Niger – »ein Land, das die Armut Nigerias noch um ein empörendes Ausmaß übertrifft!« – an der algerischen Grenze Hope kennengelernt. Sie waren im gleichen *Konvoi* unterwegs. Bei einer überraschenden Kontrolle in der Westsahara in Algerien hatten einige Reisende nicht genügend Geld bei sich, um die vom Militär geforderten Wegegelder zu begleichen. So hatte man jenen, die zahlen konnten, ihr Geld abgenommen, um anschließend die gesamte organisierte Gruppe an die Grenze zu Mali abzuschieben. Mitten in der Wüste wurden sie ausgesetzt, ohne Wasser. Nur dank der astrologischen Kenntnisse eines Bruders hätten sie sich nicht in der Himmelsrichtung geirrt und seien völlig geschwächt bei den algerisch-malischen Grenzposten angelangt – um von diesen erneut nach Geld durchsucht zu werden. Nicht mal in den Nähten ihrer Hosen und Kleider waren noch Scheine zu finden, so wurden die Frauen des Konvois von den Beamten vergewaltigt und zahlten für ihre Brüder mit.»In diesem Augenblick«, sagt Charles,»habe ich beschlossen, Hopes Partner zu sein.«

Hope rutscht unruhig auf der Bank hin und her, als ich sie bitte, ihre gemeinsame Geschichte weiterzuerzählen. Im Verlauf des Gesprächs guckt sie immer wieder verunsichert zu ihrem Freund, der sie mehrfach unterbricht und immer wieder das Wort ergreifen will.

Hope – einmal abgeschoben, einmal zurückgeschoben, zum dritten Mal auf dem Weg nach Europa

Hope wurde 1980 in Lagos im Bezirk Iwaya Makoko geboren. Als zweitjüngste von neun Geschwistern ist sie mit 22 Jahren von zu Hause aufgebrochen. Ihre erste Reise Richtung Europa hat sie mit ihrer besten Freundin und dem Mofa ihres ältesten Bruders unternommen. Sie hatte als Designerin für Kleider und als Friseurin ein bisschen Geld gespart und wollte nach London, wo einige ihrer Schwestern für die gleiche Arbeit ein Vielfaches verdienen und sie einluden, bei ihnen unterzukommen. Eines Morgens nahmen die jungen Frauen das Mofa von Hopes Bruder und fuhren einfach los. Die beiden schafften es alleine durch die Westsahara, sogar bis an die marokkanische Küste. Dort zahlten sie zwei Hotelangestellten Geld und ließen

Hope im Innenraum ihres Restaurants: »Armut ist eine Krankheit, die keine Medizin zu heilen vermag.«

sich auf zwei Jet-Skis über die Meerenge von Gibraltar bringen. Den spanischen Boden hatten sie schon unter ihren Füßen, als sie von Polizisten gestoppt wurden, die sie per Boot direkt zurück nach Marokko brachten. Auch ihnen wurde ihr Recht auf Asyl verwehrt. Sie wurden weder nach den Gründen ihrer Flucht gefragt, noch nach dem Erlebtem unterwegs. In Marokko verbrachten sie ungezählte Tage im Gefängnis von Nador, wo sie von Wärtern abwechselnd beleidigt und angemacht wurden. Das Gefängnis füllte sich zunehmend mit anglophonen Afrikanern, und eines Tages mussten sie in einen Bus steigen, wurden nach Rabat gebracht und von dort aus in ihr vermutetes Heimatland abgeschoben. Hope verbrachte eine einzige Nacht am Busbahnhof in Lagos, dann verließ sie ihr Land erneut. Ihre Familie hat sie nach ihrer Abschiebung nicht aufgesucht.

Charles unterbricht sie, indem er mit der Hand auf den Tisch haut. Er scheint ungeduldig und schließt das Gespräch mit den Gründen, die sie nach Gao verschlagen haben. Während ihres

Irrwegs durch die Wüste erzählte ihm Hope von einer Bekanntschaft ihrer ersten Reise, einem älteren Nigerianer, der in Gao ein Restaurant besitze. Sie beschlossen, ihn aufzusuchen und um Unterstützung zu bitten. Als sie nach einem wochenlangen Fußmarsch durch die Wüste in Gao ankamen, erfuhren sie, dass der Mann nur noch auf seinen bevorstehenden Abflug nach Europa wartete. Er hatte mit seinem Restaurant genügend Geld verdient, um einen Schlepper zu bezahlen, der mit einer Botschaft kooperierte und ihm ein Einladungsschreiben aus Manchester und ein Touristenvisum für England verschafft hatte. Am Abend vor seiner Abreise übergab er die Verantwortung für das Restaurant an Hope.

Seit knapp drei Jahren sind die beiden nun in Gao und versuchen, wie ihr Vorgänger mit dem Restaurant genügend Geld zu verdienen, um sich eine »sichere Reise nach Europa« leisten zu können. Denn, so raunt Hope mir zu: »Dreimal zu Fuß durch die Wüste, das schaffst du nicht.«

Zum Abschied laden die beiden Mohamed, Ismael und mich zu »Fufu mit Suya« ein, Hopes Lieblingsspeise, die sie heute auf die Speisekarte gesetzt hat und die in einem der drei Töpfe schmort. Sie habe zu Hause mit ihrer jüngsten Schwester und unter Anleitung ihrer Großmutter immer das Essen vorbereiten müssen und könne deshalb so gut kochen. Sie lädt mich ein, an einem der kommenden Tage mit ihr früh morgens auf den Markt zu kommen. Und sie an einem Sonntag zum Gottesdienst in ihrer Kirche zu begleiten, dem auch immer viele Migranten beiwohnen würden. Abschließend will sie wissen, ob ich sie nicht nach Deutschland einladen könne.

In den folgenden Tagen versetzt Mohamed mich zu jedem Interviewtermin, ohne Vorankündigung. Ich verbringe stattdessen Zeit mit Hope und dem Schuhmacher Mammadou und drehe sie bei ihrem täglichen Überlebenskampf. Ich halte immer noch Ausschau nach jemandem, der infolge der rigorosen europäischen Politik auf dem Rückweg in seine Heimat ist, aber weder Hope noch dem Schuhmacher fällt jemand ein. Ich zweifle an meinem Vorhaben, weil mir beim Sichten der Bänder auffällt, wie stark Mohamed als Hauptfigur ist. Warum versetzt er mich auf einmal permanent, ohne zumindest Ismael oder Tiefolo Bescheid zu geben? Ich hoffe, dass er Arbeit gefunden hat und auch, dass sich ihm eine Möglichkeit bietet weiterzukommen, um im Nachbarland mehr Geld zu verdienen. Aber für mich und den Film hoffe ich natürlich, dass er nicht schon abgereist ist, ohne dass ich die Vorbereitungen dazu drehen kann.

Ich spaziere die Abwasserkanäle des Ortes entlang, um die Geographie der Stadt besser zu verstehen. Am Hafen des Niger, wo die Pinassen flussabwärts ablegen, lerne ich Ibrahim kennen, den Vorsitzenden der Vereinigung der Fischer des Niger in der Region Gao. Ich informiere Ismael, und gemeinsam mit dem Fischer nehmen wir eine Art Großraumtaxi, ein *taxi collectif* in sein Dorf außerhalb,»en brousse«. Dort lebt Ibrahim mit seinen vier Ehefrauen, deren Familien und seinen Kindern, das Dorf hat damit um die siebzig Einwohner. Ibrahims Tagesablauf sieht so aus: Jeden Abend legt er die Netze aus, während sein ältester Sohn ihn über den Fluss stakt. Jeden Morgen bei Sonnenaufgang holen sie die Netze wieder ein, leeren sie am Strand aus und sortieren die Fische in Eimer. Um sieben Uhr morgens besteigt Ibrahim ein Taxi collectif, das alle zwei Stunden vorbeikommt, nach Gao. Dort übergibt er die Fische einer Frau aus seinem Dorf, die mittlerweile in der Stadt lebt, zum Verkauf.

Als ich abends mit den Dorfbewohnern esse, werden Ismael und ich ganz selbstverständlich zu den Männern gesetzt. Ibrahim heißt uns im Namen des Dorfes willkommen, und Ismael weist mich darauf hin, dass ich der Tradition entsprechend nun eine Rede zu halten habe. Die Frauen essen von den Männern getrennt, nachdem diese ihre Mahlzeit längst beendet haben.

Bamako **Markala** Gao
2 850 km

Ich frage sie, ob ich mich zu ihnen setzen könne, damit wir uns ein bisschen unterhalten, und ernte als Antwort ein Kichern. Noch mehr amüsieren sie sich, als ich anschließend den Reistopf an der Waschstelle putzen will. Ich fühle mich unwohl in der Position, die mir hier zuteil wird.

Zurück in Gao lerne ich bei einem Spaziergang zum Grabmal von Askia Salih kennen. Er trägt eine Nähmaschine auf seinen Schultern und fragt mich auf Französisch, ob ich ihm helfen könne, das Geld für eine Ersatznadel zusammenzubekommen. Vor fünf Tagen sei die Spitze der Nadel beim Verstürzen von ungeklöppelter Baumwolle abgebrochen, und seitdem habe er nicht mehr arbeiten können: Er kann sich schlicht keine neue Nadel leisten. Ich begleite ihn zu einer Werkstatt, wo es Ersatznadeln gibt, und fühle mich unwohl, die 2,50 Euro (gut 1 600 CFA) im Nu zahlen zu können. Salih sagt, er müsse dafür drei Tage lang durcharbeiten, in seiner Heimat Sudan beinahe doppelt so lange.

Zu Besuch in Salihs Zimmer

Er lädt mich zum Teetrinken ein, und kurz darauf finde ich mich in einer Lehmhütte wieder. Sie besteht aus einem etwa neun Quadratmeter großen Zimmer voller Matten, in dem sich ansonsten nur drei gepackte Taschen befinden. Es gibt weder eine Toilette noch eine Kochstelle. An einer Leine, die zwischen zwei Nägeln an der Wand gespannt ist, hängen einige wenige Kleidungsstücke. In einer Ecke stehen drei Kanister mit Wasser, am Fenster hängt eine verschlossene Plastiktüte mit Instantkaffee und Reis. Unter der Decke dreht sich ein Ventilator. Das einzige Fenster ist mit einem Gitter versehen und wird von einem Vorhang verdeckt. Licht kommt nur durch die Tür herein. Ein Vorhang ersetzt die fehlende Tür und schafft ein wenig Abgrenzung zu Salihs Freiluftarbeitsplatz vor der Tür: Dort steht der Tisch, an dem er mit seiner Nähmaschine arbeitet. Die Kleidungsstücke, an denen er näht, bewahrt er in Tüten auf, die unter dem Tisch lagern. Nachts steht der Tisch sicher in der Mitte des Raumes und bietet den Bewohnern so auch etwas Privatsphäre.

Wir trinken Tee mit seinen beiden Mitbewohnern, einem Tigrinya-Krankenpfleger aus Eritrea und einem somalischen Radiomoderator. Ihrem wenigen Besitz und ihrer Herkunft unterschiedlicher ostafrikanischer Krisengebietsländer nach offensichtlich Geflüchtete. »Warum lebst du hier in Gao?«, frage ich Salih.

Er erzählt, dass sie eigentlich einfach nur unterwegs seien in ein Land, in dem sie in Frieden leben könnten. Ein Land, in dem sie genügend Geld verdienen könnten, um zu überleben. Ein Land, in dem sie ihre Meinung ohne Sorge um ihr Leben kundtun dürften. Eines, in dem weder Bürgerkrieg wie im Sudan noch eine Militärdiktatur wie in Eritrea herrsche, wo keine unübersichtlichen Kämpfe zwischen Milizen, Clans und Warlords geführt würden wie in Somalia. Den ersten Aufguss haben wir getrunken, den bitteren Geschmack des grünen Tees noch auf der Zunge, da drängt ihn sein Mitbewohner Fogo, mir mehr von sich zu erzählen. Während Salih die zweite Runde Tee aufgießt, vertraut er mir an, dass sie nach Europa unterwegs sind. Um politisches Asyl zu erbitten. Und dass er schon einmal in Dänemark gewesen sei. Er sei Christ und komme aus der Region der Nuba-Berge im Zentrum des Sudans. Seine gesamte Jugend über habe er den Bürgerkrieg am eigenen Leib erlebt. Um von den Milizen der SPLA nicht zwangsrekrutiert zu werden, war er vorerst in den Nordsudan geflohen. Dort hatte er nach Arbeit gesucht. Die anhaltenden Islamisierungsversuche und das Unabhängigkeitsbestreben, dazu die Rebellenkämpfe um die Ölressourcen des Landes, die sich hauptsächlich im Süden befinden, hätten ein Leben im Sudan unmöglich gemacht. Im Norden habe man ihn ebenfalls zwangsrekrutieren wollen, um gegen seine eigene Bevölkerung zu kämpfen. In seinem nordsudanesischen Militäranzug habe er glücklicherweise den Kapitän eines indischen Frachtschiffs überreden können, ihn mitzunehmen. 39 Tage habe er auf dem Boot versteckt verbracht, bis der Kapitän ihn in Kopenhagen von Bord habe gehen lassen.

»Sechsmal habe ich in Dänemark politisches Asyl beantragt. Drei Jahre habe ich dort für einen französischen Schneidermeister im Hinterzimmer des Ladens genäht und ohne Arbeitsgenehmigung gerade einmal vier Euro pro Stunde verdient. Nachts habe ich auf den Stühlen der Kammer geschlafen.« Nach drei Jahren wurde sein Asylgesuch abgelehnt, und er sei untergetaucht. Weitere drei Monate später sei er beim Durchsuchen von Müllcontainern eines Supermarktes in eine Polizeikontrolle geraten. Man habe ihn in Abschiebehaft gesteckt und in den Sudan abgeschoben. Trotz anhaltendem Bürgerkrieg im Jahre 2004.

Wir sind bereits beim letzten Aufguss, da setzt Salih die Geschichte seiner Odyssee mit seinem zweiten Aufbruch aus dem

Sudan fort. »Diesmal wollte ich über Libyen nach Europa, nach Schweden.« Seine Bernina-Nähmaschine Schweizer Fabrikation habe er sich noch im Nordsudan besorgt, sie sei mittlerweile sein treuester Begleiter: Nur dank ihr könne er sich seine Reise finanzieren. Er habe es auch geschafft, unerkannt bis nach Libyen zu gelangen, sei aber so entsetzt gewesen, wie man dort mit *people of colour* umgehe, dass er beschlossen habe, über Algerien nach Europa zu fliehen. An der Grenze zwischen Libyen und Algerien ist er dann in eine Polizeikontrolle geraten und mit mehreren anderen an die Grenze zu Mali abgeschoben worden, nahe Tinzouatine.

Salih sagt erschüttert: »Niemals in meinem Leben habe ich so ein perspektivloses Fleckchen Erde gesehen wie in Tinzouatine. Keinen Cent CFA gab es dort zu verdienen. Die einzigen Lebewesen, die du antriffst, sind ausgeraubte und verarmte Geflüchtete aller Herren Länder!« Vom Niger habe er Ähnliches gehört, und so sei er dank seines Mitbewohners Fogo aus Mogadischu nach Gao gelangt. Fogo hatte von seiner Familie etwas Geld geschickt bekommen und die Reisekosten für Salih übernommen. Er hatte Vertrauen in Salihs Schneiderkunst und sollte darin Recht behalten: Heute ist es Salih, der hier in Gao für ihre Miete aufkommt.

Ich weiß nicht, ob es der Belag des übersüßten dritten Aufgusses auf meiner Zunge ist oder das bittere Schicksal so vieler auf diesem Kontinent Geborener in meinem Alter – ich haste nach draußen und habe das Gefühl, mich übergeben zu müssen. Zu schmerzlich ist mir die Erkenntnis über das Glück und den puren Zufall, ohne etwas dafür zu tun, in Europa geboren zu sein. Ein Privileg, das vor allem für die persönliche Freiheit und Individualität von großem Vorteil ist.

Auf den Nähtisch starrend, kommt mir das erste Bild von Salih in den Sinn: ein Mann mit seiner Nähmaschine auf der Schulter, der eine neue Nadel sucht. Das erscheint mir sinnbildlich für die Suche vieler nach ihrem Glück in Europa. Ich kehre ins Zimmer zurück und erzähle den dreien den Grund, warum ich hier bin. Sie lachen sich schlapp. Das wüssten sie doch längst. Auch wenn sie versuchten, abseits der Foyers du Nord zu leben, die es hier für Ostafrikaner nicht gebe, da die meisten von ihnen wenn überhaupt nur im schnellen Transit durch Westafrika unterwegs seien, so seien sie doch auf dem Laufenden darüber, was sich in den Zusammenhängen der Geflüchteten und Migranten abspiele. Ich frage mich einen Moment lang, ob Salih mich in seine Not aus einem Hintergedanken heraus eingeweiht hat, aber verwerfe den unterstellenden Gedanken gleich wieder. Ich erkundige mich, ob er sich vorstellen könnte, an dem Dokumentarfilmprojekt teilzunehmen, aber er winkt ab:»Nein, das kann ich nicht. Ich will mein Leben für mich behalten und nicht mit anderen teilen. Und was gibt es zu Kriegen noch hinzuzufügen?«

Politische Flüchtlinge

Salih, Fogo und ihr eritreischer Mitbewohner, ebenso wie später auf meiner Reise Dolo aus Liberia (Seite 127), stammen aus Ländern, in denen sie politisch, religiös oder ethnisch verfolgt werden: Sie kommen aus dem Krisengebiet Sudan, der Militärdiktatur Eritrea, dem von unübersichtlichen Gefechten zwischen Warlords, Clans und Milizen geplagten Somalia und dem langjährigen Bürgerkriegsland Liberia. Dennoch haben sie keine legale Möglichkeit, in die EU einzureisen. Bewaffnete Konflikte und Diskriminierung, Folter, Morde und Entführungen im Auftrag von Regierungen bei gleichzeitiger Straflosigkeit, fehlende Meinungsfreiheit – all dies können Gründe sein, Schutzsuchenden in Europa Asyl zu gewähren. Wenn sie es denn jemals auf europäisches Territorium schaffen sollten. In ihren Heimatländern werden ihnen jegliche Möglichkeiten, diesen Schutz über legale Wege zu suchen, verwehrt. Weder die Botschaften in ihren Heimatländern noch jene in den Ländern ihres Transits nehmen Asylanträge an. Sie können einzig in Europa selbst gestellt werden. Die seit den achtziger Jahren fortwährende und zunehmende Militarisierung und Exterritorialisierung der EU-Außengrenzen ist jedoch darauf ausgelegt, Schutzsuchende gar nicht erst einreisen zu lassen.

Aus Artikel 14 der Allgemeinen Erklärung der Menschenrechte (1948), die der 1951 verabschiedeten Genfer Flüchtlingskonvention zugrundeliegt, ergibt sich zwar, dass Flüchtlinge das Recht haben, Asyl zu suchen und zu genießen. Leider garantiert die Genfer Flüchtlingskonvention aber nicht einmal Menschen unbedingt Schutz, die vor Konflikten fliehen, trotz der großen Flüchtlingsbewegungen als Folge von Kriegen, die unter den Flaggen von NATO und UNO in den vergangenen Jahren ausgelöst und geführt wurden (etwa in Syrien, Libyen, Mali und der Zentralafrikanischen Republik). Und das humanitäre Völkerrecht, das wiederum auf den Genfer Konventionen basiert, fordert zwar von allen an einem Krieg, Bürgerkrieg oder internen bewaffneten Kämpfen beteiligten Parteien, Zivilisten, Gefangene und Verwundete zu schützen und die Zivilbevölkerung human zu behandeln. Trotzdem gehören Menschenrechtsverletzungen und Kriegsverbrechen zum grausamen Kriegsalltag. Vorherrschende Amnestiegesetze machen es unmöglich, Warlords vor Gericht für ihre Verbrechen in die Verantwortung zu nehmen. Und auch wenn von den unterzeichnenden Regierungen verlangt wird, ihre Bevölkerung vor willkürlicher Rassen-, Religions- und Geschlechterdiskriminierung zu schützen, stellen Folter, Mord und das »Verschwindenlassen« von politischen Gegnern durch repressive Regimes trotzdem keinen Grund dar, betroffene Menschen auf legalem Weg für einen Asylantrag in die EU einreisen zu lassen. Die daraus resultierenden gesundheitlichen Traumata werden in den Krisengebieten oft ignoriert oder nicht behandelt.

Statt politisch Verfolgten Asyl zu gewähren, heizen westliche Länder häufig durch Waffenlieferungen – von Kleinwaffen bis zu Panzern – Bürgerkriege und Konflikte zwischen aufständischen Milizen, Rebellengruppen und unterbezahlten Militärs ebenso wie zwischenstaatliche Kriege weiter an.

Haben die Flüchtlinge europäisches Territorium erst einmal erreicht, beschränkt sich unsere Flüchtlingspolitik einzig auf die Diskussion darüber, welches sichere Drittland (etwa Bulgarien, Polen oder Italien) für den Asylantrag zuständig ist. Wo der Geflüchtete im europäischen Computersystem AFIS seinen Fingerabdruck bereits hinterlassen haben könnte. Seit Dublin III 2013 verabschiedet wurde, gilt auch Marokko als Verbündeter und dem autokratischen Königreich wurden Visaerleichterungen für seine Staatsangehörigen eingeräumt. Im Gegenzug ließ sich die EU unterschreiben, alle undokumentiert über Marokko eingereisten Subsaharier dorthin zurückschieben zu können. So entledigt sie sich der bei ihr Schutzsuchenden durch Abkommen mit Ländern, in denen die Menschenrechte missachtet werden (es gibt ebenfalls Rücknahmeabkommen mit Libyen, Tunesien, Mauretanien und anderen).

Dies ist besonders prekär, da politische Verfolgung oft unmittelbar mit massiven sozialen und wirtschaftlichen Missständen in den Herkunftsländern verknüpft ist: Viele der Konflikte, etwa im Sudan (Salih) oder in Liberia (Dolo), verschärfen sich zusätzlich durch Auseinandersetzungen um deren Ressourcenreichtum.

Salih, Fogo, Dolo und viele andere politische Flüchtlinge sind so gezwungen, langjährige, entbehrungsreiche und gefahrenvolle Umwege auf sich zu nehmen, um in der EU einen Antrag auf politisches Asyl stellen zu können. Und werden dann mit größter Wahrscheinlichkeit nach Marokko zurückgeschoben werden.

Mein zweiter Monat in Gao

Ich suche Mohamed am Busbahnhof und erkundige mich nach ihm bei den Männern, die vor seinem *Foyer du Nord* sitzen und fernsehen. Ohne Erfolg. Im flackernden Röhrenfernseher, der von einer danebenstehenden Autobatterie betrieben wird, seufzt Barbarella, die Protagonistin Brasiliens erfolgreichster Telenovela, die auch dem malischen Fernsehsender überdimensionale Quoten beschert.

Wenig später begegne ich Djeufemi. Er arbeitet an einem anderen privat betriebenen Busbahnhof in der Stadt. Djeufemi entstammt einer Griot-Familie und hat sein Leben lang auf Reisen verbracht. Nun will er nach Europa, weil er gehört hat, dass man dort als Straßenmusiker innerhalb eines Tages das Gehalt eines ganzen Monats in Afrika verdienen kann. Außerdem findet er die Tonstudios seines Landes unprofessionell. Vorerst will er nach Libyen reisen, wo er vor vier Jahren schon einmal gearbeitet hat. Auch er erzählt, dass er niemals zuvor solch demütigende Arbeitgeber gehabt habe wie in Libyen. Die Araber dort hielten sich für wertvoller als ihre subsaharischen Nachbarn, deshalb sei er damals nach acht Monaten Arbeit wieder aufgebrochen. Nun aber reizt ihn das Geld, er werde sich daher noch ein weiteres Mal ausbeuten lassen, um mit seinem Verdienst bis nach Europa gelangen zu können. Er versuche, immer alleine zu bleiben und nicht in Flüchtlingsheimen unterzukommen, da so niemand Fremdes aus ihm Profit schlagen könne. Ich verbringe zwei Tage mit ihm und seiner Gitarre, dann zieht er weiter: Er hat einen durchreisenden Lkw-Fahrer aus Burkina Faso kennengelernt, als dieser in Gao auf dem Gudron 1 auf der Suche nach einem Ersatzschlauch war. Djeufemi hat dem Burkinabé beim Reifenwechsel geholfen und im Gegenzug gebeten, mitfahren zu dürfen. Nun wird er ihn über Niamey mitnehmen bis nach Agadez im Niger.

Als ich tags darauf zu Hope zum Mittagessen gehe, lerne ich dort einen Igbo-Migrationsforscher aus Nigeria kennen. Er stellt sich höflich vor und eröffnet mir, er habe bereits von meinem Vorhaben gehört. Er begrüßt mein Interesse sehr, aber rät mir dringend davon ab. Es sei zu gefährlich für eine Frau meiner Hautfarbe, die Orte entlang der transsaharischen Migrationsroute zu passieren. Er selbst sei sieben Jahre Assistent eines bekannten Migrationsforschers gewesen und sitze nun seit vier Jahren an seiner Dissertation. Er hält mir ein etwa 400 Seiten dickes, ungebundenes Manuskript unter die Nase. Drei weitere Länder will er noch durchreisen, um sein Werk zu beenden. Derzeit sucht er nach einem Verlag, der ihm die Druckkosten auslegt, ein britischer Verlag hat bereits Interesse signalisiert. Auf einmal wechselt seine Stimmung, und er fängt an, mich zu beschimpfen: Wir Weißen sollten »unsere Finger von Afrika« lassen, die Thematik der Migration ginge nur sie selbst etwas an. Er habe diese Schnüffeleien von Europäern in den Angelegenheiten seines Kontinents satt.

Ich bin überrumpelt und versuche, meine Position zu erklären. Ich würde mich keinesfalls auf den Routen der Migration bewegen wollen, sondern wollte ursprünglich einzig im subsaharischen Afrika drehen, um zu verstehen, warum es für Menschen in meinem Alter hier unmöglich sei, sich eine Existenz aufzubauen. Niemals hätte ich geplant, Flüchtende begleiten zu wollen. Das würde ohnehin die Realität verfälschen. Als Europäerin, die sich notfalls aus jeder Situation herauskaufen könne und die das Privileg der Reisefreiheit besitze, fände ich es anmaßend, mit Menschen zu reisen, deren Überleben von ihrem Vorwärtskommen abhängt. Obwohl mir unser Gespräch und sein verachtender Blick noch lange nachhängen und meinen Tatendrang lähmen, freue ich mich, als wenige Tage später Mohamed wieder auftaucht.

Im Exil

Frühmorgens an einem der Kaffeestände steht er mir plötzlich gegenüber. Im Schlepptau hat er einen jüngeren Mann, der aus dem Nachbarland stamme und nach einem missglückten Versuch, nach Europa zu gelangen, nun wieder auf dem Weg zurück in seine Heimat sei. Cissé, neunzehn Jahre alt und Jurastudent aus Conakry, ist laut Mohamed der Protagonist, der den Film vervollständigen sollte. Cissé erzählt: Obwohl er sein Studium unterwegs nicht wie zu Hause angekündigt fortgeführt habe, obwohl sein Vater Oppositionspolitiker sei und deswegen auch sein Leben in Gefahr sei, und obwohl er kein Geld habe und derzeit im Heim der Guineer von Gao lebe, sei er auf dem Weg zurück in seine Heimat. Er könne immer noch nicht fassen, was er in den letzten Jahren erlitten habe; wie sehr seine Brüder und Schwestern unterwegs und an den Grenzen leiden müssten. Deshalb habe er beschlossen umzudrehen. Nun sei er hier, ohne Geld, und bräuchte welches für seine Rückreise. Ob ich ihm nicht helfen könne? Dann könne ich ihn auch drehen.

Irgendetwas gefällt mir an dem jungen Mann nicht. Ich habe das Gefühl, dass mir die Geschichte nur aufgetischt wird, weil Mohamed weiß, dass ich noch jemanden suche, der auf dem Weg zurück von Europa in sein Heimatland ist. Cissés Bereitschaft erscheint mir als eine Art Entschuldigung Mohameds dafür, dass er mich so lange im Unklaren über den Fortgang der Dreharbeiten gelassen hat. Oder ärgere ich mich einfach nur über die forsche Art und die Forderung des jungen Mannes?

Als sie mir erzählen, ich könne in Cissés Foyer drehen, willige ich ein. Mich frustriert sein Lockmittel, aber ich weiß auch, wie dringend ich Bilder aus einem der Heime für die Dramaturgie des Films brauche. Mohamed holt mich am nächsten Morgen ab und schweigt sich über die Gründe für sein langes Abtauchen aus. Es habe Arbeit gegeben, und er habe bei den Buskontrollen am Eingang zur Stadt nach »Neuen« gesucht, um seine Reise fortsetzen zu können. Außerdem habe er Ärger mit seiner Freundin, der zwanzigjährigen Tochter des Polizeichefs, mit der er »eine Art Beziehung« pflege. Sie frage ihn permanent nach Geld, seitdem er ihr von seiner Arbeit mit mir erzählt habe. »Außerdem will sie unbedingt mit mir zusammen emigrieren, das will ich aber auf keinen Fall!«, ergänzt er. Der Chef von Cissés Foyer ist ebenfalls Guineer. Er war selbst zehn Jahre lang ein sogenannter *migrant errant*, ein Wanderarbeiter, bis er seine Frau, eine Malierin des Stamms der Songhai, kennenlernte und heiratete. In allen Ländern Afrikas, in denen er gearbeitet hat, hat er in Foyers gelebt. Er wollte zwar nie nach Europa, hat sich aber unter seinen Landsleuten immer am wohlsten gefühlt. Daher weiß er auch, wie schwer es für papierlose Flüchtende ist, eine Unterkunft zu bekommen. Und so hat er das Nachbarshaus seiner Frau gemietet, um es an Geflüchtete aus Guinea unterzuvermieten. Seinen Lebensunterhalt bestreite er mit seiner an das Haus angrenzenden Boutique, die er sich dank seiner Frau leisten könne. Cissé merkt dazu später bissig an, dass seine Familie nur überleben könne, weil er seinen Landsmännern – wohlwissend um deren Dilemma – unter dem Deckmantel des Wohltäters noch die letzten Münzen aus der Tasche ziehe. Das sei jedoch nicht verwunderlich: Wenn man in einem kolonisierten Land aufwachse, würden die Menschen später selbst zu Ausbeutern. Das guckten sie sich von ihren omnipotenten, mit den Industrieländern kooperierenden Regierungen ab ...

Abends denke ich lange darüber nach, ob und wie der Film ohne eine Hauptperson, die umdreht und in ihr Heimatland zurückkehrt, funktionieren könnte. Ich bin überfordert von all dem, was ich täglich höre und sehe, und versuche gleichzeitig, einen Überblick zu behalten über das, was mir erzählt wird, was ich erlebe und weiß beziehungsweise zu wissen meine. Das bisher Erlebte übertrifft meine kühnsten Erwartungen und ich habe das Gefühl, trotz langer und akribischer Vorbereitung nichts zu verstehen – von dem, was hier vor sich geht, und von dem, was Europas geostrategische Wirtschaftsinteressen und die zunehmende Militarisierung unserer Außengrenzen für ihre Wege bedeuten.

Ich bewege mich auf einem schmalen Grat zwischen meinem Wunsch, einen Dokumentarfilm über Geflüchtete zu machen, und dem Nutzen, den diese momentan Flüchtenden überhaupt davon haben könnten. Als Europäerin, die alleine mit ihrer Kamera unterwegs ist und einen Dokumentarfilm dreht, bestätige ich jegliches Klischee über die Freiheit, die man als Individuum in Europa hat. Es zeigt, wie ungerecht der Unterschied, der zwischen Norden und Süden gemacht wird, wirklich ist. Sie müssen an mir verdienen oder versuchen, die Gelegenheit zu nutzen. Ich als Europäerin, die sich frei bewegen darf, habe den Luxus des Vergleichs. Ich kenne beide Seiten, während wir uns herausnehmen, ihnen mit unserer Politik eine der Seiten vorzuenthalten.

Während wir auf einer Matte im Innenhof seines Heims sitzen, erzählt Cissé, wie er im Hafen von Marseille mit dem Studentenausweis und Pass eines Freundes, der für ein Jahr Austauschstudent einer evangelischen Universität in Frankreich gewesen sei, versucht habe, die Grenze am Hafen zu passieren. In Algier habe man ihn ohne weiteres an Bord der Fähre gelassen, aber die französische Grenzschützerin habe lange zwischen dem Pass und seinem Gesicht hin und her gestarrt. Dann seien auf ihre Handbewegung hin einige Beamte gekommen und hätten ihn, ehe er sich versah, in Abschiebehaft gebracht. Er sei auf die nächste Fähre zurückgebracht worden. In Algier habe man ihn in Empfang genommen, ihm seinen Pass abge-

Bamako   Markala   **Gao**
2850 km

nommen, ihn zusammengeschlagen, wochenlang in Haft gesteckt und schließlich an die algerisch-malische Grenze abgeschoben. Nach einer viertägigen Fahrt ohne Pausen, für die man sie »wie Kühe« in den Lieferraum eines Lkw gepfercht habe, seien sie Mitten in der Wüste ausgesetzt und ihrem Schicksal überlassen worden. Ohne einen einzigen Wasserkanister. Aus dem Ghettoblaster neben uns leiert Tiken Jah Fakoly »Ouvrez les frontières«, »Öffnet die Grenzen«.

Am nächsten Morgen treffe ich Mohamed wieder, der, wie er betont, »dringend aufbrechen muss«. Er könne sich die Miete im Foyer nicht mehr leisten, der Melonenverkauf bringe kaum genügend Geld zum Überleben – in Algerien könne er im Gegensatz dazu zumindest fünf Euro am Tag für einfache Arbeiten erhalten. Dort könne er von den Nordafrikanern nebenbei auch noch etwas über Pflanzenbewässerungssysteme und Baumschnitt lernen. Und dieses Wissen irgendwann in Zukunft mit zurück in seine Heimat tragen und sich zu Nutzen machen. 2002, während seines ersten Abenteuers, habe er in den Hainen des Maghreb Clementinen und Oliven oder auf den Feldern im Akkord Gemüse geerntet und dabei beobachtet, wie die Nordafrikaner ihre Gärten und Felder bewirtschaften. Dafür liebe er die Gärten Maghnias im Norden Algeriens. Um dahin zu gelangen, brauche man nicht viel Geld. Im Vergleich zu den Summen, die ein Flüchtender später für die Überfahrt auf den europäischen Kontinent an seine Schlepper zahlen muss, seien die Preise bis Nordalgerien ein Witz. Mohamed hat zwar theoretisch noch zwei Freifahrten auf einer Piroge, wie er mir sagt, da die erste Bezahlung einer Überfahrt immer drei Versuche beinhalte. Er wolle das nächste Mal aber ohnehin versuchen, im doppelten Boden eines Taxi collectif, eines Großraumtaxis versteckt, die transkontinentale Landesgrenze von Marokko in eine der spanischen Enklaven zu passieren.

Ich bin so beeindruckt von dem, was er mir gerade erzählt hat, dass ich seinem Fluchtvorhaben nur mit halbem Ohr folge.

Die Menschen machen sich auf, um etwas zu lernen, daraus ihren Nutzen für die Weiterreise zu ziehen und irgendwann reich an Erfahrungen zurückzukehren? Und was macht Europa? Es beschränkt sich darauf, seine Grenzen zu militarisieren und autokratische Herrscher von Transitländern zu Verbündeten gegen illegalisierte Einwanderer zu machen. Und es schränkt die Mobilität für Nicht-Europäer ein, während es die uneingeschränkte Reisefreiheit seiner Bürger (vor allem im Inneren) weiter vorantreibt.

Mohamed bekommt einen Anruf für einen Job am Nachmittag. Altmetall und Aluminiumreste sollen verladen und leckende Ölfässer entsorgt werden. Als wir vor Ort ankommen, sind dort nur Flüchtende, die arbeiten. Einige von ihnen kenne ich mittlerweile vom Busbahnhof oder aus Mohameds Foyer. Sie bekommen für zwei Stunden Schrott verladen 330 CFA (etwa 50 Eurocent) – in Mali kein schlechter Lohn und nur damit zu erklären, dass vom Aluminium giftiger Staub durch die Luft wirbelt und aus den Ölfässern eine ätzende Flüssigkeit sickert, die die Gesundheit der Arbeitenden beeinträchtigen kann.

Sie alle nehmen das in Kauf, um ihre Flucht voranzutreiben. 1 100 Euro brauchen sie für die Überfahrt auf einer Piroge, einem selbstfabrizierten Holzboot, 1 400 Euro für den Transfer mit dem *zodiac*, einem Schlauchboot. 3 000 Euro kostet derzeit die Passage im doppelten Boden eines alten Mercedes. Dazu kommen etliche andere Möglichkeiten, die im Zweifelsfall günstiger, aber mindestens genauso gefährlich sind und vom Einfallsreichtum der Reisenden zeugen: Luftmatratzen, Schwimmpartnerschaften für jene, die nicht schwimmen können, Jet-Skis, Lkw- oder Fährmitfahrten. Von Touristenvisa und gefälschten Diplomatenpässen ganz zu schweigen. Aufgrund der zunehmenden Militarisierung der EU-Außengrenzen sind die Überfahrten für die Papierlosen mit der Zeit zunehmend länger und damit gefährlicher geworden. Die Route, auf der Mohamed sein Abenteuer wiederholen will, eine der ältesten Handels- und Sklavenrouten der Welt (über Algerien und Marokko gen Norden), wird immer schwieriger, da die europäische Grenzagentur Frontex die Straße von Gibraltar so akribisch bewacht. Auch die westlichere Route über die Kanaren, ab Senegal, Mauretanien oder Südmarokko, ist wegen der Militarisierung unserer Grenzen kaum mehr passierbar. Ostafrikaner, Bangladescher, Pakistani und Syrer versuchen, über Libyen, Ägypten und Tunesien nach Europa, nach Italien zu gelangen. Oder östlicher, über die Türkei nach Griechenland. Seit Griechenland den Grenzfluss Evros allerdings noch durch einen Zaun verstärkt hat, sind die undokumentierten Reisenden gezwungen, auf die Ägäis auszuweichen. Doch auch dort hat Frontex seinen neuesten Coup schon installiert: Eurosur, ein Überwachungssystem zur angeblichen Kontrolle von Migrationsströmen. So versuchen die Reisenden von der Türkei über das Schwarze Meer nach Bulgarien zu gelangen. Auch dort erwartet sie seit neuestem ein Zaun, der vor allem zum Schutz gegen die syrischen Flüchtenden in Windeseile gebaut wurde.

Als Mohamed beschließt, nach Algerien aufzubrechen, ahnen wir nicht, dass auch dieses Land wenige Jahre später in Erwägung zieht, einen Zaun genau dort zu bauen, wo Mohamed selbst einem unwirtlichen Grenzgebiet noch etwas abgewinnen kann: nahe der Gärten bei Maghnia.

Algerien – zwischen Arbeit und Abschiebung

Neun Monate, nachdem ich schweren Herzens aus Gao über Bamako abgereist war, befinde ich mich an Bord einer Maschine von Air Algérie Richtung Algerien. Ein Flug Berlin-Algier über Frankfurt am Main kostet für mich etwa 550 Euro. Algerier oder Subsaharier können sich diesen Flug in umgekehrter Richtung kaum leisten; da brauchen sie schon einen enormen Geldbetrag auf ihrem Privatkonto, um das Vertrauen der deutschen Botschaften zu erkaufen (vorausgesetzt, sie schaffen es überhaupt, diese zu betreten und einen Visumsantrag zu stellen) oder um einen Mittelsmann zu bezahlen, der mit vereinzelten Botschaftsangestellten kooperiert.

Beim Umstieg in Frankfurt ist mir mulmig zumute bei der Vorstellung, dass sich am größten deutschen Flughafen Abschiebezellen befinden. Täglich werden hier Menschen in einem speziellen Flughafenverfahren, noch bevor sie das Land, das meine Heimat ist, überhaupt betreten haben, ohne rechtliche Prüfung im Eilverfahren wieder abgeschoben. Ob es sich um im siebten Monat schwangere, einreisende Kongolesinnen mit Touristenvisa handelt oder um politisch verfolgte Eritreer mit selbigen, die über den internationalen Flughafen von Istanbul gekommen sind – ihnen wird die Einreise trotz gültiger Papiere oftmals verwehrt, und sie werden unvermittelt in einen Flug in umgekehrter Richtung gesetzt, ohne dass sich überhaupt jemand differenziert mit den Gründen ihrer Einreise auseinandersetzt. Die Abschottung Europas macht an den Grenzen nicht halt, sie ist auch Einstellungssache der Bürger. Obwohl damit gegen die Genfer Flüchtlingskonvention von 1951 verstoßen wird: Jeder Mensch hat, sobald er europäischen Boden betritt, Recht auf einen Antrag nach Schutz (Asyl). Leider gilt Europas Schutzraum nur für seine eigenen Bürger und nicht für jene, die bei uns Schutz suchen.

Aber der Reihe nach. Ich reiste aus Gao ab mit dem Vorhaben, das Konzept meines Films zu ändern. Seit meinem Dreh mit Mohamed habe ich beschlossen, ihn wiedertreffen zu wollen auf seiner Odyssee gen Europa, ihn filmen zu wollen an den Orten, an denen er festhängt, das teilweise jahrelange Zirkulieren Geflüchteter vor Europa in Bilder einzufangen. Zu sehr hatte mich beeindruckt, was er während eines unserer letzten Interviews von seinen Erwartungen an Nordafrika erzählt hatte. All die Erfahrungen, die er in den Transitländern sammele, würden ihn bereichern, und mit diesem Wissen würde er irgendwann in seine Heimat zurückkehren, um es dort anzuwenden. Wenn möglich sogar, um seiner Familie die technischen Gerätschaften zur Verfügung stellen zu können, die zu bedienen er unterwegs gelernt hatte.

Von Anfang an war mir klar: Ich würde nicht mit ihm reisen, wie es viele Journalisten unterschiedlichster europäischer Herkunft bereits für diverse Fernsehformate gemacht hatten. Und »verbrannte Erde« hinterlassen hatten. Bei deren Geschichten über ihre Zeugen schäme ich mich jedes Mal in Grund und Boden. Da gab es englische Journalisten, die mehrere Geflüchtete auf ihrer Reise monatelang begleiteten und filmten mit dem Versprechen, diesen dann in Marokko die Überreise zu finanzieren – und sich dann absetzten. Oder französische Kollegen, die den Protagonisten ihres Films versprachen, den Beitrag nur für Aufklärungsarbeit zu benutzen – und auf die Migranten hagelten Wochen später bei einem ihrer spärlichen Anrufe zu Hause bei ihrer Familie aus heiterem Himmel Vorwürfe, sie befänden sich ja immer noch im Transit und nicht in Europa. Ob sie sich nicht schämen würden, sich wie Penner gekleidet im Fernsehen zu zeigen. Der franko-internationale Sender TV 5 Monde hatte die Bilder bis in die Innenhöfe ihrer Familien gebracht.

Zurück in Berlin und der Ärger mit der Botschaft

Zusammen mit der Cutterin Sabine schneide ich das in Gao gedrehte Material zu einem Trailer. Damit möchten wir uns bei Stiftungen und Filmförderungen um Geld bemühen, um das konzeptuell geänderte Drehvorhaben baldmöglichst in die Tat umsetzen zu können. Den Zwanzig-Minuten-Trailer reichen wir an unterschiedlichsten Stellen ein, und während wir auf eine Zusage über zumindest genügend Geld für eine Reise nach Algerien warten, überlege ich, wie sich meine neue Idee dramaturgisch umsetzen lässt.

Mir gefällt die Möglichkeit des Participatory-Videos, das heißt die Protagonisten beziehungsweise Portraitierten bekommen selbst eine Kamera in die Hand, um ihre Situation zu drehen. Dies verspricht zwar keine Bilder von den gefährlichsten Momenten der Flucht oder dem Flüchten selbst, aber einen intensiveren und authentischeren Zugang als irgendwie anders möglich. Zudem finde ich es anmaßend, als Europäerin Menschen zu begleiten, deren Leben von ihrem Vorwärtskommen abhängt beziehungsweise die dadurch womöglich erst besonders auffallen. Ohnehin klar ist, dass man mit ausreichend Geld leider fast alles drehen kann und dass der Aspekt, dass eine Europäerin mit Migranten unterwegs ist, jegliche Situation von vornherein verfälscht und einzig die Gier der Schlepper um ein Vielfaches erhöht.

Ich bin mir unsicher, ob Mohamed nach über einem Jahr Aufenthalt in Gao ausgerechnet jetzt den Absprung vor Ort schaffen wird, aber er sichert mir mal per Mail und mal in Telefonaten über sein Handy zu, dass er spätestens zum Herbst gerne in Nordalgerien wäre, da dort die Erntesaison beginne und er so innerhalb kurzer Zeit Geld verdienen könne, um nach Marokko weiterzureisen. Und wenn er die »richtigen Ehemaligen« treffe und einige Monate arbeite, könne er seinen Transfer schon für den kommenden Sommer organisieren.

Ich beantrage ein Visum für Algerien und muss mich dafür viermal in der algerischen Botschaft in Pankow einfinden, das Ganze zieht sich über einen Zeitraum von zwei Monaten hin. Meine nachfragenden Anrufe werden entweder abgewimmelt oder ich werde vertröstet mit der Aussage, es gebe derzeit zu viele Anfragen, der Antrag müsse an das algerische Innenministerium weitergeleitet werden, die in Zusammenarbeit mit der deutschen Botschaft die Antragstellenden prüfen würden, was auch immer das heißen mag. Vor der letzten Einladung zu einem persönlichen Vorsprechen, bei dem ich die Gründe für meine Einreise darlegen soll, wird mir geraten, einen »Visa-Express-Dienst« zur Hilfe zu nehmen. Für einen Aufschlag von einem Drittel der Visumskosten hilft ein der Botschaft bekanntes Unternehmen mit dem Antrag und übernimmt die Gespräche mit dem Konsularbeamten. Ich habe diese Herren während meiner stundenlangen Wartezeiten in seinem Vorzimmer ausgiebig beobachtet, wie sie mit Mappen voller Dokumente von Antragstellern an allen wartenden Einzelpersonen freundschaftlich grüßend vorbeigewunken werden. Vermutlich sind es ähnliche Gestalten, die auf afrikanischem Boden in ebensolchem Aufzug mit ebensolchen Begrüßungsgesten für jene Afrikaner ein Touristenvisum nach Europa besorgen, die genügend Geld auf ihrem Bankkonto besitzen. »Afrikas Dekadenz, sie bekommt ein Visum«, wie es die großartige Journalistin Charlotte Wiedemann unlängst treffend formuliert hat.

Nach unserem letzten persönlichen Gespräch, nachdem ich die Einladung des Konsularbeamten zu einem persönlichen Kaffeetrinken außerhalb der neonlichtbeleuchteten algerischen Botschaft – die einer Festung gleicht – abgelehnt habe, wird das beantragte Studentenvisum trotz Nachweisen der Universität und meines Produzenten ohne Begründung abgelehnt. Bei einem erneuten Besuch meinerseits bei dem Konsularbeamten, während dem ich ihm eine nadelöhrgroße Möglichkeit suggeriere, doch einen Kaffee mit ihm zu trinken, erfahre ich, dass Algerien keine Individualtouristen wünscht. Ohne eine gebuchte Wüstentour mit zertifiziertem Guide oder eine Hotelbuchungsbestätigung (inklusive Vorab-Zahlungsnachweis) bekomme man für sein Heimatland keine Einreisegenehmigung.

Frustriert telefoniere ich mit Mohamed, der erzählt, er flüchte sich in das abendliche Gucken von »Barbarella« und konzentriere sich auf seine nächtliche Suche nach Neuankömmlingen am Busbahnhof. Tagsüber sei es zu heiß, die abgedunkelten Innenräume oder den mageren Schatten im Innenhof seines Foyers überhaupt zu verlassen. Auch er ist frustriert, weil er festsitzt.

»Und wenn du kein Visum für Algerien bekommst, wie soll es dann weitergehen?« Ich versichere ihm, sobald wir eine Förderung bekämen, würden wir die Kosten seiner Reise bis an die afro-europäische Grenze übernehmen. Auch ohne finanziertes Filmprojekt könne er sich auf ein Minimum an finanzieller Unterstützung unsererseits verlassen. Er ist erleichtert, obwohl er nicht nachvollziehen kann, warum ich ihm kein Geld für seine Passage nach Europa leihen will. Ein Grund dafür, der auf mir lastet, ist die Tatsache, dass ich weiß, wie es vielen der Ankömmlinge in Europa ergeht beziehungsweise welche bürokratisch-rassistischen Drangsalierungen sie erwarten.

Wir verabreden, das nächste Mal per Yahoo-Messenger oder Facebook – dem Kommunikationsmittel der heutigen Flüchtlingsgeneration in den Internetcafés – zu kommunizieren, um Neuigkeiten auszutauschen.

Einer der Förderanträge wird abgelehnt, und ich bin frustriert. Der Produzent Max arbeitet an Fernsehprojekten, um Geld für seine eigenen Herzensprojekte beiseitezulegen, ich mit dem gleichen Ziel an zwei Kinoproduktionen als zweite Kameraassistentin. Ich bin enttäuscht, dass nichts vorangeht, vor allem aber über das Desinteresse an dem Thema. So auch die Begründung einer Filmförderung: Warum wir mit so einem Thema nicht in Frankreich Gelder akquirieren würden? Dort gebe es schließlich viel mehr Geflüchtete, in Deutschland würde aufgrund der Drittstaatenregelung ja ohnehin kaum jemand ankommen und das Thema niemanden interessieren. Das heißt, die Zuschauerzahlen können niemals zufriedenstellend sein. In Frankreich wiederum wird unser dann schon preisgekrönter Dokumentarfilm (vor allem auf außereuropäischen Festivals) bei den Dokumentarfilm-Festivals in Marseille, Lussas und Paris abgelehnt mit der Begründung beziehungsweise Sorge, einen Film zu diesem Thema, der von einer deutschen Regisseurin gedreht sei, würde sich niemand ansehen.

Dass Migration eines der Themen des 21. Jahrhunderts werden könnte, eine Folge der Globalisierung ist und somit in direkter Verbindung zu unserer westlichen Lebensweise steht, vermag weder die Filmförderung noch das Gros der Filmfeste und Filmverleihe zu sehen, von den Sendern ganz zu schweigen. Zu dringend benötigen die meisten aktuelle Stoffe, um Einschaltquoten zu übertreffen und Kinosessel zu füllen. Zu rar sind die Programmplätze und ihr Mut für unabhängig vorproduzierte Dokumentarfilme. Auch bin ich ihnen als Regisseurin

Adrar		Oran	Maghnia	Oujda	Nador	Europa/
1 370 km			180 km	150 km	15 km	Melilla

unbekannt, sie bevorzugen namhafte Kollegen, bei denen sie sich darauf verlassen können, dass allein deren Namen schon das ausgegebene Geld wieder einspielen.

Endlich geht es los

Mittlerweile habe ich ein paar Erkundigungen über Visaanträge für Algerien eingeholt, und Max und ich beschließen gerade, noch einmal einen Versuch zu starten, da werde ich von Mohamed »angeklingelt«. Beim Rückruf begrüßt er mich mit dem Satz: »Ich habe etwas Geld beiseitegelegt.« Er sieht eine baldige Chance, nach Algerien abzureisen. Ich freue mich, bin aber besorgt, dass das Drehvorhaben scheitern könnte. Mohamed beruhigt mich mit seinem Versprechen, er wolle ohnehin erst mal in Südalgerien die Lage prüfen, wie es um Polizeikontrollen und Abschiebungen vor Ort stehe und wie viele Boote derzeit im Norden überhaupt ablegten. Er will in Algerien Arbeit suchen und auf Neuigkeiten von mir warten. Ich weihe ihn in meine Idee ein, kleine Videokameras zu verteilen. Er freut sich und meint, das sei für viele Migranten sicherlich ein sinnvoller Zeitvertreib in den Momenten der Langeweile, des Wartens und Eingeschlossen-Seins in den Foyers, die sie manchmal wegen andauernden Abschiebungen oder willkürlichen Polizeikontrollen tagelang nicht verlassen können.

Manchmal warteten sie auch einfach noch auf einen Stempel in den von ihnen in Auftrag gegebenen gefälschten (malischen) Pässen, die von den algerischen Kooperationspartnern nicht pünktlich fertiggestellt würden, oder weil Western-Union-Sendungen aus dem Ausland sich verspäteten.

In der algerischen Botschaft beantrage ich diesmal ein Touristenvisum und werde zwei Wochen später nach einer Hotelbuchung gefragt. Ich habe über den Freund einer österreichischen Freundin Kontakt zu einer franko-algerischen Künstlerin, die im Austausch mit einem algerischen Kino-Club in Algier steht, der neben wöchentlichen Filmkunstvorführungen und Retrospektiven internationaler Avantgarde-Regisseure auch Filmworkshops für interessierte Algerierinnen anbietet. Auf meine Anfrage schickt mir Fella, eine der Initiatorinnen, prompt per Mail ein privates Einladungsschreiben für sechs Wochen, mit Unterschrift und Stempel des Kino-Clubs versehen. Unverzüglich bringe ich den Brief persönlich bei der Botschaft vorbei. Warum ich nun nicht mehr als Studentin einreisen wolle? Ich erkläre ihnen, meine Studien seien beendet und ich hätte, nachdem ich im letzten halben Jahr viel über Algerien gelesen hätte, nun ein ungestilltes Interesse an ihrem Land entwickelt. Sie nicken zufrieden und machen einen platten Witz über den Nachnamen von Fellas Freund Karim, der das Einladungsschreiben unterschrieben hat (Frauen allein, dürfen in Algerien niemanden einladen). Die Angaben und seine Adresse müssten überprüft werden, aber gerne seien sie bereit, »persönliche deutsch-algerische Beziehungen zu stärken«. Ich lasse sie in ihrem Glauben, während sie mich verschmitzt und nicht ohne anzüglichen Kommentar verabschieden – mit Hinweis darauf, dass die Entscheidung über die Dauer des Visums alleine in ihrer Macht liege.

Ein Monat verstreicht, ohne dass ich etwas von ihnen höre. Da lässt Mohamed mich per Mail wissen, dass seine Abreise aus Gao unmittelbar bevorstehe und dass ihm das zu verschwunden geglaubten Energiereserven verholfen habe. Es braucht mehrere Telefonate, bis ich den zuständigen Sacharbeiter für meinen Visumsantrag in der algerischen Botschaft am Hörer habe. Er sagt mir, es fehle selbstredend noch meine Flugbuchung »aller-retour«, um mir ein Visum geben zu können.

Warum sie mir das nicht schon vor vier Wochen gesagt hätten, will ich wissen.

| Adrar | | Oran | Maghnia | Oujda | Nador | Europa/ |
| 1 370 km | | | 180 km | 150 km | 15 km | Melilla |

Ich solle froh sein, dass sich mir überhaupt eine klitzekleine Option biete, ein Visum zu bekommen. »Das haben Sie Ihrem Chérie in Algier zu verdanken, Alhamdulillah – Gott sei Dank!« Er warnt mich aber auch, seine Anfrage nach der Flugbuchung sei keine Garantie für den Erhalt eines Visums.

Ich bin empört: »Wissen Sie, was ein Flug kostet? Für welchen Zeitraum soll ich den Flug denn buchen, wenn ich doch gar nicht weiß, ob Sie mir die sechs Wochen überhaupt gestatten?«

Er verabschiedet sich mit dem Hinweis, man müsse in seine Wünsche eben investieren.

Würde ich den Film nicht unbedingt machen wollen, ich hätte ihm gesagt, er solle meine Anfrage annullieren. So aber buche ich Hin- und Rückflug für Mitte November bis Ende Dezember nach/von Algier. Mohamed empfiehlt uns, den Rückflug auf den ersten oder zweiten Feiertag des islamischen Opferfests zu legen. An diesen Tagen seien Polizei, Gendarmerie und Geheimdienst in den muslimischen Ländern minderbesetzt und die Kontrollen lockerer. Er erzählt, er habe nun einen »Neuen« gefunden, den er in das »Heim der Malier der vierten Region«, seiner Heimatregion, von dem sich eins in Südalgerien befinde, bringen würde. Mir ist nicht wohl dabei, dass die Möglichkeit unseres Wiedersehens auf Schlepper(ver)diensten basiert, und ich überweise ihm per *Ria* das Geld für die Reise und die ersten Wochen Miete für das Foyer.

Eine weitere Schikane der algerischen Botschaft bleibt nicht aus. Diesmal ruft ein Mitarbeiter an. Ich möge morgen Vormittag bitte vorbeikommen, um noch ein paar letzte Details zu besprechen. Eigentlich muss ich arbeiten, aber es muss morgen sein, beharrt er engstirnig: »Ich habe Ihnen doch gesagt, Sie müssen schon investieren, damit Ihre Wünsche in Erfüllung gehen. Wir sitzen jetzt an Ihrem Antrag und nicht nächste Woche. Der Querbalken für eine Verweigerung des Visums ist schnell gemacht, der Stempel steht auf meinem Schreibtisch direkt vor mir.«

Mir ist nicht nach Machtspielchen zumute, und als ich am nächsten Vormittag vor ihm sitze, erklärt er mir, es müsse nur noch das Einladungsschreiben an den Zeitraum des Flugs angepasst werden.»Aber das tut Ihr Freund ja sicherlich gerne für Sie.«

Ich frage mich, ob sie darauf spekulieren, dass es den freundlichen Gastgebern zu viel werden könnte, noch einen Einladungsbrief aufzusetzen, zu stempeln und zu scannen, oder ob die Algerier dieser Willkür ihrer Behörden tagtäglich ausgesetzt sind. Karim schickt mir den neuen Brief noch am selben Abend und schreibt in der Mail dazu, er freue sich auf meinen Aufenthalt. Und:»Courage!« – nur Mut! Ich faxe den Brief von dem türkischen Internetcafé vor meiner Haustür an die Botschaft, erst nach dem siebten Versuch meldet das Gerät keine »überlastete Verbindung« mehr, sondern druckt eine Sendebestätigung.

Von der Stiftung aus dem Vermögen einer großzügigen Privatperson mit »politischem Opportunismus« bekommen wir einen Förderungsbescheid über 7000 Euro – 5000 Euro laufende Produktionskosten sowie 2000 Euro nach Abgabe des Feinschnitts, also für die Postproduktion. Das hilft uns, den anstehenden Dreh- und Reiseteil planen zu können. Dass ich diesmal ohne Tonmann reise, war schnell klar: Es wäre absurd, eine Drehgenehmigung zu beantragen in einem Land, in dem kritische inländische Journalisten mit Gefängnisstrafen eingeschüchtert werden und sich aus dem Exil zu arbeiten gezwungen sehen. Für das kritische ausländische Journalisten erst gar kein Visum bekommen. Ein Staat, in dem Subsaharier nur selten als Flüchtlinge anerkannt werden und in dem es nur einige caritative Einrichtungen gibt, die Menschen aus der Subsahara unterstützen. Algeriens Regierung scheint solch willkürliche

Entscheidungen zu treffen, wie Menschen mit dunkler Hautfarbe aus dem Norden des Landes unverzüglich und ohne einen Blick auf den oftmals gültigen Pass zu werfen, in den Süden abzuschieben. Das erzählen die Geflüchteten unisono. Außerdem spart eine einzelne reisende Person der Produktion Geld. Ich beschließe, wenn nötig einen Tonmann vor Ort zu buchen. Zum Beispiel meinen Gastgeber. Wie abwegig diese Idee ist, wird mir erst klar, als ich den Rassismus einiger Maghrebiner gegenüber den Subsahariern vor Ort mit eigenen Augen sehe.

Und schließlich traue ich mir zu, die Grenzen meiner Arbeit einschätzen zu können, vor allem in Gebieten, wo ich mich am Rande der Klandestinität bewege. Für mich und mein Handeln kann ich die Verantwortung übernehmen, aber nicht für eine andere Person. Je kleiner das Team, desto unauffälliger, das bleibt auch für den zweiten Teil des Drehs unser wichtigster Vorsatz. Meine eigene Angreifbarkeit scheint mir der entscheidende Zugang zu den Flüchtenden zu sein.

Einige Wochen später frage ich ungeduldig bei der Botschaft nach, wie es nun um mein Visum stehe. Mein Gesprächspartner erklärt mir gelassen, das gültige Visum liege seit Tagen zur Abholung bereit. »Selbst Schuld, dass Sie sich nicht früher gemeldet haben!« Ich jubiliere innerlich. Es kann also losgehen. Ich hole es am nächsten Morgen bei der Botschaft ab und sehe, dass sie es mir für einen Zeitraum von fünf Wochen bewilligt haben.

Von einem befreundeten Tonmann lasse ich mir in den Wochen vor der Abreise noch einmal Grundsätzliches zur Tontechnik erklären und überlasse ihm dankbar das Einstellen der Audiofunktionen an der Kamera. Bei unserer Technikauswahl achten wir auf eine kleine, unauffällige und leichte Technik – die Kamera, die mir schon in Mali aufgrund ihrer Lichtstärke und der minimalen »Auslösezeit« mein teuerster Gefährte war, wird mich auch nach Algerien begleiten. Von Mali trägt »Blackfokus«, wie die Migranten meine Kamera in Algerien taufen werden, noch Sandspuren und Tapes, mit denen ich mögliche Reflektionsstellen und den Markennamen abgeklebt habe. Sie sieht ziemlich abgerockt aus. Für Mohamed und die Migranten besorge ich ein paar Bücher über Europa und ihre Heimat, kaufe unaufgeblasene Fußbälle und nehme viele Turnschuhpaare mit. Das erscheinen mir die sinnvollsten Mitbringsel.

Was die Amateurkameras für die Migranten betrifft, frage ich beim Goethe-Institut nach, das mich wissen lässt, dass in einigen Wochen zwei deutsche Künstler aus Berlin ebenfalls ins Land reisen würden. Ich bekomme ihre Mailadressen, und die beiden erklären sich bereit, die Kameras mitzunehmen. Außerdem lädt mich das Goethe-Institut zu einem Empfangstreffen ein, um über mein Projekt zu sprechen. »Vielleicht können wir Ihnen helfen«, meinen sie, und ich freue mich über einen zweiten Kontakt und eine weitere Möglichkeit, die Kassetten sicher lagern zu können, ohne jemanden in die Bredouille bringen zu müssen. Denn die Frage, wie beziehungsweise wo sich die kleinen, fragilen DV-Kassetten sicher lagern lassen, beschäftigt den Produzenten Max und mich fast ebenso lange wie die Frage, wie sie sich bei extremer Hitze schützen lassen. Dazu hatte mir glücklicherweise ein Kollege von Kodak, der in Südafrika aufgewachsen ist, schon vor meiner Abreise nach Mali geraten, diese notfalls in Plastiktüten zu verpacken und unter einem Baum im Sand zu verscharren. »So machen das meine Xhosa- und Zulu-Kollegen immer!«

Ein Willkommensessen in Algier

Zwei Tage nachdem die Kinoproduktion »Der Baader-Meinhof-Komplex« beendet ist, an der ich als Kameraassistentin beteiligt war, fliege ich vollbeladen nach Algier. In einem Reise-

Adrar	Oran	Maghnia	Oujda	Nador	Europa/
1370 km		180 km	150 km	15 km	Melilla

führer habe ich mir ein günstiges Hotel rausgesucht, »Hotel des Étrangers« (Hotel der Fremden), das nahe der Kasbah und dem Märtyrerviertel Bab el Oued liegt. Bei meinem offiziellen Gastgeber werde ich nicht schlafen, um ihn wegen Mitwisserschaft über das Dokumentarfilmprojekt nicht in Gefahr zu bringen. Die Unterzeichner verpflichten sich mit ihrem Einladungsschreiben nämlich, die Verantwortung für ihren Gast, für sein Handeln und eventuell von ihm verursachte Kosten in Algerien zu übernehmen. Je weniger Karim offiziell mitbekommt, desto besser für den Film – über mein Vorhaben an sich ist er eingeweiht.

Die Flugzeit verbringe ich damit, in meinem Algerien- Reiseführer, den ich zur Tarnung dabei habe, nach Touristenattraktionen zu suchen, die sich mit den Fluchtrouten der Migranten überschneiden. Paradoxerweise ist das nicht nur im Atlantik, im Mittelmeer oder der Ägäis der Fall, wie zum Beispiel in Tarifa, auf Sizilien oder Patmos, sondern ebenso in den Transitländern auf der ehemaligen Sklavenroute aus dem Sahel über Nordafrika nach Europa. Ich lerne sie auswendig, denn sie werden mir helfen, meine Wege zu begründen.

Ohne größere Hindernisse passiere ich bei meiner Ankunft in Algier die Einreisekontrollen, auch wenn die Formalitäten sich hinziehen. Der algerische Zoll lässt sich übertrieben viel Zeit, um die im Flugzeug verteilten Zettel, die ihnen Informationen über Aufenthaltsort und -dauer der Passagiere geben, abzustempeln. Alle stehen geduldig an den Schaltern an, keiner regt sich auf. Nachdem ich meinen Einreisestempel bekommen habe, muss ich meine Taschen öffnen. Der Zollbeamte betrachtet neugierig die Kamera, das Mikrofon und die Kabel aus dem großen Rucksack. Die zwanzig DV-Kassetten und die Funkstrecken, die ich in einer Innentasche verschlossen und in meine Kleider gewickelt habe, fallen ihm nicht auf. Als er den Reiseführer sieht, fragt er mich, was ich in Algerien mache. Ich erzähle ihm, ich würde einen Freund besuchen, den ich aus Europa kenne und der mir sein Land zeigen wolle.

Und natürlich wolle ich nicht nur vor der Moschee Jamaa el Kebir und im Garten von Hamma in Algier meine Eindrücke aufzeichnen, sondern auch in Tipasa drehen und die Geräusche der im sudanesischen Stil angelegten Oase Timimoun aufnehmen und das maurisch beeinflusste Oran besuchen. Er nickt zustimmend und lässt mich meine Sachen wieder zusammenpacken.

Fella, Karims Partnerin des Kino-Clubs, holt mich mit ihrem kleinen Renault vom Flughafen ab, und ich genieße die langsame Fahrt durch die Abenddämmerung ins Stadtzentrum mit Blick auf die »Walflosse« der Stadt: Säße man auf der anderen Seite der Küste, an der sich Algier am Wasser entlangschlängelt, ähnele die Stadt »einem riesigen Wal«, erklärt mir Fella. Sie erzählt von der Arbeit des Kino-Clubs, von der Stadt und sagt, sie habe gleich ein paar Freunde zu einem Willkommensessen eingeladen.

Anschließend sei es immer noch früh genug, um vor der Dämmerung in meiner Unterkunft anzukommen. Momentan finden nachts verstärkt Polizeikontrollen statt wegen der anstehenden Wahlen in den Wilayas. So würde vermieden, dass es vorab Unruhen gebe.

Es ist Rushhour und es staut sich auf der Einfallsstraße, dem »Boulevard de l'Armée de Libération Nationale«, der am Meer entlang ins Zentrum führt. Die Brandung wirft Gischt auf, vereinzelte Palmen am Straßenrand wiegen sich im Wind, Plastiktüten wirbeln umher. Wir fahren vorbei an neugebauten Hochhäusern, zugemüllten Küstenzugangsstraßen, die das Hafengebiet umgeben, und ehemaligen französischen Kasernenbauten und nähern uns dem wunderschönen Stadtzentrum von Algier, dieser Mischung aus von den Türken beeinflusster islamischer Bauweise und französischen Kolonialstilbauten.

Beim Blick aus dem Fenster verstehe ich unmittelbar, warum sie »die weiße Stadt« genannt wird: Algier scheint unter den Muezzingesängen im rötlichen Licht der Dämmerung vor dem azurblauen Abendhimmel zu strahlen. Ich erkenne den Raï des gefeierten und Anfang der Neunziger ermordeten Cheb Hasni, der leise aus dem Autoradio säuselt, während Fella einen Parkplatz in den schmalen, auf einmal sehr verschlungenen Gassen unterhalb des ehemaligen Berberviertels Telemly vor ihrem Haus sucht.

Als Begrüßungsmahl hat sie »Marga aux Haricots vert« gekocht, ein Ragout aus grünen Bohnen. Dazu gibt es »Pain Matlouh«, algerisches Brot auf der Basis von Grieß. Ich fühle mich wohl unter all ihren Freunden, die mich mit Fragen über den Film und zu meinem Aufenthalt in Algerien bestürmen. Sie erkundigen sich nach Katjas Wohlbefinden, die mir den Kontakt zum Kino-Club verschafft hat, und lassen mir ihre Nummern da, damit ich sie, falls ich Hilfe benötige, anrufen könne. Sie raten mir, in ein paar Wochen nach Algier zurückzukehren und zu versuchen, mein Visum zu verlängern. Und wollen wissen, wie denn genau meine Reiseroute verlaufen wird. Leider ist diese mir ja selbst noch unbekannt, hängt sie doch maßgeblich von Mohamed ab beziehungsweise von den derzeit sichersten Transitwegen der Subsaharier durch das Land. Sie folgen keiner geografischen Karte, sondern richten sich dank informellen Informationen, Mundpropaganda und SMS nach den wechselnden Abschiebemanövern der algerischen Behörden. Diese wiederum machen ihr Vorgehen gegenüber den Transitreisenden davon abhängig, wie die Verhandlungen über EU-Gelder offiziell zur Grenzsicherung, inoffiziell für die Militarisierung unserer Außengrenzen, gerade stehen.

Zum Abschied kommen sie mit in die Boutique vor der Tür und beraten mich beim Kauf einer SIM-Karte. Fella bringt mich ins Hotel, und wir verabreden uns zu einem Wiedersehen vor meinem Abflug, in voraussichtlich fünf Wochen.

Im Hotelzimmer sinke ich auf die schmale Matratze und versuche als Erstes, Mohamed zu erreichen. Es ist weder eine automatische Stimme noch überhaupt irgendein Ton zu hören. Es springt nicht einmal ein Anrufbeantworter an. Die Verbindung scheint tot zu sein. Vom Bett meines Zimmers im dritten Stock aus kann ich durch das offene Fenster, über die Dächer und Palmenwipfel hinweg, das Meer sehen. Es ist nun schon weniger Verkehr als noch eben bei unserer Ankunft vor dem »Hotel des Étrangers«. Das Meer ist nur noch als schwarze Masse zu erkennen, die Straßenlaternen leuchten weiß. Entfernt nehme ich das Hupen der Autos wahr, der Straßenlärm vermischt sich mit der Brandung des Meeres.

Am nächsten Tag schlendere ich durch die maurisch geprägte Kasbah ins Märtyrerviertel Bab el Oued, in dem in den achtziger Jahren die Revolution ausbrach, bis hinauf zur Notre-Dame d'Afrique. Von deren Vorplatz aus genieße ich den atemberaubenden Blick über die Stadt entlang der Küste. Zurück an der Moschee al Kebir und über den Place des Martyrs gelange ich auf den Markt von Bab Azzoun und kaufe mir Datteln, Feigen und Clementinen für unterwegs. Ich atme die Luft Algeriens ein und versuche, die mir fremden, undefinierbar bunten Gerüche zu identifizieren – eine Melange aus Düften von verbranntem Holz, Rosen, Orangen, Majoran, Jasmin, aber auch von Autoabgasen. Der Verkehr kommt mir hier vor allem wegen seiner unterschiedlichen Hupen viel penetranter vor. In den schmalen Gassen mischen sich Menschengetrappel auf Stiegen und Tiergeräusche. Ich trinke einen Granatapfelsaft am Port Said, mit seinem kleinen Gärtchen Djnina. Eine der wenigen kleinen Grünflächen, die vom einst so grünen Algier noch übriggeblieben sind. Bei einem der fliegenden Händler, der seine Ware auf einem Hamamtuch drapiert hat, habe ich eine vergilbte Algerienkarte von 1960 entdeckt. Während ich nun auf mein Getränk warte und der Duft von Zitronen und Jasmin aus dem Gärtchen zu mir herüberweht, studiere ich sie ausführlich. Ich telefoniere mit dem Goethe-Institut und verabrede mich dort mit dem Leiter für den nächsten Vormittag. »Wir befinden uns im ersten Stock der deutschen Botschaft.«

Warten auf Mohamed

Ich schlafe schlecht, nachdem ich Mohamed wieder nicht erreicht habe. Insgeheim hoffe ich, der Grund dafür sei, dass er bereits unterwegs nach Algerien ist. Am nächsten Morgen, nachdem ich Baguette mit Butter und Marmelade gefrühstückt habe und dazu einen starken Milchkaffee, einen »Kahwa hlib bien noir«, getrunken habe, mache ich einen Spaziergang zum Goethe-Institut, das sich oberhalb des Stadtzentrums befindet. Ich schlendere an den Devisenhändlern vorbei, die mir vor dem Männercafé am Port Said ihre Wechselkurse zuraunen und Euros unter der Hand in Dinar tauschen, passiere das Theater, das Gericht sowie das wunderbare alte Kino Sharazade, von dessen Fassade schon der Putz bröckelt. Vorbei an der Grande Poste, am schrägen Platz Emir Abdelkadar mit seinen vielen Treppenstufen gelegen, die Rue Didouche Mourad, die Pracht-Einkaufsstraße mit ihren Kolonnaden entlang. Die Universität von Algiers lasse ich rechts hinter mir, bis linker Hand ein weiteres Kino auftaucht: das Debussy. Dahinter erklimme ich schließlich die knapp hundert Treppenstufen, die mich zur deutschen Botschaft nach Telemly bringen.

Erst nach Prüfung meines Reisepasses und einem anschließenden Telefonat aus seinem mit Panzerglas gesicherten

Häuschen, nickt mir der Pförtner zustimmend zu. Ich muss warten, bis er aus seinem Kabuff hervorkommt, denn er bringt mich die Treppe hinauf. Oben auf dem Absatz nimmt mich der Leiter des Goethe-Instituts dann direkt in Empfang. Seinem staunenden Blick nach vermute ich, dass er mit einer älteren Regisseurin gerechnet hat.

Er stellt sich höflich vor, begrüßt mich und weist mir den Weg in ein Zimmer mit Sofa und allerlei Postern an der Wand, die die Tätigkeiten seines Instituts in Algerien widerspiegeln. Er erzählt ein bisschen von seiner Arbeit, auch dass es schwierig sei, gutbesuchte Events zu organisieren, wie jene des Institut Français, des französischen Kulturinstituts. Woran das liege, frage ich. Ihm fällt einzig ein, dass es die Sprache sein müsse. Da habe Frankreich als ehemalige Kolonialmacht doch klare Vorteile. Ich versuche, das Thema zu umgehen, aber er fügt noch an:»Aber reisen nach Deutschland, das möchten sie alle. Unsere Sprachangebote sind ein voller Erfolg, die Deutschkurse die nächsten Monate ausgebucht. Immerhin!«

Er befragt mich zur Lage in Deutschland und plänkelt über internationale Regierungsinterventionen und die anstehende Adventszeit. Davon bekomme man hier in der islamischen Kultur ja leider nichts mit. In fünf Wochen fliege er zum Winterurlaub nach Hause. Er macht noch einige Aussagen über heimische Fußballclubs und bemerkt, früher habe er die Leitung des Goethe-Instituts in Dakar, Senegal, innegehabt. Dort gebe es definitiv mehr Lebensfreude.»Ich kann den nächsten Turnus kaum mehr erwarten. Dann werde ich voraussichtlich nach Slowenien versetzt. Europa, Frieden, Sie verstehen?«

»Aber nun zu Ihnen, wie kann ich Ihnen helfen?«Er legt seinen Arm auf die Oberkante des Sofas, auf dem wir beide sitzen, und grient mir aufmunternd zu. Ich rutsche beiseite und erzähle vage von meinem Vorhaben und dem zurückliegenden Dreh in Mali. Von meinen Verbindungen zum Kino-Club und dass ich meinen Protagonisten im Süden Algeriens wiedertreffen wolle. »Das sollten Sie sich direkt abschminken. In den Süden, eine Woche vor den Wahlen? Das ist lebensgefährlich.« Wer mich denn in den Süden eskortieren würde? Ich lache erstaunt auf. Eskortieren? Ich würde einen Dokumentarfilm ohne Drehgenehmigung über »Sans-Papiers«, über Papierlose machen, da sei die Idee von Begleitfahrzeugen doch reichlich unangemessen. Von den Kosten einmal ganz abgesehen. Unser Gespräch endet mit seiner Aussage: »Ich selbst bewege mich nicht einmal in der Stadt ohne Eskorte.« Als mich wenige Tage später eine Zufallsbekanntschaft auf der Straße lachend nach »Monsieur la peur« (»Herrn Angst«) fragt, als ich von meinem Besuch im Goethe-Institut erzähle, verstehe ich sofort. Ich kann mir lebhaft vorstellen, warum zu den deutschen Veranstaltungen, den »Events«, wie er sie nennt, kaum jemand kommt außer der Entourage der Kultureinrichtung.

Ganz ohne Unterstützung will er mich dann aber doch nicht ziehen lassen, und so stellt er mir einen seiner algerischen Mitarbeiter mit dem Hinweis vor, diesen könne ich gerne kontaktieren, »wenn ich sonst noch Belange« hätte. Diese Form des Weitergereichtwerdens kommt mir ausnahmsweise entgegen. Der Algerier sieht mit seinem neuen Auftrag nicht ganz glücklich aus, aber er springt auf, grüßt mich freundlich und zwinkert mir zu. Das könnten wir nach seiner Arbeit am Nachmittag bei einer »Chorba frik« im Maison de Couscous um die Ecke besprechen. Der Leiter der Kultureinrichtung scheint über unseren Abschied genauso erleichtert wie ich.

Es konnte mir nichts Besseres passieren, als Ahmed kennenzulernen. Er hat lange in Berlin gelebt und ist seit zwei Jahren aus Sehnsucht in seine Heimat zurückgekehrt. In Berlin hat er als Mediator bei internationalen Begegnungsstätten gearbeitet, seit er zurück in Algier ist, hat er eine Dreiviertelstelle beim Goethe-Institut. Er gibt Deutschunterricht, organisiert aber vor allem Konzertreisen und Auftritte deutscher Bands in ganz Algerien, manchmal gemeinsame Jamsessions mit algerischen Bands wie Djmawi Africa, und begleitet sie dabei, ganz ohne Eskorte. Wir löffeln unsere Suppen, während ich von dem Film und meinem Gespräch mit seinem Chef erzähle. Dabei bricht er in schallendes Gelächter aus. Sein Chef habe zwar recht, es sei nicht ganz ungefährlich, als Europäerin allein in den Süden zu gelangen. Das läge aber vor allem daran, dass in wenigen Tagen die Regionalwahlen in den *Wilayas* des Landes stattfinden würden. Das ganze Land sei besorgt, dass davor noch Anschläge islamistischer Gruppen stattfinden könnten, die nicht mehr kandidieren dürften und deshalb einzig mit Autobomben noch auf sich aufmerksam machen könnten. Da europäische Touristen in Algerien meist nur als Familienmitglieder algerischer Familien, als Wüstenreisende in Gruppen beziehungsweise mit Jeeps oder als Pauschaltouristen in Reisegruppen unterwegs seien, sei ich als Individuum zu auffällig. Wo ich hinwolle, wie ich denn meine Filmreise geplant habe?

Er wird nachdenklich, als ich ihm erzähle, dass ich noch nicht wisse, wo beziehungsweise ob ich überhaupt Mohamed wiedersehe. Ahmed nickt teilnahmsvoll, als ich ihm traurig erzähle, dass ich ihn eigentlich unbedingt in Tamanrasset, dem ehemals wichtigsten Karawanenstützpunkt der jahrhundertealten Transsahararoute gen Mittelmeer, habe treffen wollen, mir die Botschaft diese Möglichkeit aber mithilfe eines Exklusionsstempels »Tamanrasset ausgenommen« in meinen Pass genommen habe.

Ahmed meint, es hielten sich in der Tat sehr viele Migranten in Tamanrasset auf. Der hohe Anteil an Nomaden in der Bevölkerung würde sie anlocken. Denn mit diesen sei alles unterwegs, was unauffällig zu reisen gezwungen ist. Es sei kein Geheimnis, dass es dort Waffen und Drogenschmuggel harter Substanzen gäbe. Seit die algerische Regierung ausländische Zigaretten im Landesinneren selber produzieren lasse, sei der einst so lebhafte Zigarettenschmuggel aus Ländern wie Nigeria und Kamerun in Richtung Libyen, Algerien und Marokko praktisch zum Erliegen gekommen; man konzentriere sich nun auf diesen Routen auch auf Menschen.

Mit seinem alten Renault in bestem Zustand, dessen Kopfstützen immer noch in Plastik gefasst sind und der so gepflegt aussieht, als würde es sich um einen Leihwagen handeln, bringt er mich ins Hotel. Seinen Wagen steuert er nur mit Lederhandschuhen. Es dämmert schon, als er mir noch zwei Privathäuser in Telemly mit üppig verzierten islamischen Ornamenten zeigt, einst türkischer Besitzer. Im Zentrum Algiers weist er mich auf Brasserien mit riesigen Terrassen an der Fußgängerzone, einen kleinen Platz und eine alte Schule hin, die von den Franzosen erbaut und von den Algeriern nie verändert wurden. Unwillkürlich muss ich an Paris denken.

Plötzlich reduziert Ahmed das Tempo des Wagens unmittelbar auf Schrittgeschwindigkeit und drückt rasch seine Zigarette, die er eben noch so genüsslich geraucht hat, im Aschenbecher aus. Mit dem Herunterschalten seiner Lichter auf Standlicht betätigt er auch die Innenbeleuchtung des Autos. Ich bin überrascht und frage nach dem Grund, doch er bedeutet mir, ruhig zu sein. Irritiert über seine plötzliche Anspannung und bestimmende Art schweige ich. Da sehe ich eine Straßensperre, die aus jeweils zwei Polizisten und zwei Gendarmen besteht. Auf jeder Straßenseite halten zwei der Uniformierten die Wagen an, und während der eine die Personalien des Fahrers und der Beifahrer kontrolliert, überprüft der andere das Wageninnere. »Sie suchen nach TNT, Zündstoff für Bomben, nach Waffen und Verdächtigen«, erklärt mir Ahmed. Ohne Groll oder Ungeduld folgt er den Anweisungen der Polizisten, die zuerst eingehend seine Papiere und dann die des Autos überprüfen. Nachdem der zweite Polizist die Rückbank des Autos inspiziert hat, lässt er sich den Kofferraum und meinen Rucksack zeigen. Ich kann ihre Konversation nicht verstehen, aber Ahmed kommt um das Auto herum und raunt mir zu: »Ich hoffe, du hast nicht deine ganze Technik im Rucksack, bitte öffne deine Tasche für sie.« Habe ich nicht. Sie wünschen uns noch einen schönen Abend und mir einen guten Aufenthalt in Algerien, dann können wir weiterfahren. Ahmed schaltet die Innenbeleuchtung wieder aus und gibt langsam Gas. Er schiebt eine Kassette ins Autoradio. Die wehmütige Stimme des sephardisch-jüdischen Chaabi-Sängers Lili Boniche, die nun das Auto erfüllt, ruft in mir ein mulmiges Gefühl hervor. Diese omnipräsenten Kontrollen im Auftrag des algerischen Verteidigungsministeriums bedrücken mich. Wir lauschen schweigend der Volksmusik und ich hoffe inständig, bald in den Süden des Landes aufbrechen zu können.

Nur eine Kurve weiter die nächste Kontrolle. Wieder reduziert Ahmed das Tempo seines ohnehin schon gemächlich dahingleitenden Autos. Wieder knipst er die vordere Innenlampe an, lange bevor wir die Gendarmen erreichen. Aber diesmal haben wir Glück, wir werden durchgewunken. Ahmed meint, je eher man sich kooperativ zeige und je unauffälliger man sich verhalte, desto schneller komme man in Algerien an sein Ziel. »Du musst sie entschuldigen, sie kontrollieren nicht nur zu unserer Sicherheit. Sie regeln auch das Stauaufkommen. Ohne sie würden der Verkehr zur Rushhour zum Erliegen kommen.« Genüsslich zündet er sich eine Zigarette an und dreht die Musik etwas lauter, nachdem das Licht im Auto erloschen ist.

Als wir vor meinem Hotel ankommen, ist es schon dunkel. Der Portier hinter seinem Holztischchen fragt mich neugierig, wie mein Tag gewesen sei, und will wissen, wie lange ich noch bleibe. »Was ist Ihr nächstes Ziel?« Er gibt mir ein Stück seines

Adrar	Oran	Maghnia	Oujda	Nador	Europa/
1 370 km		180 km	150 km	15 km	Melilla

Brotes ab, das er zu seiner Suppe isst. »Shukran bezef«, vielen Dank, rufe ich ihm zu und eile die Treppe zu meinem Zimmer hoch. »Tasbah ala khair« – gute Nacht!

Ich traue meinen Augen nicht, als ich meine neue algerische SIM-Karte gegen meine deutsche auswechsele und auf das Display meines Handys blicke, das mit Lassoband umklebt ist, da es ansonsten in seine Einzelteile zerfallen würde. Viermal hat eine algerische Nummer versucht, mich zu erreichen. Ein algerischer Anrufer auf meiner deutschen Nummer? Dazu eine Nachricht, vom gleichen Absender: »Mariama. Je suis en Algérie. Appel-moi urgent. C u soon!«

»Miriam, ich bin in Algerien, ruf mich baldmöglichst an!«

Mein Herz rast. Es kann sich nur um eine Person handeln. Eilig speichere ich die Nummer ab, wechsle erneut die SIM-Karte und rufe unter Einblendung meiner algerischen Nummer zurück. Es klingelt ein einziges Mal, dann ist er am Telefon. Und lacht: »Mariama, la bass? Wie geht's? Ich bin im Süden.«

Im Hintergrund ist es laut, es klingt, als sei er von einer Menge Leute umgeben. Ich erkenne die Stimme Oumou Sangarés, die im Hintergrund läuft. Für einen Moment verschlägt es mir die Sprache.

»Miriam? Lange ist es her. Du bist in Algerien? Hier ist Mohamed.«

Ich falle ihm ins Wort, danke ihm, dass er anruft. Mein Inneres jubiliert. Er hat es geschafft und wir werden uns wiedersehen und weitermachen! Ich erkundige mich nach seiner Reise. Er klingt müde und will davon erzählen, wenn wir uns sehen. Er freut sich, als er erfährt, dass ich schon in Algier bin und warnt mich: »Sei vorsichtig, es sind bald Wahlen und es gibt sehr viele Polizeikontrollen. Wann kommst du in den Süden?« Ich bin auf sein Wissen angewiesen und frage ihn nach seiner Meinung, welchen Ort er für sicher genug befindet, um sich unauffällig zu treffen.

Er erzählt, es gebe momentan viele Abschiebungen in den Süden Algeriens, an die Grenzen zu Mali und Niger. Er müsse aufpassen und sich erstmal informieren. Sie seien an einer Gruppe von dreißig Flüchtlingen vorbeigekommen, die in der Westsahara verstreut über eine Strecke von zwei Kilometern tot im Sand gelegen hätten: Ihre Haut ausgetrocknet, um ihre Münder klebte noch vertrockneter Schaum, ihre T-Shirts seien blutbefleckt und ihre schon verwesten Gliedmaßen von Schakalen angefressen gewesen. Der Treibsand hätte sie schon fast bedeckt. Mohamed vermutet, dass sie verdurstet sind. Sie hätten sie zusammengetragen und an einer Stelle gemeinsam vergraben – unter den vertrockneten Leichnamen auch die Körper vieler Kinder. Sie hätten nach persönlichen Fotos, Notizen oder einem Pass gesucht, um ihre Familien in der Heimat informieren zu können, aber es sei ihnen vorher schon alles entwendet worden.

Der nächste Ort, den er erreichen würde, sei Adrar, das könne aber noch ein paar Tage dauern. Dort könnten wir uns vielleicht treffen. Adrar sei die Region, in der die zurückgeschobenen Migranten aus dem Norden des Landes identifiziert würden. Jene, deren Heimatländer man nicht herausfinde, würden dann einfach in der Wüste ausgesetzt, während man die Identifizierten per Flugzeug direkt in ihre Heimatländer abschieben würde. Mohamed will mir den Ortsnamen noch per Textnachricht schicken, um sicher zu sein, dass ich auch dort angelange. Er wolle aber auf jeden Fall baldmöglichst weiter nach Norden in die Petroleumhochburg Ouargla mit ihren Ölfeldern um Hassi Messaoud oder die Universitätsstadt Ghardaia mit ihrer blühenden Dattelindustrie reisen. Dort gebe es immer Arbeit.»Spätestens in einer Woche melde ich mich wieder bei dir«, verabschiedet er sich.

Jetzt bin ich wach. Meine Sinne sind geschärft, am liebsten würde ich sofort aufbrechen. Ich lege mich mit meiner alten Algerienkarte und dem Reisführer aufs Bett und suche Adrar. Von Algier aus sind es etwa 1200 Kilometer. Im Buch finden sich keine nennenswerten Gründe, warum sich ein Individualtourist ausgerechnet nach Adrar begeben sollte. Aber unweit von dort, hinter Ghardaia auf dem Weg nach Adrar gelegen, könnte die rote Oase Timimoun ein Argument darstellen, um in der Gegend unterwegs zu sein.

Am nächsten Morgen breche ich schon im Morgengrauen zum »Gare de Routière«, dem Busbahnhof von Algier auf und erkundige mich nach Fahrtgelegenheiten und Busgesellschaften nach Adrar. Die Angestellten hinter den Schaltern scheinen jedes Mal überrascht, wenn ich ihnen mein Reiseziel nenne. Sie fragen nach dem Grund und preisen gleichzeitig von ihnen angefahrene andere Reiseziele auf dem Weg Richtung Adrar an. Einer der Kofferträger einer Busgesellschaft, ein sehr junger Algerier von vielleicht gerade einmal fünfzehn Jahren, bringt mich schließlich zu einem Schalter, an dessen Tafel neben der Rosenstadt Blida und der Künstlerdomäne Laghouat auch Adrar angeschrieben steht. Der Bus nach Adrar fährt täglich, aber man muss reservieren. Die nächsten freien Plätze gibt es in drei Tagen.

»Aber Madame, das ist eine zwanzigstündige Fahrt. Sind Sie sich sicher, dass Sie nicht fliegen wollen?«

Ich verneine, denn ich wolle die reizvolle Landschaft Algeriens mit ihren unterschiedlichen Reliefs vom Atlasgebirge über die Tellebene bis zur Westsahara erleben und ihre Einwohner kennenlernen. Der Verkäufer verkauft mir ein Ticket.»Ein guter Preis, weil Sie es sind. Bis in drei Tagen!«

Mit der Fahrkarte in der Tasche fahre ich zufrieden zurück zum Hotel. Kurz vor dem Hotel werde ich von einem Straßen-

Bamako   Markala   Gao
                                 2850 km

verkäufer aufgehalten, der einen Strauß Luftballons in der Hand hält. Ich will bei ihm eine Aufladekarte für meine algerische Nummer kaufen, als er mich auf Französisch fragt, woher ich käme. Ich habe kaum »Berlin« ausgesprochen, da beginnt er Deutsch zu sprechen.

»Ach, Berlin!« Er habe fünf Jahre in Hamburg gelebt und dort für Airbus am Hafen in einer Kantine gearbeitet, er liebe diese Stadt. Leider sei er von einem seiner zweijährlichen Heimatbesuche mit wenigen Tagen Verspätung zurückgekehrt. Da habe man ihm, der eine temporäre Aufenthaltsgenehmigung hatte, die er trotz Arbeitsvertrags jedes Jahr wieder verlängern lassen musste, die Einreise verweigert. Nun lebe er wieder in Algier und versuche sein Bestes, um sich über Wasser zu halten. Er besteht darauf, dass ich an einem der nächsten Tage zurückkomme, um mit ihm einen Spaziergang am Strand von Bab el Oued, vor der Bastion 23, zu machen und dort am Palais de Raïs in einem der Terrassencafés einen »Moitié Moitié«, die arabische Variante eines Espresso Macchiato, zu trinken. Freitags sei sein einziger freier Tag, nach dem Mittagsgebet würde es ihm am besten passen.

Aufbruch in den Süden nach Adrar

Ich kann meine Abreise kaum erwarten und schreibe Mohamed eine SMS, dass ich ein Busticket nach Adrar gekauft habe. Ich sortiere den Inhalt meiner beiden Rucksäcke neu und gebe die Hälfte der Bänder Ahmed. Zwölf DV-Kassetten sind unauffälliger als die doppelte Anzahl, und sicherlich werde ich zwischendurch noch einmal an Algier vorbeikommen. Ahmed und ich besprechen, dass ich das gedrehte Material dann in der Schublade seines Schreibtischs im Goethe-Institut lagern und gegen die unbespielten Kassetten austauschen kann. Ich verteile die Technik wieder auf beide Taschen und Ahmed bringt mich zum Busbahnhof. Mein Reiserucksack wird gegen eine Extrabezahlung im Kofferraum des heruntergekommenen Busses verstaut. Der Motor läuft schon. Ich zeige mein Ticket vor, steige ein und setze mich hin.

Im Gang des Busses ein kleines Spektakel: Fliegende Händler jeden Alters bieten ihre Ware für die Reise an. Das Angebot reicht von selbstgefertigtem Gebäck wie »Ghribia aux graines de sesames« über Feuerzeuge bis hin zu islamischen Talismanen und traditionellen Medikamenten. Um sie besser zu verkaufen, wird dabei jedem Mitfahrer ein Informationsschreiben auf den Schoß gelegt und beim Einsammeln versucht, die Reisenden vom Kauf zu überzeugen. Ein Mädchen verhökert Kugelschreiber und ein Junge einzelne Packungen Taschentücher. Sie rufen um die Wette und versuchen, sich gegenseitig zu übertönen. Auch von außen klopfen Straßenhändler an die Fensterscheiben, sie tragen ihre Ware auf dem Kopf oder halten sie den Insassen mit ausgestreckten Armen unter die Nase. Sobald ein Blick zu lange verharrt, eilt der Händler ins Innere. Auf dem Gang ist für die Zusteigenden so kein Durchkommen mehr. Der Busfahrer mahnt mit seiner Hupe zur Abfahrt. Erst als der Bus das Gelände schon lange hinter sich gelassen hat, schmeißt der Fahrer die Händler raus. Nun können die noch immer stehenden Zugestiegenen endlich ihre Plätze einnehmen.

Wir nehmen die ehemalige Einfallstraße »La Moutière«, auf der einst in umgekehrter Richtung die Schafe aus der südlichen Peripherie zum Hafen getrieben wurden, in Richtung Flughafen. Linkerhand, an der Küste, ziehen neugebaute Hotels vorbei. Als ich mich Richtung Zentrum umdrehe, erkenne ich ihn: den »Wal Algiers«. Auf der Schnellstraße geht es weiter Richtung Süden, wir nähern uns den Randgebieten der Stadt und passieren Fabrikhallen, Baustellen und hässliche Protzbauten von Ölgesellschaften. Begleitet vom Gesang des Muezzins, den der Fahrer in ohrenbetäubender Lautstärke von Kassette angestellt hat. Vorne zeigt das digitale Display der Busuhr 12.15 Uhr. Meine Mitreisenden dösen mit geschlossenen Augen vor sich hin, manche packen bereits Proviant und Limonade aus, um sich für die bevorstehende Reise zu stärken. Neben mir ist der Platz frei geblieben, und so genieße ich es, meine Beine seitwärts ausstrecken zu können. Meine Gedanken verlieren sich in der karger werdenden Landschaft vor dem Fenster, sodass ich kaum bemerke, dass der Bus sein Tempo unmerklich drosselt. Meine Mitfahrer gucken auf einmal wie aufgeschreckte Hühner an den inneren Sitzen vorbei zur Frontscheibe hinaus, um den möglichen Grund dafür zu erkennen. Einige erheben sich von ihren Sitzen. Ich werde erst stutzig, als der Fahrer das Gebet des Muezzins auf ein Minimallautstärke reduziert, während er blinkt, scharf bremst und am Straßenrand zum Stehen kommt: Polizeikontrolle.

Über das linke Außenfenster wechselt er ein paar Worte mit einem der Polizisten. Gleich darauf öffnet er die Vordertür, und zwei Gendarmen in Uniform treten ein. Der Motor läuft weiter. Sie verlangen die Pässe. Langsam bahnen sie sich ihren Weg durch den Gang, prüfen sorgfältig jeden Personalausweis, jeden Pass, der ihnen von den Reisenden gereicht wird. Vor mir sitzt ein Subsaharier, dessen Studentenausweis lange geprüft wird. Er wird gebeten abzuwarten, und der Polizist behält seinen Ausweis in der Hand, während er nach meinem fragt. In meinem Pass schaut er nur kurz auf die Seite des Visums und bittet mich daraufhin, meine Tasche zu öffnen. Er beginnt den Rucksack zu filzen, und als er in einen Pullover gehüllt die Kamera sieht, fragt er mich, warum ich sie dabei habe und wohin ich reisen wolle. Meine Antwort wartet er erst gar nicht ab, sondern fordert mich auf, meine Sachen zu packen und mit ihnen auszusteigen. Ich weigere mich, fordere eine Erklärung und beharre auf dem Reiserecht, das ich mit der Fahrkarte erkauft habe. Ich verlange, dass mir mein Ticket erstattet wird und ich eine angemessene Erklärung bekomme, aber der zweite Gendarm unterbricht mich ruppig:»In Algerien können Sie nicht reisen, wohin Sie wollen, wie Sie das von zu Hause gewöhnt sind. Sie müssen uns auf die Wache begleiten und erklären, was Sie mit der Kamera in ihrem Gepäck vorhaben. Und, glauben Sie uns, es ist für Ihre eigene Sicherheit das Beste!«

Der Fahrer hat meine Tasche bereits aus dem Kofferraum ausgeladen. Ich wittere eine Verschwörung, in meinem Rücken spüre ich die neugierigen und mitleidigen Blicke meiner Mitreisenden, während ich mit einem der Polizisten in eines der Polizeiautos steige, die am Straßenrand parken. Der andere Polizist kontrolliert noch die restlichen Pässe im Bus, und ich versuche, die letzten Minuten vor dessen Abfahrt zu nutzen, um den Wachmann an meiner Seite von der Notwendigkeit meiner Reise zu überzeugen. Es hilft nichts. Er ignoriert mein Bitten. Der letzte Gendarm steigt aus dem Bus aus und holt bei seinem Kollegen, der neben mir die Identität des Westafrikaners hat überprüfen lassen, dessen Ausweis ab. Wenig später schließt sich die Bustür, und nur entfernt nehme ich die jetzt wieder lauter erklingenden Gebete des Muezzins wahr. Vor meinen Augen fährt der Bus ab.

Der Jeep, in dem ich mich jetzt befinde, ist ebenfalls abfahrbereit. In entgegengesetzter Richtung an den Bauten der Ölgesellschaften vorbei, über die Schnellstraße und die Einfallstraße, die ehemalige »La Moutière« zurück, bewegen wir uns in die Stadt Richtung Polizeirevier. Unser Kommen kündigt einer der Polizisten per Funkgerät bereits Kilometer vor unserer Ankunft an. Der Fahrer trommelt während der gesamten Fahrt mit seiner linken Hand auf dem Lenkrad herum, während der Polizist neben mir meinen Pass durchblättert und wissen will, wie es in Ruanda gewesen sei und was ich dort gemacht habe? »Warum interessieren sich die Europäer eigentlich so sehr für

›les africains‹, die Afrikaner?« Sich meint er damit eindeutig nicht. Während ich seine Frage ignoriere, denke ich darüber nach, wie befremdlich es ist, dass die Algerier, selbst Afrikaner, die Subsaharier »Afrikaner« nennen. Ich bin froh, für meine Reise einen Zweitpass beantragt – und das Visum aus Mali in meinem anderen Pass zu haben.

Auf der Polizeistation muss ich erstmal warten. Ich sitze in einem leeren Raum, in dem sich neben zwei Tischen mit jeweils einem Drehstuhl nur ein Bild von Präsident Bouteflika über der Eingangstür befindet und zwei Holzschemel für die zu Verhörenden. Auf einem davon habe ich Platz genommen, auf dem anderen befindet sich mein Rucksack. Ich erinnere mich an meine Aufenthalte auf dem Kommissariat in Gao zurück und bedauere, hier keinen Tee zu bekommen. Ich frage mich, wie sie meine Mitnahme wohl begründen werden, und überlege mir gerade mögliche Fragen ihrerseits und Antworten meinerseits, da treten zwei junge Polizisten ins Zimmer ein und nehmen hinter den Schreibtischen Platz. Sie notieren sich meinen Namen und fragen nach Vor- und Nachnamen meines Vaters und meiner Mutter. Ich muss lachen. Sie gucken mich grimmig an, schreiben sich meine Adresse, Geburtstag und einige Daten aus meinem Pass auf und fordern mich auf, meine Kamera auszupacken. Zum Betrachten kommen sie neugierig näher. Der eine entpuppt sich als Technikfreak, und die Stimmung wird etwas heiterer. Ein Mann bringt den beiden je ein kleines Glas Milchkaffee, und sie fragen mich, ob ich auch einen wolle. Der Mann muss noch einmal ins Café gegenüber, und wenig später steht auch vor mir ein warmes, dampfendes Glas. Was ich in Algerien mache? Ich möge ihnen bitte mein Einladungsschreiben zeigen. Glücklicherweise finde ich es zwischen den Seiten meines Moleskine-Kalenders, und sie fragen mich nach Karim. Wer er sei und woher wir uns kennen würden? Ich erzähle, er sei der Freund einer Freundin, wir würden uns aus Frankreich kennen. Woher genau?»Aus Lyon«, sage ich.»Da bin ich auch schon einmal gewesen«, platzt es aus dem einen raus.

Ein weiterer Polizist kommt hinzu, er scheint dem untertänigen Verhalten meiner beiden Frager nach einen höheren Rang innezuhaben. Er grüßt, nimmt das Papier mit den Informationen über mich und verschwindet wieder. Ich fordere eine Erklärung für meine Mitnahme.»Bleiben Sie ruhig, Mademoiselle, wir sind es, die die Fragen stellen. Was wollten Sie überhaupt im Süden?«

Ich erwidere:»Ich wollte Timimoun sehen!«

»Alleine?« fragt einer der beiden spöttisch. Ursprünglich hätte ich nach Tamanrasset gewollt, da mir ihre Botschaft dies aber vorenthalten habe, wolle ich zumindest einige Oasen der Westsahara kennenlernen.

Sie schieben es auf die Islamisten – funktioniert Angstmache eigentlich in jedem Land?»Wie sollten wir Ihrer Botschaft erklären, dass Ihnen etwas zugestoßen ist?« Unmöglich könne ich alleine in den Süden reisen. Ob ich mich nicht einer organisierten Gruppe anschließen wolle?

Auf einmal muss ich an»Monsieur la peur« denken und lache laut auf. Ich stelle ihn mir vor, von einer Eskorte umgeben und einsam in seinem noblen Autositz versunken sitzend. Der Polizei versichere ich, ich würde meine Pläne einige Tage überdenken, und sie lassen mich gehen. Sie bieten mir sogar an, mich zu Karim, meinem Gastgeber zu bringen. Dankend lehne ich ab.

Vor der Tür laufe ich eine Weile, bis ich mich unbeobachtet fühle. Ich warte auf ein Taxi collectif, eines der günstigen städtischen Großraumtaxis, in denen man sich die Plätze eines alten Mercedes teilt, aber es kommt keins. So winke ich mir ein kleines Taxi heran und bitte den Fahrer, mich ins Zentrum zu bringen. Nach einer Weile ändere ich meine Pläne und lasse mich stattdessen zum »Gare routière de Caroubier«, zum Busbahnhof zurückbringen. So bepackt wie schon einen halben Tag zuvor erkundige ich mich nun nach den Taxi-collectif-Fahrten in den Süden, ohne mein Ziel dabei schon direkt zu nennen. Das nächste Großraumtaxi fahre bis Ghardaia. Dort gebe es weitere Taxi collectif bis Adrar. Zwei Tickets wurden für diese Fahrt bereits verkauft, also fehlen neben mir nur noch zwei weitere Mitfahrer. Auf einmal erscheint mir die beste Lösung, es direkt wieder zu versuchen. Vielleicht kontrollieren sie am Abend ja sporadischer oder gar die Großraumtaxis weniger als die Busse.

Ein Junge begleitet mich vom Schalter zum richtigen Taxi und verlangt dafür ein Taschengeld. Ein Beifahrer hilft mir beim Verstauen meines Gepäcks im schon voll beladenen Kofferraum des alten Mercedes, und ich lasse mich auf einen Fensterplatz auf der Rückbank sinken. Alle Türen stehen sperrangelweit offen. Es ist feucht-heiß und kein Luftzug weht. Meine beiden Mitfahrer auf dem Vordersitz und dem auf der Zwischenablage eingebauten zweiten Mitfahrervordersitz verharren auf ihren Plätzen. Vom Fahrer weit und breit keine Spur. Vielleicht hat er sich unter das Grüppchen Männer gemischt, das sich um einen anderen Mercedes schart, dessen Motorhaube als Tablett nutzend eine Runde Tee genießt und debattiert. Im Radio läuft wütender algerischer Rap von der Frauenformation »Moon Light Girls«. Der Junge, bei dem ich mein Ticket bezahlt habe, kommt mit einem der Männer auf unseren Wagen zu. Vor dem Kofferraum bleiben sie stehen. Sie diskutieren, und ich sehe über den Rückspiegel, wie mein Rucksack ausgeladen wird. Der Junge redet beschwichtigend auf den älteren Mann ein. Ich steige aus, um zu erfahren, was los ist. Der Mann nuschelt auf Arabisch in seinen Bart, und der Junge übersetzt, er wolle mich nicht mitnehmen. Als ich nach dem Grund frage, unterbricht mich der Mann in holprigem Französisch:

»Ich nehme keine Europäer mit in den Süden, das beschert mir nichts als Ärger!« Mein Fahrtgeld bekomme ich zurück. Ich erkundige mich bei dem Jungen, ob alle Taxifahrer diese Einstellung teilen. Er beruhigt mich, es handle sich »um eine individuelle Entscheidung«, und bringt mich zu der Gruppe der Fahrer. Sie sind aufgeschlossen, aber als ich mein Reiseziel definiere, verengen sich ihre Augen, und sie blicken mich argwöhnisch an. Einer von ihnen tritt hervor und rät mir, morgen wiederzukommen. »Zu Anbruch des Tages, bevor der erste Ruf des Muezzins zum *Fajr*-Gebet von der Moschee erklingt, wirst du jemanden finden, der dich mitnimmt. Sei achtsam!«

Zweiter Anlauf Richtung Süden

Ich gebe mein Gepäck am Busbahnhof auf. Vom Schleppen und der verfehlten Abreise müde trinke ich in der Halle einen Espresso, bevor ich zurück in die Innenstadt fahre. Ich rufe Ahmed an und er schweigt, als ich ihm am Telefon die Erlebnisse des heutigen Tages schildere.

Die Nacht verbringe ich bei Fella auf der Couch und finde mich vor Tagesanbruch am Busbahnhof wieder. Es ist schon reger Betrieb, aber der Gepäckschalter hat noch geschlossen. Ich treffe den Jungen von gestern wieder. Er bringt mich zielgesteuert zu einem Grand Taxi, um das sich schon vier Passagiere scharen. Der Fahrer sitzt bei offener Türe auf seinem Sitz und trinkt einen Kaffee. Er nickt mir aufmunternd zu und fordert uns mit einer Geste auf, das Gepäck zu verstauen. Sie würden noch auf einen Passagier warten, dann ginge es los. Als ich erwähne, dass mein Gepäck sich noch in der Gepäckausgabe befindet, verfinstert sich sein Gesicht. Die Gepäckausgabe habe jeden Morgen eine Stunde geschlossen, da sie geputzt würde. Nichts zu machen. Warum ich mein Gepäck dort abgegeben hätte? »Dann kannst du leider nicht mitfahren, wir wollen noch vor dem Morgengebet los, und die Gepäckausgabe wird vorher nicht aufmachen. Wenn sie geputzt haben, beten sie, und erst dann öffnen sie ihre Türen.«

Ich bin fassungslos und erkundige mich, ob sich nicht irgendetwas tun lasse. In meiner Verzweiflung mache ich etwas, das mir eigentlich missfällt: Ich frage, ob sich dieses scheinbar letzte Hindernis meiner Reise nicht mit einer zusätzlichen Zahlung beheben lasse. Der Junge verschwindet mit einem Dinar-Schein und kommt zehn Minuten später, als ich bereits unruhig werde, da sich ein letzter Mitfahrer mittlerweile gefunden hat, grinsend zurück – mit dem Rucksack. Ich gebe ihm Geld für eine Limonade, und wir machen uns auf den Weg. Der Fahrer gebietet mir, mich hinter ihn zu setzen, reicht mir aus der zum zweiten Beifahrersitz umgebauten Mittelkonsole ein Hidschab und nuschelt: »Setz das auf.«

Wir fahren los, um nach ein paar hundert Metern erstmal an einer Tankstelle anzuhalten. Als wir die Auffahrt zur Autobahn nehmen, höre ich den ersten Morgenruf des Muezzins. Am Himmel ist das erste Licht des Tagesanbruchs zu erkennen. Der Taxifahrer nimmt den gleichen Weg in den Süden wie der Bus gestern Abend. Die vorüberfliegenden Bauten und Fabrikhallen sind mir schon vertraut. Einmal mehr fällt mir auf, wie viele Baustellen es hier gibt, und ich frage mich einmal mehr, was es mit den vielen chinesischen Arbeitern auf sich hat. Werden sie bei den Verhandlungen über Straßenbau und Ölförderung durch die chinesischen Investoren gleich mitverhandelt? Tausende asiatische Wanderarbeiter eingeflogen in ein Land, in dem die Jugendarbeitslosigkeit bei rund 25 Prozent liegt und in dem jährlich tausende durchreisende Subsaharier nach Arbeit suchen? Ausgebeutet auf einem Kontinent, dessen Jugend sein Hauptaugenmerk auf Emigration richtet, weil sie in ihren Heimatländern keine Wahl hat?

Zu meiner Erleichterung ist an der Stelle, an der gestern eine Polizeikontrolle war, heute keine mehr. Längst haben wir die Peripherie von Algier hinter uns gelassen. Mit jedem Kilometer, den wir uns von Algier entfernen, fällt die innere Anspannung von mir ab. Das Atlasgebirge kündigt sich mit Hügeln an und schenkt uns ein atemberaubendes Panorama mit schneebedeckten Gipfeln in der Ferne. Einer meiner Mitfahrer deutet hinaus und erzählt mir stolz, wir befänden uns nun in der Kabylei, der Heimat der Ureinwohner Algeriens, der Kabylen. Bouzid ist selbst Kabyle. Als unser Gespräch auf den Dialekt der Kabylen kommt, bittet er den Taxifahrer, *Canal 2* einzustellen, den kabylischen Radiosender Algeriens. Es sind nur Störgeräusche zu hören, und so verlangt Bouzid von ihm, baldmöglichst anzuhalten. Ich habe ihre Konversation nicht verfolgt und bekomme einen Schreck, als der Wagen auf einmal auf dem Seitenstreifen zum Stehen kommt. Als sich eine Kassette als Grund unseres Stopps entpuppt, freue ich mich. Bouzid rutscht zurück auf seinen Sitz und schiebt das Tape ins Radio. Die nächsten anderthalb Stunden reisen wir auch durch die Geschichte der kabylischen Musik vom Chaabi des Hadji el Anka über Matoub Lounes bis hin zu Akil D.

Der Fahrtwind kitzelt mein Gesicht, und ich sehe mich schon am vorläufigen Ziel meiner Reise, das in der Realität noch knapp 1 100 Kilometer von uns entfernt liegt. Wir durchqueren die kleine Stadt Blida mit ihren Orangenbäumen. Langsam wird es draußen heiß und das Sonnenlicht gleißend hell. Wir passieren die Felsschlucht von Chiffa mit ihrem Wasserfall und verlassen sie durch ein Labyrinth von Tunneln wieder, in denen der Chauffeur langsam fährt und sich Hupkonzerte mit entgegenkommenden Taxis und Bussen leistet. Am Busbahnhof von Médéa verlässt uns Bouzid mit seiner Musik. Wir passieren Berrouaghia mit seinem Gefängnis. Der Taxifahrer nimmt eine Algerierin mit, die am Straßenrand in der Region Ksar Boukhari Autostopp macht und mit einem vollbeladenen Korb voller Clementinen und Kräutern einsteigt. Sie fährt mit uns gemeinsam durch die von Obstplantagen gesäumten Serpentinen und steigt nach einer halben Stunde nahe eines Gehöfts wieder aus.

Vier Stunden, nachdem wir Algier verlassen haben, nähern wir uns dem Zentrum des Hochplateaus vom Atlasgebirge: der Stadt Djelfa. Die Hügel und Täler hier scheinen ausgetrocknet. Der Jugendliche, der die ganze Fahrt beinahe unbeweglich auf der Mittelkonsole gequetscht verharrt hat, ist aus der Region und berichtet den anderen Passagieren, dass die Hirten in der einst fruchtbaren Region Djelfa kaum mehr nahrhafte Weideflächen für ihre Herden fänden; dass Djelfa wegen der zunehmenden Dürren in naher Zukunft das »Tor zur Wüste« werde.

Ein Schild weist noch zehn Kilometer bis zum Stadtzentrum aus, da erwartet uns eine Polizeikontrolle. Der Fahrer wirft mir einen vielsagenden Blick über den Rückspiegel zu und befiehlt mir, meinen Kopf vom Außenfenster abzuwenden und den Schleier etwas enger um mein Gesicht zu ziehen. Er verlangsamt sein Tempo, die Gendarmen beobachten die auf sie zusteuernden Wagen und winken sie durch. Mein Herz rast, als vor uns kein anderes Auto mehr ist, aber sie nicken und gebieten auch uns weiterzufahren. Unser Fahrer schleicht an ihnen vorbei und gibt dann Gas. Alle Insassen des Wagens freuen sich.

Es ist erst später Vormittag, als der Fahrer das Tor eines Taxirastplatzes passiert. Noch bevor er den Halt für das *Dhuhr*, das Mittagsgebet, ankündigt, geraten meine Beifahrer schon in Bewegung. Sie kramen ihre Sebhas, ihre Gebetsketten aus ihren Taschen. Manche von ihnen zupfen ihre Gebetsmützen zurecht und ziehen ihre Djellabas glatt. Dann springen sie aus dem Wagen und eilen zum Gebetsraum des Taxiplatzes. Mein Sitznachbar, dessen nassgeschwitzte Hose während der gan-

Adrar		Oran	Maghnia	Oujda	Nador	Europa/
1 370 km			180 km	150 km	15 km	Melilla

zen Fahrt gegen mein Bein gedrückt hat, übersetzt mir, in einer halben Stunde gehe es weiter. Ich suche die Toilette auf und setze mich vor eine Bretterbude nahe des Gebetsplatzes, in der sich am Spieß Mechoui dreht, die nordafrikanische Lammspezialität. Ich bestelle einen Kaffee mit Kardamom und ein Khobz (südalgerisches Brot) mit Harissapaste. Ich beobachte meine Mitfahrer bei den Bewegungen ihres Mittagsgebets. Nach einiger Zeit kommen sie raus, waschen sich Hände und Gesicht mit Wasser aus kleinen Schüsseln, das sie aus einem Brunnen holen. Dann kommen zwei von ihnen zu dem Bistro, vor dem ich sitze, um sich zu stärken. Alle behalten unseren Fahrer im Auge, der sich ebenfalls direkt vor die Bretterbude gesetzt und etwas gegessen hat. Er raucht eine Zigarette und wirft kurz darauf den Motor an, um uns zur Abfahrt zu mahnen. Er hupt und die Fahrt geht weiter.

Ich bin schläfrig und bemerke deshalb die Unruhe nicht sofort, die im Auto ausbricht. Mein Nachbar stupst mich an. In der Ferne sind zwei Polizeiwagen zu erkennen. Die Polizisten fordern unseren Fahrer mit einer Kelle zum Halten auf. Ich ziehe meinen Schleier fester ums Gesicht, schon umzingeln drei der Uniformierten das Auto. Der Fahrer muss seinen Pass, seine Fahrerzulassung, die oberhalb des Radios an einer kleinen Klammer befestigt ist, und die Papiere des Autos vorzeigen und anschließend aussteigen, um den Polizisten den Kofferraum zu öffnen. Dort sind all unsere Rucksäcke und Taschen ordentlich verstaut, auch wenn sich der Kofferraum kaum mehr schließen lässt. Die Devise des Fahrers: nichts Auffälliges bei den Passagieren, kein unübersichtliches Chaos. Der zweite Gendarm grüßt freundlich, die Hand an der Pistole, und verlangt nach unseren Pässen. Meinen nimmt er mit und bringt ihn zu einem ihrer Autos. Unser Fahrer hat bereits zwei Zigaretten geraucht, da kommen sie wieder. Sie schimpfen mit ihm und weisen mich an, meinen Rucksack aus dem Kofferraum zu nehmen. Ich weigere mich, da übernehmen sie es. Ich muss in ihr Auto steigen, die Weiterfahrt wird mir verwehrt. Ich will es nicht wahrhaben. Über 320 Kilometer liegen schon hinter uns. Trotz gültigem Visum habe ich keine Chance gegen sie.»Ihre Fahrt endet hier. Wenn Sie nicht hören wollen, was Sie gestern erfahren haben, müssen Sie es nun spüren. Sie werden zurück nach Algier gebracht. Auch wenn Sie es wieder versuchen, Sie werden es nicht schaffen. Das Einzige, was Sie riskieren, ist Ihre vorläufige Ausreise nach Deutschland.«

Sie gucken mich entgeistert an, als ich einen Lachanfall bekomme, während ich mich frage, wie Mohamed wohl reagieren würde, müsste ich ihm erzählen, ich sei aus Algerien abgeschoben worden ...

Absurderweise muss ich beinahe hundert Kilometer mit ihnen weiter in Richtung Süden bis Laghouat fahren. Erst dort befindet sich der nächste Busbahnhof, der von Bussen aus Ghardaia nach Algier angefahren wird. Der Gendarm spricht mit einem Busfahrer, und mir wird ein Platz am Fenster direkt hinter ihm zugewiesen. Neben mir nimmt ein Ersatzbusfahrer Platz. Der Gendarm redet eindringlich auf die beiden ein und gibt dem Fahrer, trotz meiner Proteste, meinen Reisepass. Sobald der Bus am Zielbahnhof eingetroffen sei, würde ich den Pass zurückbekommen.»Es ist zu Ihrer eigenen Sicherheit. Sie sind hier in Algerien und haben sich an unsere Gesetze zu halten.«

Das Polizeiauto verschwindet, und ich bitte die Fahrer inständig, mich aussteigen zu lassen. Sie bleiben hartnäckig. Eine geschlagene Stunde muss ich im Bus sitzenbleiben, bis endlich Abfahrtszeit ist. Die Busfahrer unterhalten sich über die leuchtenden Gasfelder von Hassi R'Mel, die sich unweit von Ghardaia und nur noch weitere hundert Kilometer südlich von uns befinden. Sie sind auch der Hauptgrund dafür, dass so viele Migranten über die von Oasen umgebene Stadt Ghardaia rei-

Adrar
1 370 km

Oran
180 km

Maghnia
150 km

Oujda
15 km

Nador

Europa/
Melilla

sen. Dort werden sie als Hilfskräfte für fünf Euro am Tag dringend benötigt. Gegen Mitternacht bin ich wieder zurück am Busbahnhof von Algier.

Endlich in Adrar

Letztlich fliege ich in den Süden. Ich will die rare verbleibende Zeit nicht ungenutzt verstreichen lassen, und so kommt es, dass ich mich drei Tage vor den Wahlen am Nationalen Flughafen von Algier wiederfinde, der direkt neben dem Internationalen Flughafen liegt. Ich kaufe ein Flugticket nach Ouargla, obwohl mir die Vorstellung widerstrebt, mich während meiner Arbeit mit Menschen, die aufgrund unserer Politik Europa zu Fuß zu erreichen versuchen, mit der Nutzung eines weiteren Flugzeugs aus der Bredouille zu bringen. Damit meine Spuren nicht ganz so einfach nachzuzeichnen sind, entscheide ich mich für die an Petroleum reiche Stadt Ouargla, von wo aus es etliche Fahrmöglichkeiten nach Adrar gibt. Zwei Tage vor den Wahlen soll es losgehen. Als der Flug aber nach zehn Stunden Wartezeit im Check-in-Bereich plötzlich grundlos gestrichen wird, kommt es unter den Passagieren zu kleinen Tumulten. Über den ganzen Tag hinweg haben wir andere ein- und ausfliegende Maschinen beobachtet. Es gibt nicht genügend Bänke für die Wartenden, diejenigen, die einen Sitz ergattert haben, versuchen zu schlafen. Niemand erteilt Auskunft darüber, wie lange oder aus welchem Grund sich der Abflug verzögert. Am frühen Abend wird er dann endgültig annulliert. Ich bin verzweifelt. Erste Gerüchte der Wartenden bestätigen die Vermutung, der Grund könnten die anstehenden Wahlen sein.

Auch um das rausgeschmissene Geld für meine vergeblichen Reisen mache ich mir langsam Sorgen. Dann ein Lichtblick, der mich über meine europäischen Erfahrungen schmunzeln lässt.

Am überfüllten Verkaufsschalter von Air Algérie ändert der Angestellte ohne Umschweife handschriftlich das Reiseziel auf meinem handgeschriebenen Ticket, nachdem ich auf der riesigen Anzeigetafel gesehen habe, dass es noch am selben Abend einen Flug nach Adrar geben soll; bisher weder verschoben noch annulliert. Ich muss nur die Extrakosten für die größere Flugentfernung begleichen und habe meinen Direktflug zu Mohamed. Ich checke wieder ein, mein Gepäck wird herausgesucht und auf ein anderes Band gelegt. Am Boardingschalter sind die Menschenmassen etwas kleiner geworden.

Das Prozedere wiederholt sich. Der für 20 Uhr angekündigte Abflug verschiebt sich um sechzig Minuten. Um 21 Uhr wird er für 23 Uhr angekündigt. Um Mitternacht weisen die roten Ziffern darauf hin, dass der Abflug unbekannt sei. Auch jetzt ist weit und breit kein Bodenpersonal in Sicht, das die Fragen der Passagiere beantworten könnte. Die Läden des Check-in-Bereichs haben lange geschlossen, die Getränke der Automaten sind ausverkauft, und die einzigen Reisenden, die sich hier noch befinden, haben Adrar zum Ziel. Einige sind über ihr Handgepäck gebeugt eingeschlafen, andere telefonieren wild gestikulierend. Die Stimmung ist angespannt und heizt sich auf, als sich gegen Viertel vor eins morgens endlich ein Mitarbeiter von Air Algérie zeigt. Er wird beschimpft, und ohne eine offizielle Ansage entfernt er sich, umgeben von einer Traube Passagiere, wieder aus dem Wartebereich. Ich folge ihnen zum Ausgang. Es verbreitet sich die Nachricht, der Abflug sei für morgen früh um halb sieben geplant. Draußen bleiben die Fluggäste stehen. Nach einer halben Stunde Diskussion um das im Flughafen verbliebene Gepäck – die Flughafenangestellten sind längst zu Hause – kommt ein Bus angefahren. Beim Vorzeigen des Boardingpasses sollen die Passagiere über Nacht in einem Hotel nahe der Messe untergebracht werden, in dem aber nur eine begrenzte Anzahl an Zimmern zur Verfügung

Adrar
1 370 km

Oran
180 km

Maghnia
150 km

Oujda
15 km

Nador

Europa/
Melilla

stehe. Offizieller Grund für die Verzögerung des Fluges: ein Wüstensturm über der Westsahara.

Ich ergatterte ein Zimmer in dem Achtziger-Jahre-Hotel, das in einer vermüllten Seitenstraße zwischen der Ausfallstraße und der Küste gelegen ist. Vor der Abfahrt um sechs Uhr am nächsten Morgen gibt es Kaffee, und der Bus bringt uns zurück zum Flughafen. Wir laufen durch die Wartehalle direkt auf den Boardingschalter zu, der schon geöffnet hat, und finden uns in der Maschine wieder. Der Flug nach Adrar dauert knapp vier Stunden. Ich sitze neben einer Frau in meinem Alter. Wir kommen ins Gespräch. Sie heißt Khallila, studiert Wirtschaftsinformatik in Algier und ist unterwegs, um ihre Mutter in ihrer Heimatstadt Adrar zu besuchen. Außerdem ist sie zu einer Verlobungszeremonie eingeladen. Was ich ausgerechnet in Adrar machen würde? Ob ich alleine unterwegs sei und wo ich vorhabe zu wohnen?

Ich teste an ihr meine Notlüge, die ich für Polizisten vorbereitet habe: Ich würde Freunde treffen, die eine Weltreise machen und mit denen ich gemeinsam die Strecke zurück in den Norden reisen wolle. Leider wisse ich nicht genau, wann sie ankämen. Theoretisch müssten sie in wenigen Tagen an Adrar vorbeikommen und würden mich dann einsammeln. Bis dahin würde ich mir Unterkunft in einer Herberge suchen. Ob sie mir eine Pension empfehlen könne?

Während wir am Terminal in Adrar auf unser Gepäck warten, erzählt Khallila ihrer Mutter, wir hätten uns in Algier kennengelernt und ich würde einige Tage bei ihnen wohnen. Fadwa, ihre Mutter, freut sich, und Khallila wispert mir zu, sie würden für mich bürgen, so würde ich leichter die Flughafenkontrolle passieren können. Und tatsächlich redet Fadwa in beschwichtigendem Tonfall auf die Polizisten an der Ausgangskontrolle ein, die uns aber erst von dannen ziehen lassen, nachdem sie ihnen versprochen hat, den Zeitpunkt

Bamako   Markala   Gao
                                 2 850 km

meiner Abreise unverzüglich der lokalen Polizeibehörde zu melden. Fadera lacht über sie wie über alte Bekannte und bringt uns zu ihrem kleinen Auto, das im rötlichen Sand vor dem Flughafen parkt.

Ich verbringe vier Tage mit ihnen in der »roten Stadt«, wie Adrar auch genannt wird. Die Stadt liegt im oberen Touat, und ihr Oasencharme mit der umarmenden Stille hilft einem, die trockene Saharahitze zu ertragen. Der Großteil der ansässigen Bevölkerung lebt von Landwirtschaft und Nomadismus. Fadwa hat ein kleines Lehmhaus am Stadtrand. Es besteht aus einem Wohnzimmer mit den typischen »m'tarah«, den arabischen Matratzensitzbänken an jeder Zimmerwand, einem weiteren kleinen Raum, einer Küche mit Sitzecke und einer Treppe, die auf die Dachterrasse führt, einer Toilette und einem kleinen Innenhof mit Hibiskusstrauch. Nachts schlafen wir gemeinsam im Wohnzimmer, jeder auf einer der langen Sitzbänke. Sie sind wahnsinnig gastfreundlich und nehmen mich sogar auf die Frauenfeier der Verlobungszeremonie mit. Die Braut thront beobachtend die ganze Zeit auf einem Plastikstuhl, während ihre Gäste tanzen und von der Familie bewirtet werden.

Mohamed ist in der Stadt angekommen. Er muss unser Treffen noch mit einigen Migranten besprechen, vor allem mit seinem Foyerchef, und bittet mich um Geduld. In einigen Tagen werde er sich zurückmelden und mir einen Treffpunkt nennen.

Khallila und Fadwa erkundigen sich mehrfach nach dem Eintreffen meiner Freunde in Adrar. Sie wollen sie unbedingt kennenlernen. Sie versuchen herauszufinden, ob es noch andere Gründe für uns gebe, sich ausgerechnet hier in Adrar zu treffen. Und sie fragen nach ihrer Nationalität. Ich versuche, mir meine Überraschung nicht anmerken zu lassen, und erwidere, sie kämen »aus Portugal« – was ja nicht heißt, dass sie auch Portugiesen sein müssen. Und: »In wenigen Tagen treffen sie hier ein.« Ihre Fragen beunruhigen mich, und mein schlechtes

Gewissen, ihnen trotz ihrer unglaublichen Gastfreundschaft so dreist ins Gesicht zu lügen, nagt an mir. Mir ist bewusst, dass ich ohne ihre Rückendeckung vermutlich ein paar Stunden auf der Polizeistation verbracht hätte.

Es ist schwierig, ohne Begleitung einer der beiden in die Stadt zu gelangen, und so erfinde ich Ausreden. Als Fotografin, als die ich mich vor ihnen ausgegeben habe, würde ich gerne alleine durch die Gegend streifen, um Bilder zu machen. Ein anderes Mal verlieren Khallila und ich uns auf dem Markt, und ich tue nichts dafür, sie sofort wieder zu finden. Ich gehe stattdessen zur Herberge Caravane, deren Adresse ich mir aus meinem Touristenführer herausgeschrieben habe, und frage dort nach einem freien Zimmer. Sie haben noch ein einfaches Zimmer mit Bad auf dem Gang übrig, und ich reserviere es für den darauffolgenden Tag. Für die erste Nacht bezahle ich im Voraus. Abends versuche ich meinen Gastgeberinnen zu erklären, warum ich bald in eine Herberge umziehen werde. Ich habe ihnen nichts von meinem tatsächlichen Vorhaben erzählt, aus Angst, es könnte sich herumsprechen. So muss ich sie nicht zu meinen Komplizinnen machen, bringe sie nicht in die Gefahr der Mitwisserschaft vor der Polizei und gefährde unser Projekt nicht. Deshalb beschränke ich mich auch darauf, ihnen mitzuteilen, dass meine Freunde sich für die kommenden Tage angemeldet hätten und eventuell mitten in der Nacht eintreffen würden. Ich wolle sie in ihrem Schlafrhythmus nicht stören und würde daher in eine Pension umziehen. Die beiden sind enttäuscht, versuchen, mich von meinem Plan abzubringen, aber nachdem wir eine ganze Nacht diskutiert haben, lassen sie mich ziehen. Beim Abschied testet mich Fadwa: Ob mir bewusst sei, dass sie nun zur Polizei gehe, um zu melden, dass ich aufgebrochen sei? Ich nicke.

Immerhin kann die Polizei ihr nichts vorwerfen und ich notfalls erzählen, ich hätte meine (neuen) Freunde gerade erst kennengelernt. Als ich mich mit Khallila vage zu einem Abschiedstreffen in Algier verabrede, wo sie in wenigen Tagen wieder sein wird, lässt sie mich wissen, sie freue sich, meine Freunde dann kennenzulernen. Und sie sagt auch, dass ich mich bitte nicht wundern solle, sie werde dann einen Hidschab tragen. Ihr Mann ahne nur, dass sie diesen ablege, sobald sie in den Süden reise. Er verlange von ihr jedoch, dass sie ihn immer trage. Auf Diskussionen würde er sich seit ihrer Hochzeit vor zwei Monaten nicht mehr einlassen.

Auf Umwegen zu Mohamed

Der Herbergsvater will mein bezahltes, in der letzten Nacht jedoch unbenutzt gebliebenes Zimmer gerade an einen anderen Gast vergeben, als ich eintreffe. Ich buche es für zwei weitere Nächte und freue mich, dass nun nichts mehr im Wege steht, Mohamed in seinem Foyer zu treffen. Ich schreibe ihm eine Textnachricht, dass ich meinerseits ab jetzt unauffällig vorbeikommen könnte. Da piept mich schon jemand mit einer fremden Nummer an. Ich rufe zurück, denn diese Taktik, einen Rückruf zu erbitten, ist mir mittlerweile vertraut. Je dringender er ist, desto häufiger wird angeklingelt. Es ist Mohamed vom Telefon eines Kameraden – *camarad* ist die Bezeichnung der Algerier für durchreisende Subsaharier, die diese teilweise auch für sich übernommen haben.

»Mariama. Nimm dir morgen vor Anbruch der Helligkeit ein Taxi ins »Kasdir«-Quartier. Dort lässt du dich zur *Autogarage* bringen. Nebenan befindet sich ein Café. Dort wartest du. Ich hole dich ab – aber es kann dauern!«

Der Portier der Herberge schläft auf seinem Sessel, der Fernseher unter der Theke, in dem eine nigerianische Serie läuft, erhellt sein Gesicht kontrastreich. Die ersten Zikaden haben gerade zu zirpen begonnen, ansonsten ist es still. Er schreckt hoch, als ich die kleine Glocke betätige und ihn bitte, mir ein Taxi zu bestellen. »Jetzt? Noch vor der *Fajr*?« Das Taxi lässt auf sich warten. Ich hinterlasse den Schlüssel an der Theke und verspreche, spätestens mittags zurück zu sein. Der Mann schläft schon wieder, als ich meine letzte Tasche aus meinem Zimmer heruntertrage. Und mich dabei frage, ob ich wohl noch einmal hierher zurückkommen werde oder wie es überhaupt weitergehen wird. Besser, ich nehme mein gesamtes Gepäck mit, obwohl ich davon ausgehe, dass wir einen Drehplan besprechen und ich weiter in der Herberge logieren werde.

Der Taxifahrer sieht so aus, als hätte ihn der Anruf aus dem Schlaf gerissen. Er verzieht keine Miene, als ich ihm mein Fahrtziel nenne. Erst nachdem der Muezzin gesungen hat, es langsam hell wird und wir zwanzig Minuten durch die menschenleere Stadt gefahren sind und das Zentrum lange hinter uns gelassen haben, fragt er, was ich ausgerechnet im Armenviertel vorhätte? »Geben Sie Acht! Dort leben nur Verbrecher und die Mafia!«

Zwei Menschen musste er nach der Autowerkstatt fragen, aber nun sitze ich in dem benachbarten Café. Die Anspannung fällt von mir ab, als ich den Westafrikaner hinter der Theke sehe, der gerade zwei Milchkaffees macht. Ich schaue mich in dem kleinen freundlichen Raum mit dem gekachelten Boden um. Er ist einfach eingerichtet, aber sympathisch. Nur wenige Tische und Stühle, weder Neonröhren noch ein laufender Fernseher. Die Vorhänge sind zugezogen, trotzdem wirft die nun aufgestiegene Sonne genügend Helligkeit ins Innere. Nur ein Tisch ist besetzt, mit zwei Subsahariern. Die Bedienung grinst zufrieden, als ich an der Theke »une noisette«, einen Espresso Macchiato bestelle. Ich werde prompt bedient. Ich schicke Mohamed eine SMS und warte. Und warte. Und warte.

Bamako   Markala   Gao
                                 2 850 km

Die Stunden verstreichen. Die Gäste wechseln. Mittags wird es voller. Eine Algerierin kommt mit einem großen Topf »Harira«, einer traditionellen Suppe, vorbei. Zur Essenszeit kommen Algerier und Subsaharier – unter ihnen keine einzige Frau. Ich werde neugierig registriert, aber in Ruhe gelassen. Ich nehme das bisher unbeschriebene Heft, das ich mir auf dem Markt von Adrar gekauft habe, und beginne, mir endlich Gedanken zum Dreh in Algerien zu machen. Ich schreibe Erlebtes auf und Fragen, die sich daraus ergeben haben. Bei jedem Beiseiteschieben des Vorhangs an der Eingangstür hoffe ich, dass Mohamed eintritt. Vergebens.

Nachmittags leert es sich und ich trinke einen Milchkaffee an der Bar und unterhalte mich mit dem Barmann Dolo. Er wird nächste Woche achtzehn Jahre alt und kommt aus Liberia. Als er sechs Jahre alt war, sind seine Eltern mit ihm und seiner Schwester wegen des andauernden Bürgerkriegs ins Nachbarland geflüchtet, wo er in die Schule gehen und Französisch lernen konnte, da seine Eltern Arbeit auf einer Kaffeeplantage gefunden hatten. Als Angehörige der Volksgruppe der Kpelle haben sie auch an der Elfenbeinküste Verwandte. Doch nach dem dortigen Militärputsch 1999 geriet sein Vater ins Kreuzfeuer ultranationaler Rebellen und wurde umgebracht. Hinzu kam der Bürgerkrieg. So flohen sie weiter nach Mali. »In Liberia herrscht bis heute ein informelles Patronage-System aus ehemaligen Kommandanten, Rebellenführern oder Kämpfern aus Kriegszeiten. Politiker, Geschäftsleute und Plantagenbesitzer bedienen sich dieser Netzwerke bis heute, um ihre Machtpositionen zu etablieren. Ihre Seilschaften beruhen auf ethnischen Zugehörigkeiten«, erklärt mir Dolo. Eine Rückkehr dorthin war für seine Familie ausgeschlossen. Während seine Mutter und seine Schwester nun seit fünf Jahren versuchen, in Mali von neuem Fuß zu fassen, halte er sich seitdem in Algerien auf. Er habe »Afrika satt«, ergänzt er zu seinen

Plänen:»Ich will einfach nur an einem Ort in Frieden leben. Deshalb versuche ich, nach Europa zu kommen.« Am liebsten würde Dolo in Schweden leben.

Während ich fassungslos über den Lebensläufen mancher Menschen in so jungem Alter brüte, beginnt der Muezzin zum *Maghrib* zu rufen, dem Sonnenuntergangsgebet. Der Vorhang der Eingangstür schiebt sich zur Seite, und ich nehme aus den Augenwinkeln wahr, wie der Eintretende herzlich begrüßt wird und wie er mit Blick in meine Richtung ein paar Worte mit Dolo wechselt. Es ist nicht Mohamed, trotzdem kommt er auf mich zu und stellt sich vor:»Ich bin Griga. Tut mir leid, dass es solange gedauert hat. Mohamed konnte nicht kommen, aber er erwartet dich im Foyer.« Dolo winkt ab, als ich meine Rechnung begleichen will.»In Europa kannst du dich revanchieren. Bei uns gibt es eine Weisheit:›Man trifft sich im Leben immer zweimal!‹«Ich wünsche ihm Mut und Durchhaltevermögen und erwidere, dass es bei uns das gleiche Sprichwort gibt.

Wir nehmen den Hinterausgang des Cafés, den ich den ganzen Tag übersehen habe, obwohl er sich direkt neben der Klotür befindet. Draußen steht ein weiterer Westafrikaner. Griga, der mir schon beim Aufstehen meinen großen Rucksack abgenommen hat, übergibt diesen an den jungen Mann. Ich solle mir keine Sorgen machen, er käme über einen Umweg am gleichen Ort an wie ich. So seien wir unauffälliger. Ich hadere mit mir beim Gedanken an all die Tontechnik und die Kassetten, die sich darin befinden, aber was bleibt mir anderes übrig? Und welches Interesse sollten sie am Inhalt haben? Der Junge verschwindet, und wir laufen einige Minuten im länger werdenden Schatten der Häuser ganz nah an den Hauswänden entlang. Einige Male wechseln wir die Straßenseite und biegen in andere Wege ab. Einmal ändern wir sogar die Richtung. Griga lacht, als ich ihn dazu befrage.»Gut, dass es dir

Blick vom Dach des Foyers der Malier über die Dächer von Adrar

aufgefallen ist.« Er fragt mich nach Algier, Deutschland und meinem bisherigen Aufenthalt und ermahnt mich, leise zu antworten. Der Ruf des Muezzins ist soeben verhallt, als wir vor einer Tür neben der Boutique an einer Straßenkreuzung stehen bleiben. Griga klopft an die Metalltür, deren türkisfarbene Tünchung schon abblättert. Er deutet mir, mich zur Seite an die Hauswand zu stellen. Gleichzeitig schiebt er seinen mit Flipflops beschuhten rechten Fuß unter den Türspalt – mittig unter der Tür befindet sich eine plattgetretene Wölbung im Sand. Die Tür wird einen Spalt weit geöffnet. Griga lässt mir den Vortritt und verriegelt sie von innen wieder. Vor mir steht: Mohamed. Ich wage meinen Augen nicht zu trauen. Ich lasse das mir wohlbekannte Begrüßungsritual mit den vielen Fragen über mich ergehen, dann fallen wir uns in die Arme. »Ça fait longtemps!« Lange ist es her! »Herzlich willkommen im Foyer der Malier, der vierten Region von Mali!«

Auf Umwegen zu Mohamed **129**

Adrar
1 370 km

Oran
180 km

Maghnia
150 km

Oujda

Nador
15 km

Europa/
Melilla

Zu Hause bei Abenteurern

Er ist sehr schmal geworden, ansonsten kommt es mir nicht vor, als wäre schon ein Jahr vergangen, seit wir uns das letzte Mal gesehen haben. Wir stehen uns im Innenhof noch einen Moment lang sprachlos gegenüber. Er darüber, dass ich wirklich gekommen bin, wie er mir später verrät. Ich darüber, dass er es bis hierher geschafft hat und die anderen von meinem Besuch im Foyer überzeugen konnte. »Sind das alle deine Sachen, die du in Algerien dabei hast?« Da klopft es wieder an der Tür, das gleiche Ritual wie eben, nur aus der Innenansicht. »Wer ist da?« Ein Fuß mit abgetretenen Sportlatschen zeigt sich mittig unter dem Türspalt. Hereingelassen wird der Junge, der freudig als »Petit«, als »Kleiner« begrüßt wird. Mein großer Reiserucksack landet vor meinen Füßen. »Ja, das ist alles, was ich dabei habe!« Griga, Mohamed und Petit nicken mir zufrieden zu.

Toilette und Waschraum werden mir als Erstes gezeigt. Der Boden ist nur in diesen beiden Räumlichkeiten gekachelt. Neben dem Plumpsklo befindet sich unter einem Wasserhahn ein Eimer. Das Bad hat ebenfalls einen Wasserhahn, an dem ein längerer Schlauch befestigt ist, sodass man das Wasser auch im Innenhof nutzen kann. In der Badtür aus Holz ist ein Nagel befestigt, der als Haken für Handtücher oder Kleider dient. »Wasch dir erstmal den Staub der Reise und deine Müdigkeit ab, und dann trinken wir zur Feier des Tages einen Tee. Bald gibt es auch Abendessen. Mohamed hat gekocht«, schlägt Petit vor.

Dann entscheiden sie sich um, Mohamed will mich doch erst den derzeitigen Bewohnern des Foyers vorstellen. Er schiebt den Vorhang zum größten Raum ihres Heims zur Seite, aus dem Musik und Stimmen klingen. Auf achtzehn Quadratmetern sitzen zwölf Männer auf einigen Plastikstühlen sowie Getränke- und Holzkisten, die als Hocker dienen.

Einige drehen sich direkt zu uns um, andere beobachten mich kaum merklich. »Murubu – das ist Mariama.« Ein weiterer Mann, der sein Cappy tief ins Gesicht gezogen hat, steht auf und begrüßt mich durch einen Anstupser mit seiner Faust. »Mariama, das ist Idrissa.« Die anderen werden mir der Reihe nach vorgestellt. Die Hauptbewohner dieses Hauses sind alle Malier: der Foyerchef Griga aus Mohameds Heimatregion, der mich vom Café abgeholt hat; der »Kleine«, der ebenfalls Mohamed heißt und deshalb auch den Spitznamen »Kleiner Mohamed« trägt; der halb Tuareg, halb Bozo Murubu sowie der Bambara Idrissa.

Ihr Wohnzimmer wirkt sehr aufgeräumt. Es hat kein einziges Fenster und ist sehr dunkel. Durch ein kleines Loch, das oberhalb des Bodens in die Wand gehauen wurde, scheint Licht herein. Eine 40-Watt-Glühbirne brennt von der Decke und macht die Augen der Männer noch schwerer erkennbar, als sie aufgrund ihrer Mützen und Hüte ohnehin schon sind. Eine weitere Holzkiste dient als Tisch. In einer Ecke liegen eine dünne Matratze und eine Menge aufgerollter Teppiche, die als Schlafgelegenheiten dienen und nachts den kompletten Raum ausfüllen. Tagsüber ist der Boden einzig von drei Plastikteppichen bedeckt, die auf dem platt getretenen Sandboden liegen. In einer anderen Ecke befinden sich ordentlich aufgetürmt Rucksäcke, Sporttaschen, Koffer und sogar Rollkoffer – das dauergepackte Gepäck der Flüchtlinge. An der Wand darüber hängen an drei Nägeln ihre Mäntel, Jacken, Boubous, Djellabas und Tücher. An der Wand hinter der Tür ist eine kleine Anrichte angebracht, darüber ein zerborstener Spiegel. Auf der Anrichte befinden sich eine Bürste, eine Flasche Shampoo und eine Packung Bodylotion. Am meisten überrascht mich aber ihre Technik. Ein Fernseher, darunter ein DVD- und ein CD-Player, aufgebaut auf zwei Getränkekisten. Neben dem Fernseher sind in einer ausrangierten Kühltasche die CDs und

DVDs aufbewahrt, amerikanische und brasilianische Serien sowie panafrikanische Musik.

Wir treten wieder hinaus in den Patio des typisch algerischen Hauses, den *haouch*, von dem aus noch zwei weitere Türen abgehen. Die neben der Freiluftkochstelle führt in einen Raum von etwa zehn Quadratmetern. Eine große Matratze mit zwei Kissen, ein großer Plastiktisch, über den sie ein Tuch mit der malischen Trikolore geworfen haben, eine kleine Holzkommode und drei Stühle füllen den Raum. Auch dieses Zimmer hat kein Fenster, aber durch den gelben Vorhang der Eingangstür wirkt dieses Zimmer heller und freundlicher. Auf einer Seite der Matratze liegen Stapel von Klamotten, unter dem Tisch Koffer. Inmitten dieses Arrangements befinden sich sieben Migranten. Einige grüßen mit einem Nicken, einer kommt auf mich zu und begrüßt mich per Handschlag:»Hey, Schwester!« Andere ignorieren mich.

Es geht vorbei an der Kochstelle, die aus einem Campingkocher und einer angeschlossenen Gasflasche besteht sowie einem kleinen Plastikregal, das mit Zwiebeln, Glutamatwürfeln und einem Reissack gefüllt ist. Darüber baumelt in einer filigranen Fadenkonstruktion ein Kabel mit Glühbirnenfassung.»Jetzt kommt dein Zimmer, das ›Chambre Mariama‹«, sagt der Kleine Mohamed, der uns bei Mohameds Vorstellungsrunde begleitet. Dieser entschuldigt sich, dass sie noch dabei seien, einen Türvorhang anzubringen. Er müsse erst noch zwei Nägel für die Stange in die Wand schlagen.»Aber dann ist es einzugsbereit.« Meine Taschen stehen schon im Zimmer, in dem sich eine große Matratze und eine kleine Holzablage befinden. Auf der Matratze liegt eine Blumendecke. Auch dieser Raum hat kein Fenster.

Ich bin beschämt. Ein Zimmer, so groß wie das Nachbarzimmer, das sechs Menschen beherbergt, für mich alleine?»Seid ihr euch sicher, dass es die beste Idee ist, wenn ich hier bleibe? Ich brauche das Zimmer doch nicht für mich alleine.«

Mohamed nickt, sie hätten das ausführlich untereinander besprochen. »Du bleibst. Das ist am unauffälligsten. Du darfst das Heim auch nicht mehr verlassen. Bis ich aufbreche«, fügt er zögerlich und leiser hinzu.

Der Kleine Mohamed beteuert, das »Chambre Mariama« hätte ihnen, bevor sie es für mich geräumt hätten, ohnehin nur als Abstellkammer gedient. Ich glaube ihm zwar nicht, bin ihm aber dankbar für seinen Aufmunterungsversuch.

Im Innenhof, vis-a-vis des Aufenthaltszimmers, aus dem gedämpft Musik klingt, befindet sich das einzige kleine Fenster. Es hat keine Fensterläden und dient als Luke in den Raum, der sich auf der anderen Seite befindet: die Boutique des Sohns des Hausbesitzers, einem jungen, sesshaft gewordenen Tuareg namens Abdaraman. Er hat die Organisation über das Haus übernommen und es an Griga vermietet. Im Innenraum unterhalb der Luke dient eine weitere ausgelegene Federkernmatratze als Sitz- oder Schlafgelegenheit. Daneben ein Ventilator. Eine Treppe führt aufs Dach, das »du auf keinen Fall betreten darfst. Sonst sieht dich die ganze Nachbarschaft!« Die Treppe ist auch die Sitzgelegenheit für die Raucher unter ihnen. Das Dach betreten nur Griga oder der Kleine Mohamed. Dort befindet sich eine weitere Wäscheleine, außerdem dient es als Stauplatz für die leeren Getränkekisten und bietet einer Satellitenschüssel Platz.

Ich gebe ihnen die französischsprachigen Bücher afrikanischer und europäischer Autoren, Seifen und Shampoos, die ich ihnen auf Mohameds Anraten mitgebracht habe. Die Bewohner sind dankbar für die Aufmerksamkeiten und Mitbringsel, die sie für einen Moment ihre missliche Lage vergessen lassen. Nachdem ich mich gewaschen habe, gibt es Tee. Murubu hat ihn zubereitet – und er schmeckt vorzüglich und versetzt mich zurück nach Mali. »Er macht den besten Tee. Ein Tuareg eben. Immer unterwegs, der Nomade«, scherzen seine Mitbewohner.

Sie fragen nach Europa, wie die Lage ist und bitten mich, sie zu beraten, ob man es derzeit besser nach Belgien, ins Vereinigte Königreich oder nach Skandinavien versuchen sollte. »Nach Deutschland wollte ich schon immer einmal«, merkt einer von ihnen an. Ich bin erstaunt, wie spezifisch ihre Fragen sind, wie hervorragend sie über einzelne europäische Länder, deren Ökonomie, Arbeitsmöglichkeiten und Geschichte informiert sind. Und ich bin beschämt, wie schlecht ich die Situation einzelner afrikanischer Staaten kenne, mal abgesehen von denen, die ich bisher bereist habe oder aus denen ich Menschen kenne. Wenn ich an das Gros meiner Freunde denke, die noch nie in Afrika waren, empfinde ich Schmerz über das europäische Desinteresse gegenüber der afrikanischen Neugier und Aufgeschlossenheit, diesem Wissen. Nicht nur kenne ich Afrika schlecht, selbst über einige unserer Nachbarstaaten weiß ich, zumindest was deren Wirtschaftskraft betrifft, weniger als meine neuen Mitbewohner.

Zum Abendessen holen sie den großen Plastiktisch aus dem Nachbarraum, breiten für die meisten von ihnen eine Tischdecke auf dem Boden aus, und es gibt aus zwei Töpfen für alle Anwesenden Mohameds gewürztes Bohnenpüree. »Das war doch in Mali deine Lieblingsspeise«, murmelt Mohamed, bevor wir zu essen beginnen. Passend zum Gericht läuft Ali Farka Tourés und Ry Cooders legendäres Album »Talking Timbuktu«, während im stummgestellten Fernseher die Bilder von »Doctor's Diary« zu sehen sind. Zwischendurch klopft es an der Tür, und bald fasst der Raum mindestens dreißig Menschen, die friedlich zusammengequetscht das Bohnengericht genießen.

Die Foyers seien in Nationalitäten unterteilt, erklären sie mir später am Abend. Dies sei eines der drei Foyers der Malier in Adrar. Hier seien so viele Malier, dass sie die Heime sogar nach Herkunft der acht Regionen Malis unterteilt hätten. In jedem

Bamako   Markala   Gao
                             2 850 km

Foyer befänden sich Malier aus jeweils zwei, drei verschiedenen Regionen. Es gebe momentan auch ein »Ghetto Benin« und ein »Foyer der Ivorer«. Die Kongolesen seien ebenfalls gerade hier. Es existierten aber auch Foyers, in denen sich die Nationalitäten mischten. Derzeit gebe es sogar ein »Ghetto der Ostafrikaner«, da es gerade eine große Abschiebewelle der algerischen Polizei von Djanet, nahe der libyschen Grenze, in die südwestalgerische Wüste gegeben habe. So würden selbst hier sonst seltener vorbeiziehende Nationalitäten momentan in Adrar festsitzen. Normalerweise sei Adrar nur ein kurzer Durchgangsort auf der Reiseroute gen Norden. Eigentlich würden sie sich, aus der Wüste von der malischen oder nigrischen Grenze kommend, entweder über die ölreiche Stadt Ouargla Richtung Libyen oder über die gasreiche Oasenstadt Ghardaia mit ihren hundertjährigen Dattelpalmen weiter nach Marokko durchschlagen. Dort würden gerade jedoch massiv Foyers durchsucht und die *brûleurs* kontrolliert – so nennen die Maghrebiner die Flüchtenden, da sie meist ihre Pässe verbrennen, bevor sie in die Boote nach Europa steigen, um so ihre Herkunft zu verbergen. Zudem würden viele der aus Marokko nach Nordalgerien abgeschobenen und von dort in die Wüste des Südens weitergeschobenen Migranten sich nach einer Odyssee durch die Westsahara in Adrar wiederfinden.

Mohamed erzählt, dass er, sobald sich die derzeitige Kontrollwelle der Polizei ein bisschen gelegt habe, weiter in den Norden wolle. Momentan würden sie alles tun, um die Migranten und Flüchtenden zu verjagen. Sie stürmten mit Vorliebe morgens um vier die Ghettos und Foyers und brächten die Migranten in (Abschiebe)Haft oder auf ihr Revier. Sie führten Straßenkontrollen zu jeder Tageszeit durch, die sich einzig nach der Hautfarbe der Menschen richteten. Vor allem der Weg zum örtlichen Western-Union-Schalter sei für die von den Foyers ausgewählten und geschickten Migranten zum Spießrouten-

Adrar		Oran	Maghnia	Oujda	Nador	Europa/
1 370 km		180 km	150 km	15 km		Melilla

lauf geworden. Auch die Einheimischen würden vom Staat wieder zunehmend kontrolliert, und wenn sie in Komplizenschaft mit den »Sans-Papiers« gesehen würden, würden ihnen und ihren Familien Gefängnisstrafen angedroht. Untereinander rufen sie sich nur noch bei ihren selbstgewählten Spitznamen, um niemanden in Mitwissenschaft zu bringen und sich zu schützen. Als Mohamed um 2002 das erste Mal nach Europa unterwegs gewesen sei, hätten ihn unterwegs alle noch mit seinem »richtigen« Namen gerufen. Mittlerweile würde er sich auch bei anderen Migranten nur noch als »Rasta« erkenntlich geben. Man könne schließlich nie wissen, welche Migranten mit den nordafrikanischen Behörden kooperieren, um so ihre eigene Weiterreise zu finanzieren und ihr temporäres Überleben zu garantieren. Auch an den Eingängen zu den Foyers würden sie, falls ihre Füße als Bestätigung von innen nicht akzeptiert würden, ihre Spitznamen rufen. Menschen mit festen Leder- oder Turnschuhen, in denen die Hautfarbe nicht zu erkennen sei, würde niemals Eintritt gewährt. Die Polizisten seien gewiefter geworden und hätten in Gefangenschaft geratene Kameraden solange mit Wasser- und Nahrungsmittelentzug sowie Schlägen auf den Kopf malträtiert – wobei sie Telefonbücher als Puffer benutzen, damit die Schlagstellen später nicht erkennbar sind –, bis diese nicht nur ihre Herkunft, sondern auch die Regeln untereinander preisgegeben hätten.

Am Himmel über der Treppe, dem einzigen Lichtblick in diesem verschachtelten Foyer, dämmert es schon, als Mohamed mir verrät, dass dieses hier noch eines der angenehmeren Foyers sei. Hier würden häufig vorbeireisende Foyerchefs untergebracht. Und Frauen. Deshalb gäbe es hier auch einen Fernseher und andere Technik. Teilweise hätten die Heime nicht einmal Türen oder Strom. Nicht einmal Matten zum Hinlegen. Die Durchreisenden schlafen dort auf dem kalten Betonboden oder im Sand, ohne Decken.»Aber manchmal verbringen auch wir hier Tage, ohne etwas zu essen«, ergänzt er. Außer, einer von ihnen wagt es, nach Marktende eine Runde in die Medina zu machen und die liegengebliebenen Obst- und Gemüsereste vom Boden aufzuklauben. Immer mit der Gefahr im Rücken, entdeckt zu werden und den Hunger mit seiner Abschiebung zu bezahlen.

Schicksale und Geschichten

Als ich früh am nächsten Morgen aufstehe, ist das ganze Foyer schon auf den Beinen. Die Bewohner fegen den Innenhof, hängen Wäsche auf, kehren die Essensreste aus den Zimmern und säubern die Teppiche. Der»Kleine« spült Geschirr an der Wasserstelle im Bad, und ein anderer Malier nutzt sie, um seine Kleider zu waschen. Im Wohnzimmer sortiert Idrissa die DVDs und CDs ein. Griga ist damit beschäftigt, Notizen auf einen kleinen Block zu machen, während er am Telefon hängt. Mohamed steckt Räucherstäbchen in die dafür vorgesehenen Löcher in den Zimmerwänden – anstelle der nichtvorhandenen Fenster, die man bei dieser Gelegenheit aufreißen würde, um frische Luft im Zimmer zu haben.

Ein paar mir noch nicht bekannte Männer sitzen im Wohnzimmer vor dem Fernseher und gucken sich stumm eine Serie an. Der Kleine Mohamed sitzt während der gesamten Folge wild gestikulierend neben ihnen und erzählt ihnen im Voraus, was in der nächsten Szene passiert oder was der eine gerade zu dem anderen Protagonisten sagt. Sie müssen diese Serie schon unendlich oft gesehen haben, und es macht mich traurig, dass es offensichtlich die zermürbenden Umstände sind, die diese lebhaften, fröhlichen Männer in diesen Zustand versetzen.

Ich trinke mit Mohamed eine Runde Tee, und er bestellt Madeleines durch die Luke, die zur Boutique führt. Überall ist der französische Einfluss noch spürbar. Er erzählt mir von seiner Freundin in Gao und davon, dass er seine Mutter seit über einem Jahr nicht mehr gesprochen hat. Er habe nie genug Geld gehabt, um etwas nach Hause zu senden, und er hätte durchaus die Möglichkeit gehabt, sie anzurufen, aber er würde sich zu sehr für seine Lage schämen. Permanent denke er an seine Familie und frage sich, warum ausgerechnet er seinen Kontinent verlassen müsse. Und er überlegt. Fällt ihm nicht noch irgendetwas anderes ein? Ein anderes afrikanisches Land? Eine zündende Idee? Ein Kontakt, der ihm Geld für ein landwirtschaftliches Projekt leiht, mit dessen Ernte er dann später seine Schulden und Zinsen zurückzahlen kann? Oder Geld, um einen Personenfahrschein zu machen, sodass er Busfahrer werden kann? Ständig erkundige er sich bei anderen Migranten, wie die Arbeitsmöglichkeiten und -bedingungen in deren Herkunftsländern seien. In der Zentralafrikanischen Republik, in Äquatorialguinea oder dem Sudan, habe er gehört, könne man Geld im Ölgeschäft verdienen, oder beim Gold- und Mineralstoffabbau in der Demokratischen Republik Kongo. Aber in all diesen Ländern gebe es Konflikte, er verstehe das überhaupt nicht. Ich schweige aus einer Mischung von Scham und Feigheit. Und wage nicht zu erwähnen, dass in all den Ländern, die am rohstoffreichsten sind und in denen auch Europa postkoloniale Wirtschaftsinteressen pflegt, das Konfliktpotential am größten ist. Genau deshalb ist die Lage so instabil: Wir tun alles, um diese Länder zu destabilisieren und unsere Rohstoffinteressen klammheimlich zu verteidigen.

Vor seiner Weiterreise habe er unheimlich Respekt und am liebsten würde er hier bleiben, bis die Hiobsbotschaften über die Abschiebungen und brutalen Polizeipraktiken verklungen seien. Je näher man Europa komme, desto anstrengender und härter werde die Reise. Das wisse er aus Erfahrung von seinem letzten Versuch.

Mohamed hat es nämlich nicht nur bereits einmal nach Europa geschafft, sondern war seit seinem ersten Aufbruch 2001 schon ein zweites Mal im Maghreb. Er war unerkannt bis Maghnia, dem letzten algerischen Grenzort vor Marokko, durchgekommen. Aber dort hatte ihn der Mut verlassen. Eines Tages wurden alle ihre Ghettos, ihre selbstkonstruierten Unterkünfte aus Plastikplanen und Ästen, die unter den Migranten *Tranquillos* genannt werden, von der Polizei abgefackelt. Nach einer Mittelmeerflut wurde die mühsam wiedererrichtete Zeltstadt auch noch von den Wassermassen weggespült, da sie sich in einem ausgetrockneten Flussbett befand. Acht Migranten starben dabei. Zusätzlich häuften sich die Geschichten über misslungene Bootsüberfahrten über die Straße von Gibraltar. Geschichten über Marokkaner und Algerier, die die hilflosen Subsaharier barfuß im Grenzgebiet zwischen den beiden Ländern hin- und herschieben. Marokko, um der EU zu beweisen, dass es die von dort finanzierte Flüchtlingsabwehr ernst nimmt; Algerien, um zu vermeiden, dass sich die eigene Behauptung, dort gebe es keine »Clandestines«, als Trugschluss herausstellt.

Mohamed erzählt mir, während der »Kleine« ihm gebannt und schweigend aus einer Zimmerecke zuhört, dass er nachts Schwierigkeiten habe zu schlafen. Permanent würden ihm folgende Fragen im Kopf herumspuken: »Werde ich es nach Europa schaffen? Wird die Piroge untergehen oder der Kapitän sich auf dem Wasser verirren? Werde ich vielleicht auf dem Meer schon sterben?«

Der Kleine Mohamed schweigt lange, bevor er erzählt, sein Nachbar aus seinem Heimatdorf in Mali habe genau dies erlebt. Im Glauben, auf den Kanaren angekommen zu sein, sei

Nächtliches Telefonieren im Wohnzimmer des Foyers

ihre Piroge nach 72 Stunden auf dem Wasser zu ihrem Entsetzen nur wenige Kilometer von El Aaiún, ihrem Ausgangspunkt, wieder gestrandet. Sie wären zwar mit einem Handy mit GPS ausgestattet gewesen, aber dessen Batterie sei irgendwann leer gewesen. Der Kapitän, ein Senegalese, Sohn einer Fischerfamilie und mit dem Meer vertraut, sei irgendwie von der geplanten Route abgekommen. Einmal sei das Boot beinahe untergegangen, als die Passagiere beim Anblick eines Wals Panik ergriffen habe. Weil sie alle mit einem Seil ans Boot gefesselt waren, hätte sich dieses gefährlich ins Lee geneigt. Nur dank einiger Guineer, die sich flink ins Luv lehnten, habe die Piroge ihre Balance wiedergefunden. Einer habe es geschafft, sich loszureißen, sei dann ins Wasser gefallen und sofort von den Wellen verschluckt worden. Eine hochschwangere Frau habe, die ganze Zeit über in den Seilen hängend, eine Fehlgeburt erlitten. Überall im Boot habe sich Blut, Urin und Übergebenes befunden. Sein Nachbar, der diese Bootsüberfahrt überlebt hätte, sei heute Chairman, Vorsitzender der Malier an der algerisch-marokkanischen Grenze. Er wolle nicht mehr nach Europa, denn er traue sich nicht noch einmal aufs Wasser. Als Chairman ist er heute bestimmt wohlhabender, als er es als Immigrant in Europa jemals geworden wäre. Ein Chairman ist derjenige, der, genau wie ein Foyerchef, die »Neuen« an einen subsaharischen Schlepper (*passeur*) vermittelt. Dieser wiederum arbeite immer mit einem nordafrikanischen Schlepper zusammen und würde die »Neuen« an diesen weitervermitteln. Die beiden *passeurs* organisieren gemeinsam den Grenzübertritt, die *connexion*.

Am Abend, als wir alle im Wohnzimmer sitzen, verriegelt Griga die Türe von innen. Aus einem Reisekoffer wird eine Plastiktüte geholt, in der sich ein in ein Geschirrhandtuch eingewickeltes Telefon befindet. Sie verbinden es mit einem aus der Wand ragenden Kabelende, und es macht im Laufe der Nacht die Runde bei allen Anwesenden. Sie telefonieren nach Bamako, Kayes, Abidjan und sogar bis nach N'Djamena. Ich staune und sie freuen sich diebisch: Sie, die in diesem Land als »Clandestines«, als Illegale gelten, telefonieren auf »Bouteflikas Kosten«, auf Kosten der algerischen Regierung, deren Leitung sie angezapft haben, nach Hause. Sie rufen auch in Europa an und informieren ihre Verwandten in »Petit Bamako« in Paris-Montreuil genauso über den Stand ihrer Reise wie die Chefs ihrer Communitys in Madrid-Lavapiés oder in Eilandje, dem Hafenviertel von Antwerpen. Sie telefonieren auch mit Abenteurern, die in Istanbul-Yenikapi, im »Dschungel« von Calais oder in serbischen Wäldern festsitzen und auf ihren baldigen Absprung hoffen. Jeder bekommt seine Gesprächszeit, geduldig warten die anderen, bis das Telefon sie erreicht. Dabei gießen sie Tee auf und planen ihre Weiterreise. Sobald der Anrufer sein Gespräch beendet hat, teilt er den anderen mit, was er eben gehört hat: In Spanien sei es immer schwieriger für Migranten, Arbeit zu finden. Im Tschad habe gerade eine neue Pipeline den Heimatort einfach entzweit. Die Freundin habe

Adrar
1 370 km

Oran Maghnia Oujda Nador Europa/
180 km 150 km 15 km Melilla

keine Geduld mehr mit ihm, weil er immer noch kein Geld schicke. Todesnachrichten erreichen die Abenteurer über dieses Telefon ebenso wie Neuigkeiten darüber, dass ein Mitglied des Familienclans schwer krank sei und Geld benötigt werde; dass der Familie zu Hause ihr Land enteignet worden sei, weil dort Rohstoffvorkommen vermutet würden; oder dass die jüngste Schwester ein Kind erwarte.

Auf ihren Gesichtern lese ich Freude und Schmerz, Verzweiflung, Wut und Sehnsucht. Hilflos oder hingebungsvoll lauschen sie den Telefonierenden. Während das Telefon an den nächsten weitergereicht wird, verharren jene, die es gerade abgegeben haben, melancholisch oder nachdenklich. Jeder diskutiert und deutet das soeben gehörte seiner Leidensgenossen. Zwei Männer fragen an diesem Abend am Telefon nach Geld und bitten, dies »dringend per Western Union zu senden, sonst komme ich nicht weiter«. Einer erzählt seiner algerischen Freundin, die er schon von seinen beiden letzten Fluchtversuchen kennt und die in der Grenzstadt Maghnia im Norden einen Kiosk am Busbahnhof betreibt, dass er sich im Bus befinde, nur noch 250 Kilometer von ihr entfernt, und morgen früh sicherlich eintreffe …

Mohamed erzählt mir, warum zwei von ihnen, Malick und Issa, ohne Geldsendungen nicht vorwärtskommen würden. Sie hängen seit Monaten in Adrar fest und wollen eigentlich über Djanet in die von dort aus per Fußmarsch etwa eine Woche entferntliegende libysche Stadt Ghat aufbrechen, weil man dort als Betonanrührer oder -transporteur viel Geld verdienen könne. Nun aber gebe es Nachrichten aus Libyen , die sie ihre Route ändern ließen: Subsaharier würden dort unterwegs von organisierten Banden ausgenommen, zwar in die Küstenstädte Misrata oder Tripolis gebracht, dort aber an Schlepperbanden verkauft und müssten sich dann freikaufen (lassen), sonst würde man sie zurück nach al-Qatrun, nahe des Passes von Tumu an der Grenze zum Niger, oder nach Kufrah, nahe der tschadischen Grenze, abschieben. Diejenigen, die die Abschiebungen durchführen, seien oft Milizen oder das libysche Militär, das von ihnen erneut Zahlungen erpresse, um sie daraufhin wieder denselben Weg zurück in die Küstenstädte zu transportieren.

Foyers in Libyen würden wie hier in Algerien immer wieder von der Polizei gestürmt, die Menschen würden dann allerdings in Abschiebelager gebracht, die Konzentrationslagern gleichkämen. Subsaharier, die von Gaddafi einst visumsfrei nach Libyen zum Arbeiten eingeladen worden seien, würden nun dort ausgepeitscht oder zur Strafe für ihre klandestinen Reiseversuche mit heißem Öl übergossen; manchen wäre sogar die Haut abgezogen worden. Das hätten sie auf Handyaufnahmen toter Migranten gesehen, die sie in der Wüste mit eigenen Händen verscharrt haben.

Murubu hatte Malick und Issa an der Straße zur Wüste, der sie tagelang nur mit einem einzigen Kanister Wasser den Sternen Richtung Norden gefolgt waren, aufgesammelt. Mitten in der Wüste hätten ihre Nomadenfahrer sie zusammengeschlagen und zurückgelassen, weil sie bei einer – ihrer Meinung nach von den Nomadenclans organisierten – Kontrolle einen erneut geforderten Geldbetrag von 25 Euro nicht zahlen konnten. Seitdem sind sie Griga auch die wöchentliche Foyermiete schuldig geblieben. Sie wollen sich in Adrar Arbeit suchen, aber bei der derzeitigen Lage trauen sie sich nur nachts vor die Tür. Mohamed sagt, sie seien ohnehin schon jene, die zum Betteln, auf den Markt oder zum Western-Union-Schalter gesandt würden. Sie würden im Foyer die Putzarbeiten und Reparaturen übernehmen und ihnen würden die unbequemsten Schlafplätze zugewiesen. Manchmal, wenn es im Heim zu überfüllt sei, würden sie im Wechsel schlafen. Und dann seien Malick und Issa jene, die die wenigsten Stunden Schlaf bekämen.

Alltagskampf ums Überleben

Am nächsten Tag kommt der Sohn des Hausbesitzers zu Besuch. Abdaraman präsentiert Griga, dem Foyerchef, eine horrende Elektrizitätsrechnung und fordert, diese müsse baldmöglichst bezahlt werden. Griga versucht, eine Ratenzahlung über einen längeren Zeitraum zu vereinbaren. Abdaraman stimmt zu.

Er erzählt mir, er sei Tuareg und wäre jahrelang in der Westsahara zwischen Niger, Mali und Algerien unterwegs gewesen. Grenzen gebe es für ihn in der Wüste weder geographisch noch im Kopf. Mit der zunehmenden Anzahl an Geflüchteten in der Wüste hätten sowohl die Kontrollen an den eigentlich offenen Grenzen zugenommen als auch die Kriminalität gegenüber den Flüchtlingen. Viele ehemalige Tuaregs würden heute keine Waren mehr transportieren, sondern Menschen. Und Netzwerke entwickeln, wie sie aus diesen noch zusätzlich Profit schlagen könnten. Überhaupt sei auch die Schmuggelware immer heikler geworden. Harte Drogen, Satellitentelefone und Waffen in den Norden zu transportieren gehöre heute für viele Nomaden zum Alltag. Er habe die Flüchtlinge immer gemocht, vor allem aber habe er sich irgendwann gewünscht, nicht immer umherziehen zu müssen, sesshaft zu werden und eine Familie zu gründen. Ab und an würde er noch Touren in die Wüste machen, seine Familie besuchen, von der Stille profitieren, aber auch »Sans-Papiers« begleiten. Eine Frau habe er zwar noch nicht gefunden, aber er möge Adrar. Abdaraman besucht Griga und die Migranten oft und diskutiert abends mit ihnen über Gott, den Islam und ihre Religionen. Er bringe ihnen einige Wörter Arabisch bei und sie ihm im Gegenzug ihre Sprachen. Wenn er von der Wüste erzählt, würden sie ihm immer besonders aufmerksam lauschen. Er im Gegenzug liebe die Geschichten über ihre Herkunftsländer.

Foyerchef mit Flüchtling – der heißersehnte Pass ist endlich da

Später bestätigen mir die Foyerbewohner, Abdaraman sei tatsächlich ein hilfreicher Freund. Bei ihm in der Boutique könnten sie anschreiben, falls sie anderweitig gar nichts zu essen auftreiben könnten. Bezahlen müssten sie erst, wenn einer von ihnen eine Geldsendung erhalten oder eine vorübergehende Arbeit gefunden habe. Oft würden sie jedoch auch Tagesjobs im Straßenbau oder als Haushaltshilfen annehmen, für die sie nicht bezahlt würden. Ihre Arbeitgeber informieren dann entweder die Polizei, um sie zu verjagen, oder behaupten einfach, sie hätten für sie nie gearbeitet – denn sie wissen, dass keiner der Subsaharier je zum Kommissariat gehen könne. Obwohl man mit einem malischen Pass mit Einreisestempel in Algerien Reisefreiheit hat, weswegen sich viele der durchreisenden Flüchtlinge anderer Nationalitäten einen gefälschten malischen Pass zulegen, sei man als Afrikaner mit dunklerer Hautfarbe immer dem Vorwurf des illegalen Reisens ausgesetzt. Selbst Kinder rufen ihnen auf der Straße hinterher, werfen mit Steinen nach ihnen und erpressen mit gezücktem Messer Geld. Sie verstünden nicht, woher dieser Hass rühre: »Wir leben doch alle auf dem gleichen Kontinent. Sie sind Afrikaner wie wir. Aber sie halten sich immer für etwas Besseres, sie spielen Europäer.«

Ich muss an die Gräueltaten der arabischen Kolonisation denken, die nicht weniger brutal als die europäische gewesen ist, und frage mich, wann und wo diese Männer jemals Frieden finden werden.

Griga gibt den Druck der Stromrechnung an die Migranten weiter. Sie sollen bis zum übernächsten Morgen alle ihre ausstehenden Mieten bezahlen, sonst würde er ihre bestellten (gefälschten) malischen Pässe nicht aushändigen, sobald diese fertig seien, sondern das Geld einbehalten für die Foyermiete. Es bricht Panik aus. Jene, die weder Bambara noch Französisch sprechen, lassen sich das Gesprochene von den anderen übersetzen. Dabei entstehen noch mehr Missverständnisse und zwei der Männer wollen Griga physisch attackieren. Der Kleine Mohamed schreitet beruhigend ein. Er, der mit seinen fünfzehn Jahren der jüngste unter ihnen ist, werde sich etwas überlegen. Die Stimmung entspannt sich.

Mohamed erklärt mir mit gedämpfter Stimme, als wir zu zweit im »Chambre Mariama« sitzen, während die anderen laut Musik hören, dass jeder Foyerchef, eigentlich jeder der ehemaligen Migranten, einen »Petit« hätte, einen »Kleinen«. Dieser stamme häufig aus der gleichen Region oder gehöre der gleichen Volksgruppe an und käme oft sogar aus der Nachbarschaft im Heimatort. Diese »Kleinen« würden den Ehemaligen immer begleiten und ihm helfend beiseitestehen. Sie würden von dem Älteren lernen, und dieser finanziere dafür seinen »kleinen Bruder« mit. Ein »Kleiner« dürfe nie aufmucken, könne aber auf die uneingeschränkte Solidarität des »Großen« zählen, bis er selber zu einem »Ehemaligen« würde. Der Kleine Mohamed sei der gewiefteste unter allen, er kenne jeden Boutiquebesitzer von Adrar, jeden

Guide, der neue Migranten ins Foyer oder an die zwei Bus-bahnhöfe der Stadt bringe, jeden Mitarbeiter des Western-Union-Schalters und sogar die Polizisten des Quartiers. Wenn diese ihm wohlgesonnen sind, weil er sie an seinen Geschäften beteiligt, würden sie ihn vor Razzien vorwarnen. Trauen könne man ihnen trotzdem nicht. Der Kleine Mohamed sei der Einzige, der immer etwas zu Essen auftreibe, wenn man ihn losschicke; der Einzige, der sich auch tagsüber vor die Tür wage. Um sich überhaupt ein Einkommen zu verschaffen, würde er ab und an mit Haschisch handeln, dass ihm vom Süden des Kontinents oder aus Marokko mitgebracht würde. Aber es frustriere ihn, wolle er doch eigentlich eine »richtige« Arbeit machen.

Mohameds Vermutung, er würde das nun tun, um für die anderen die erste Rate der horrenden Stromrechnung zu begleichen, scheint zu stimmen. Der Kleine Mohamed verschwindet in der Nacht und kommt erst am nächsten Vormittag zurück. An den kommenden beiden Tagen herrscht reger Betrieb im Ghetto Mali. Ständig klopft es an der Tür, fallen Spitznamen, und alle lassen sich immer in das zweite, kleine Zimmer bringen, das der Kleine während der gesamten beiden Tage nicht mehr verlässt. Die Augen und der Gesichtsausdruck sprechen Bände. Er scheint wie benebelt, und jeder Gast wird mit freundschaftlichem Handschlag verabschiedet. Pünktlich begleichen sie ihre erste Rate in Abdaramans Boutique.

Murubu ist halb Tuareg und halb Bozo. Beide Eltern entstammen Volksgruppen, die sich seit jeher in den Grenzgebieten zwischen Mali, Niger, Algerien und Libyen frei bewegt haben. Der Stamm der Tuareg-Berber seines Vaters nutzt diese Grenzgebiete als Weidewanderland und temporäres Anbaugebiet seit Generationen. Als Muru fünf Jahre alt war, erlebte er die erste große Hungerkatastrophe seines jungen Lebens in Nordmali. Ihr Lebensraum verlagerte sich nach Niger in die

Ebene von Irhazer nahe Agadez, wo es reichhaltige Uranvorkommen gibt, die seit der Unabhängigkeit des Niger von multinationalen Gesellschaften ausgebeutet werden.

Seit Muru denken kann, entstanden immer mehr Krater in ihrem einst fruchtbaren Weideland. Gesteinshalden, von denen radioaktiver Staub fortgetragen wurde, machten das Land als Nutzfläche unbrauchbar. Verschlechtert hat sich vor allem der Wasserzugang: Das gesamte Grundwasser aus dem jahrhundertealten Grundwasserreservoir um Agadez und die wenigen für die Bevölkerung zugänglichen Brunnen, die aus Regenwasservorräten gespeist werden, wurden durch die Schwefelsäure verseucht – mit ihr wird das gewonnene Erz gewaschen, um an den Urankuchen zu kommen. Hinzu kamen ausbleibende Regenzeiten. Ende der Neunziger wanderte sein Stamm in die Region westlich des Aïr-Gebirges ab, um der zunehmenden Desertifikation mit Subsistenzwirtschaft zu trotzen. Der Anbau von Zitrusfrüchten, Dattelpalmen und Tomaten ließ sie überleben. Aber an ihrem Überschuss an erwirtschafteten Nahrungsmitteln und den Milchprodukten ihrer Ziegen konnten sie aufgrund von subventionierten italienischen Dosentomaten und holländischem Käse auf den örtlichen Märkten kein Geld verdienen.

Schmerzerfüllt beobachteten sein Bruder und er in der nahegelegenen Stadt Arlit, wie der Niger langsam in zwei Gesellschaften zerfiel. Während die einen in verstrahlten Baracken von Uranabfällen zu leben gezwungen waren, wurde den Erzminenarbeitern Zugang zu befestigten Straßen, sauberem Trinkwasser, Elektrizität und Schulen verschafft. Ein Versprechen, das die Regierung einst allen vom Uranabbau betroffenen Völkern gemacht hatte. 2006 beschloss Muru, in Richtung Mali abzuwandern. Doch er musste feststellen, dass sie von den Regierungen Nigers und Malis nicht nur ihres Landes enteignet wurden, um den Uranabbau weiter voranzutreiben (es

Bamako   Markala   Gao
2850 km

wurden Geheimlizenzen an ausländische Unternehmen verkauft, denen jegliche Schürfrechte an Seltenen Erden versprochen wurden, falls sie diese entdecken sollten), sondern dass die einst unsichtbaren Grenzen auf einmal von Militärsperren und Leichen gestorbener Geflüchteter gepflastert schienen. Militärposten kontrollierten Menschen, Tiere und Waren. Das ganze Ökosystem seiner Heimat war zerstört. Zeitgleich starb sein Vater an Leukämie. Da schloss sich Murubus älterer Bruder den MNJ-Milizen an, die für eine gerechtere Aufteilung der Uranressourcen kämpften und gegen den Präsidenten Tandja rebellierten.

Murubu begann, seine Wüstenkenntnisse gegen Bezahlung an Flüchtende einzusetzen, und lebt seitdem als Guide hier im Heim. Er sucht neuankommende Migranten an den Busbahnhöfen und den Einfallsstraßen der Wüste auf. Dafür bekommt er eine Provision von Griga und muss keine Miete bezahlen. Er kennt sich in der Wüste laut den anderen bestens aus und wird selbst bald zu einem »Ancien«, einem Ehemaligen avancieren.

Ressourcenflüchtlinge

Murubu wie auch Yann aus der Demokratischen Republik Kongo (Seite 251) Sidé aus dem Nigerdelta in Nigeria (Seite 231) und Armstrong aus dem Tschad (Seite 281) könnte man der Kategorie der Ressourcenflüchtlinge zuordnen. Menschen, die ihre Heimat verlassen, haben dafür meist mehrere Motive. Zwei der wichtigsten sind die fehlende Existenzgrundlage und die zunehmende Kluft zwischen Arm und Reich. Bei Ressourcenflüchtlingen spielt die Grenzziehung aus kolonialen Zeiten eine Rolle, die die Lebensräume ihrer Volksgruppen willkürlich und ohne

Rücksicht auf ethnische Zugehörigkeiten, Nomadismus oder ihre Kultur unterteilt hat. Und heute sind es die postkolonialen Wirtschaftsinteressen westlicher Länder an den natürlichen Ressourcen, die die lokale Bevölkerung trotz reichhaltiger Rohstoffvorkommen in die Flucht treiben.

Niger ist das Land mit dem höchsten Uranvorkommen Afrikas, aber dennoch hat dessen Abbau vielen Nigrern die Lebensperspektive genommen. Der nigrische Staat schloss Abkommen mit multinationalen Unternehmen wie ExxonMobil oder dem französischen Konzern Areva, aber auch mit koreanischen und indischen Unternehmen; er vergab Explorations- und damit verbundene Schürfgenehmigungen für den Fall lohnender Vorkommen an das kanadische Unternehmen Northwestern Mineral Ventures. Multinationale Konzerne bekommen Land für 99 Jahre geleast, inklusive der uneingeschränkten Nutzung der im Niger ohnehin raren Wasservorkommen. Die einheimische Bevölkerung hingegen leidet nicht nur unter dem Landraub, sondern auch unter den abbaubedingten Umweltverschmutzungen (radioaktiver Staub, verseuchtes Wasser).

Ein Fluchtgrund bedingt oft den anderen: Auch die Exterritorialisierung von Europas Außengrenzen bekommen die nomadischen Stämme des Niger zu spüren. Während sie für uns Europäer zunehmend unsichtbar gestaltet werden, zerstören unsere nach außen verlagerten Grenzen die regionalen Kreisläufe an bisher porösen innerafrikanischen Staatsgrenzen.

Armstrong aus dem Tschad und Sidé aus Nigeria sind ebenfalls Flüchtlinge, deren Entscheidung aufzubrechen auf Europas Wirtschaftsinteressen zurückzuführen ist. Im Falle Armstrongs hatten erst die Folgen der Monokulturen von Baumwolle das Ökosystem seiner Heimat zerstört und nebenbei die Preise für Lebensmittel in die Höhe schnellen lassen – endgültig in die Flucht trieben ihn dann die Folgen des Erdölabbaus. Konzentrierte Vorkommen von Öl und Gas gibt es nur an wenigen Stellen der Erdkruste, gleichzeitig ist Erdöl die Energiequelle der Industriegesellschaften. Verkehr, Mobilität, Plastik, Baustoffe, Textilien – für all das werden raffinierte Ölprodukte benötigt, und die gibt es vor allem in Afrika. Mit unserem steigenden Energiebedarf nimmt auch die Bedeutung des Erdöls zu. Westliche Konzerne beuten in der Regel die Rohstoffvorkommen des Südens aus und sind Nutznießer der vor allem in Afrika menschenunwürdigen Arbeitsbedingungen. Auch Yann aus dem Gebiet der Großen Seen in der Demokratischen Republik Kongo ist aufgebrochen, weil der Abbau Seltener Erden das Leben in seiner Heimat unmöglich gemacht hat. 2007 registrierte UNHCR allein aus der DR Kongo 400 000 Flüchtlinge (die meisten davon Binnenflüchtlinge nach Tansania).

Autokraten vieler afrikanischer Länder sind häufig nur an ihrem eigenen Wohlergehen interessiert. Dass von dem Reichtum ihrer Länder (Rohstoffe, Wälder, Meere) auch das Volk profitiert, daran haben sie kaum Interesse. Die ehemaligen Kolonialmächte haben mit ihrer auf den Export ausgerichteten und an geostrategischen Eigeninteressen orientierten Wirtschaftspolitik die Grundlagen geschaffen für die bis heute andauernde Abhängigkeit afrikanischer Staaten von den weltmarktbeherrschenden Konzernen. Diese Firmen der Industrie- und Schwellenländer schließen auch mit ebenjenen afrikanischen Autokraten und Diktatoren Verträge und fördern so die Korruption vor Ort – Rendite vor Moral.

Zusätzliche Perspektivlosigkeit für große Teile der Bevölkerung bringen die den Ländern aufgezwungenen Strukturanpassungsprogramme des Internationalen Währungsfonds (IWF), die häufig zu Privatisierungen oder zur Fixierung auf Monokulturen und Export führen. Außerdem sind es westliche Länder, die Waffen an jene Gruppierungen liefern, von denen sie meinen, dass sie ihnen auch in Zukunft den Zugriff auf die Rohstoffe des afrikanischen Kontinents ermöglichen werden.

Auch Europa trägt also die Mitverantwortung an den oft von Rohstoffinteressen ausgelösten Krisen und Kriegen sowie den sozialen und ökologischen Katastrophen in vielen afrikanischen Ländern. Leider erhalten die aus dieser Not Fliehenden in der Regel weder das Recht auf Zugang nach Europa noch, für den Fall, dass sie es bis hierher geschafft haben, einen Schutz vor Abschiebung.

Idrissa, der mittlerweile wie die anderen auch unzählige Fotos von sich und mir mit seiner Handykamera aufgenommen hat, fragt mich eines Tages nach meiner deutschen Telefonnummer. »Was hast du damit vor?«, frage ich. Es sei für einen Westafrikaner im Maghreb immer hilfreich, den Kontakt zu einem Europäer nachweisen zu können, meint er. Ich gebe ihm meine Nummer, die kurz darauf in allen Handys abgespeichert ist. Idrissa lässt sich meinen Namen buchstabieren, aber dann reicht er mir, weil er sieht, dass ich auf sein Handy gucke, das Telefon und bittet mich, ihn selbst einzutippen. Ich zögere einen Augenblick. Die Zahlen hat er so selbstverständlich eingetippt, ist es möglich, dass er nicht schreiben kann? Er erzählt mir, dass er nach London oder Stockholm wolle, um dort ein Import-Export-Geschäft aufzumachen. Er werde »mit Hosen voller Geld« in seine Heimat zurückkehren und mir ein Haus in Mali kaufen, damit ich sie jederzeit besuchen kann. Ich muss lachen und frage ihn, was für ein »Business« er sich vorstellt. Er guckt mich traurig an und antwortet: »Ich werde mir eine Frau suchen, die die Schreibarbeiten für mich erledigt, dann werde ich keine Schwierigkeiten haben, etwas aufzubauen.« Ich fühle mich ertappt.

Zwei unter ihnen haben den Abschluss an einer öffentlichen Schule gemacht. Allerdings nur, weil sie sich als Kinder selbst ihr Schulgeld verdient haben: Issa durch den täglichen Straßenverkauf von Eis dank der Kühltruhe seiner Tante, die eine Boutique betreibt, Malick durch das Abfüllen von Wasser aus einem der wenigen sauberen Brunnen, das er dann frühmorgens auf den Straßen feilbot. Den Rest des Schulgeldes hat sein Onkel, ein im südafrikanischen Exil lebender Oppositionspolitiker, dazugegeben. Beide haben jahrelang aus den Schulbüchern ihrer Tischnachbarn mitgelesen, weil sie sich keine eigenen leisten konnten. Issa musste zwei Jahre der Schule wiederholen, da er immer wieder zu viel Zeit in den Verkauf von selbstgemachtem Eis in Plastiktüten investieren musste – seine Mutter nahm ihn zweimal aus der Schule, da er seinen Beitrag zum Überleben der Familie leisten müsse und sie ihn als Schlepp- und Kochhilfe für ihre Gerichte brauchte, die sie täglich auf dem Markt anbietet.

Issa hat sich durchgesetzt, erzählt er mir. Er hat, obwohl er aus einer Familie ohne Verbindungen in die wohlhabenderen Kreise kommt, studiert. Nun hat er einen Bachelor in Bauingenieurswissenschaften. Er hätte gerne noch ein Master in Elektrotechnik gemacht, aber es sei einfach unmöglich geworden, Studiengebühren zu bezahlen, wo er sich nicht mal etwas zu Essen leisten konnte und niemand in seiner Familie sein Studium unterstützt habe. Er habe einen Job als Bauingenieur gesucht, aber dazu hätten ihn die einen schräg angeguckt, weil er aus ärmsten Kreisen abstamme, und die anderen hätten vor lauter Neid und Sorge um seinen Erfolg nichts anzubieten gehabt. Schweren Herzens hat Issa dann nach »drei Jahren der Abwägung und in völliger Starre« den Entschluss gefasst aufzubrechen. Über das Internet habe er in dieser Zeit versucht, sich in Europa für einen Job zu bewerben, habe sämtliche Unis online besucht, um zu sehen, wo er seinen Master noch machen könne. Aber man habe ihm immer geantwortet, er müsse seine Papiere autorisieren und seinen afrikanischen Abschluss in Europa bestätigen lassen. Er sei bereit, dies alles zu tun. Aber ohne vor Ort zu sein, gehe gar nichts. Zur Bestätigung zeigt er mir stolz sein Schul- und Studienabschlusszeugnis, beide trägt er, geschützt in einem Buch, in seiner Umhängetasche immer bei sich. Genauso wie drei vergilbte Fotos – das seines toten Vaters, eines seiner Freundin und eines, auf dem er mit seiner kleinen Tochter spielt.

Abends kommt Didier, ein Ivorer, der gehört hat, dass sich eine Europäerin im Foyer befindet, und will einen Fünf-Euro-Schein in algerische Dinar tauschen. Die habe er sich in Adrar verdient, weil er einem dänischen Paar geholfen habe, ihr Gepäck in ein Hotel zu schleppen. Sie hatten sich, ohne ein Wort Französisch oder Arabisch zu sprechen, in der Medina verirrt, nachdem ihr Toyota wegen einer Reifenpanne während ihrer Wüstentour in einer Autowerkstatt bleiben musste. Didier hatte versucht, die Geldnote am Western-Union-Schalter zu wechseln, aber der Betrag sei zu gering. Ich wechsle ihm das Geld zu einem guten Kurs und bekomme bei der Diskussion im Innenhof kurz nach seinem Abschied mit, dass Murubu und der Kleine Mohamed ihm einige Dinar-Scheine abnehmen. Bodenzoll dafür, dass sie ihn in ihr malisches Foyer zu mir durchgelassen haben.

Der Algerien-Reiseführer macht die Runde. Sie lesen sich gegenseitig vor, was sie über dieses Transitland noch nicht wissen, und amüsieren sich darüber, dass ich die Oasen entlang ihrer Fluchtrouten beim Namen kenne.»Wenn ich weiterreise, werde ich versuchen, mir ein paar dieser Attraktionen anzugucken«, sagt Idrissa.»So bekomme ich einen Eindruck von dem, was ihr Europäer von Algerien wisst.«

Am interessantesten finden sie die Wegbeschreibungen vom Süden in den Norden. Sie blättern nach Busbahnhöfen, Umsteigmöglichkeiten und Informationen über die Städte, die sie kennen, und jene, die sie noch durchreisen müssen.

»Es brennt in Algerien!«

Ich bekomme langsam einen Rappel. Seit einer geschlagenen Woche hänge ich hier mit ihnen fest, ohne Aussicht auf frische Luft oder einen Blick auf den Horizont. Ich gucke gegen nichts als Wände und höre mal aufmunternde, mal todtraurige Geschichten über die Welt vor der Tür. Mir fehlt Bewegung und der Geruch der Straße. Ich fühle mich schon jetzt leicht apathisch und unbeweglich. Wie muss es den Foyerbewohnern erst gehen, für die jedes Verlassen, für die ihr Entdecktwerden die größte Gefahr für ihr Fortkommen bedeutet?

Am nächsten Nachmittag verkündet der Kleine Mohamed, uns unser Abschiedsessen zu kochen. Mohamed hat zwei Fahrkarten organisiert, morgen um elf Uhr sei die Abreise. Mohamed und ich haben beschlossen, diesen Teil seines Weges gemeinsam mit dem Bus zurückzulegen. Ich zahle sein Ticket über Oran, einen kleinen Umweg, da es für ihn auf der gängigsten direkten Route an die marokkanische Grenze über Tlemcen gefährlich werden könnte. Alle Migranten, die sich diese Reise komplett leisten können und nicht auf Zwischenstopps zum Geldverdienen in Ghardaia und Ouargla angewiesen sind oder gar einen Teil des Weges aus Kostengründen zu Fuß zurücklegen, nehmen diesen Bus: Adrar-Tlemcen-Maghnia. Je weniger Subsaharier jedoch in den Bussen unterwegs sind, desto größer die Chance, unerkannt bis in den Nordwesten zu gelangen.

Es gibt »Borokhé« mit Fleisch, auch noch *halal*, also von geschächteten Tieren. Eine absolute Ausnahme, Fleisch können sie sich eigentlich nicht leisten. Der Kleine Mohamed hat dem Schlachter, der seinen Kleintransporter ab und an für Transporte von Geflüchteten durch die Wüste vermietet, die übriggebliebenen Keulen vom Vortrag herausgeleiert. Griga bestellt, um das Gericht zu komplettieren und zur Feier des Tages, Trockenfisch und ein paar Flaschen Wein durch die Luke bei Abda-

Adrar
1 370 km

Oran   Maghnia Oujda   Nador   Europa/
        180 km   150 km   15 km   Melilla

raman. Ich lade sie darauf ein. Abdaraman klopft wenig später mit zwei Flaschen Cola an der Tür. Er spendiert eine weitere Flasche Rotwein und schwärmt mir von den Weinanbaugebieten Algeriens vor. Die meisten Migranten trinken den Wein am liebsten mit Cola gemischt:»Calimocho – wie in Spanien.«

Zwei Tischdecken sind auf dem Boden ausgebreitet, die Schüssel mit der dampfenden Erdnusssauce steht schon auf dem Wohnzimmerboden, und Griga trägt gerade die Schüssel mit dem zerhäckselten Maniok ins Zimmer, als es dreimal lautstark an der Eingangstür klopft. Blitzschnell wird die Musik abgestellt, der Fernseher ausgemacht, und nach einem mahnenden Zungenschnalzen Grigas ist es mucksmäuschenstill. Alle verharren wie erstarrt in ihrer Position. Der Kleine Mohamed verriegelt die Zimmertür leise von innen. Da klopft es draußen erneut im gleichen Takt, aber noch etwas fordernder. Ich lasse meine Kamera im Turnbeutel verschwinden und das Blut hämmert gegen meine Schläfen. Wo habe ich die Tapes untergebracht? Wo sind überall Technikteile verstreut? Wie verhalte ich mich, falls es die Polizei ist? Griga öffnet vorsichtig die Zimmertür, als es draußen zum dritten Mal klopft, und schielt raus, auf Höhe des Türschlitzes der Haupteingangstür.

Dann geht es auf einmal blitzschnell. Alle Migranten springen auf. Ich werde mit an die Zimmertür gezerrt, wo mir mit festem Blick bedeutet wird, noch einen Augenblick zu verharren. Unter der Matratze im Hof ziehen sie ein riesiges Brett hervor und befestigen es mit zwei Absperrstangen vor der Eingangstür zum Foyer. Es klopft wieder, Füße habe ich keine unter der Tür gesehen. Als das Brett steht, fragt Griga nach: »Wer ist da?«

»Öffnen Sie die Tür!«, schallt es fordernd von draußen.

Der»Kleine« hat oben am Ende der Treppe die Lage auf den Dächern ausgespäht, er gibt ein mir nicht verständliches Handzeichen. Sie reißen mich mit. Wo die Kassetten versteckt seien?

Die Kamera würde jemand anderes mitbringen, erklärt mir Griga zischend, während Idrissa und Murubu sich gegen die Eisentür stemmen, die jetzt von außen eingedrückt wird. Es trommelt von außen an den Eingang und es erklingen zornige, fordernde Befehle; es klingt, als befinde sich dort eine Hundertschaft. Mohamed und Malick reißen mich mit, die Treppe hoch. Am »Kleinen« vorbei, der auf dem Dach Wache steht und mir im Vorbeirennen zuruft, ich solle mir keine Sorgen machen, die Kassetten und die Kamera würde er mitbringen.

Der Muezzin beginnt zum *Maghrib*-Gebet zu rufen, und wir springen über die niedrigen Mauern der Dachterrassen der angrenzenden Häuser. Die Migranten stieben über die Dächer in alle Himmelsrichtungen. Ich versuche mit Mohameds und Malicks Tempo mitzuhalten, was gar nicht so einfach ist nach dieser langen Zeit der Unbeweglichkeit. Algerische Nachbarinnen, die auf den Dächern ihre Wäsche aufhängen, kreischen erschrocken auf, Kinder verfolgen, was hinter uns passiert, Männer beten auf ihren Teppichen gen Westen geneigt. »Dreh dich nicht um«, zischt Malick. Irgendwann müssen wir uns zweieinhalb Meter in die Tiefe fallen lassen, in ein kleines, schmales Gässchen, der Häuserblock ist zu Ende. Durch ein Loch geht es in ein verlassenes Haus, durch den Innenhof, Mohamed hält Ausschau nach der Lage auf der Straße. Alles scheint ruhig zu sein. Ich bin schon jetzt völlig außer Atem. »Wir sind gleich da.« Sie schubsen mich über die Straße, um eine Hausecke, schlagen an eine Tür, Mohamed schreit: »Rasta! *Ham*, Polizeirazzia!«

Die Tür schnellt in Sekundenschnelle auf. Wir laufen über einen Innenhof, in dem sich ein riesiges Wasserbassin befindet, an dem ein Migrant die Wäsche seiner ganzen Gemeinschaft zu waschen scheint. Unter im Innenhof flatternder, feuchter Wäsche hindurch hasten wir hinein in einen Raum. In einer Zimmerecke, hinter einem Berg aus Koffern gut versteckt, reißen sie lose Ziegelsteine aus dem unteren Teil der Wand heraus. Zum Vorschein kommt ein kleines Loch. Auf der anderen Seite wird eine Platte zur Seite geschoben, und wir kriechen in einen dunklen Raum und befinden uns im nächsten Foyer. Murubu und Issa sind schon da.

Es ist das Foyer der Senegalesen, und es gibt hier nichts außer ein paar dünnen Plastikmatten auf dem Betonboden, kein Strom, keine Kleider an den Wänden, keine Koffer, nichts. Einige Gestalten verharren in der Mitte des Raums in absoluter Dunkelheit. Ich werde ins Zimmer des Foyerchefs eingeladen. Es befindet sich hinter einem Vorhang und ist nicht mal sechs Quadratmeter groß. Doch in dieser kleinen Kammer liegt immerhin ein Teppich und steht ein Bett. Alle Koffer stapeln sich hier, und ich werde gebeten, mich zu setzen. Sie zünden eine Kerze an, denn auch dieser Raum hat kein Außenfenster. Die Senegalesen begeben sich in den Innenhof, nachdem wir von dem Polizeiansturm berichtet haben, um sich selbst einen Überblick über die Lage zu verschaffen.

Nach gefühlten Stunden kommt der Kleine Mohamed grinsend und völlig entspannt mit Turnbeutel und Kamera, die Kassetten würde Griga später mitbringen. Er erzählt, dass die Polizei zwei der Flüchtenden mitgenommen hätte. Zu schnell seien die Gendarmen auf die Idee gekommen, über das Dach in ihr Foyer zu gelangen. Die Nachbarin hätte sie über ihre Dachterrasse gelassen, und so seien sie seitlich über das Dach ins Heim der Malier eingestiegen. Ein anderer sei zu früh auf die Straße gesprungen, und er habe auf dem Weg hierher gesehen, wie Polizisten ihm einen Sack über den Kopf gezogen und ihn brutal auf den Boden gezwungen hätten. Ihm wurden sofort Handschellen angelegt. Der Foyerchef holt den Teppich unter seinem Bett hervor, und wir verbringen die nächsten Stunden alle vereint auf dem Teppich in dem großen dunklen Zimmer sitzend. Sie erzählen mir mit gedämpften Stimmen von anderen Zusammenstößen mit der Polizei.»Mariama, l'Algérie est chaud!« Es brennt in Algerien ...

Zwei Stunden später kommt Griga. Er hat alle meine Kassetten dabei und lobt Mohamed für dessen Idee, die Tapes in der Wand meines Zimmers zu verstecken. Ich jubele vor Erleichterung. Mein Rucksack wird mir auch noch gebracht, denn sie meinen, es sei besser, erst mal nicht mehr in unser Heim zurückzukehren. Vergessen ist unsere Abreise morgen früh, wir schieben um einen Tag, und Mohamed ist darüber nicht unglücklich.

Am nächsten Abend sind wir doch wieder im Foyer. Man hat den Eindruck, als hätte die Polizei jeden einzelnen Koffer gefilzt. Die CD/DVD-Sammlung haben sie einfach auf den Boden gekippt, den Reissack umgestülpt und überall verstreut, die Tischdecke vom Plastiktisch gerissen, die Jacken und Matratzen abgebrannt. Das Essen von gestern Abend haben sie in den Patio gekippt. Die noch vorhandenen Schuhe der Migranten, vor allem die Markenfälschungen, haben sie mitgenommen, Telefon und Campingkocher ebenso. Die Elektroleitungen und Kabel wurden aus der Decke gerissen und sind unbrauchbar. Da die Migranten aber alles ihnen Wertvolle wie Unterlagen oder Souvenirs immer in einer Umhängetasche am Leib tragen, hat die Gendarmerie sonst nichts weiter gefunden.

Wir stehen mitten im Chaos des Wohnzimmers und besprechen, wann wer aufbricht. Griga bekommt eine Plastiktüte gebracht, und nachdem das Schloss der Eingangstür repariert und sie nun wieder von innen verriegelbar ist, packt er sie aus. Sie enthält nagelneue malische Pässe mit gültigem Einreisestempel. Die Stimmung ist elektrisiert. Griga zieht sein Notizbuch aus der Tasche hervor, streicht Namen durch und händigt die Pässe an die Betroffenen aus, die nun bei nächster Gelegenheit weiterreisen werden Richtung Marokko und Libyen. Obwohl sie mit malischen Pässen eigentlich ungehindert reisen dürfen, müssen sie trotzdem aufpassen und Kontrollen umgehen. Egal, ob mit Fälschung oder mit richtigem malischen Pass, Subsaharier werden in Algerien allein aufgrund ihrer Hautfarbe abgeschoben. Mohamed erhält ebenfalls einen Pass mit dem Namen eines Toten, und so steht unserer Abreise am nächsten Tag nichts mehr im Wege.

Unterwegs an die marokkanische Grenze

Nach siebzehn Stunden Fahrt, einem Abend und einer ganzen Nacht im Bus, in der fast ununterbrochen Rezitationen aus dem Koran von Kassette laufen, erreichen wir Oran. Mohamed ist einer von zwei reisenden Subsahariern, ansonsten ist der Bus angenehmerweise nur halb gefüllt. Wir sitzen im hinteren Teil. In einer Reihe zwar, aber jeder hat zwei Sitze, und wir sind durch den Gang getrennt. Mohamed meint, das sei besser als nebeneinander zu sitzen, so würde man uns nicht unmittelbar in Verbindung bringen und ich könne ihn zwischendurch trotzdem filmen. Er sitzt die ganze Zeit über kerzengerade, ohne zu merken, dass seine Körperhaltung seine innere Anspannung verrät. Sein Rücken berührt nicht einmal die Lehne seines Sitzes, er wirkt bereit, jeden Augenblick aufspringen und fliehen zu können.

Ein einziges Mal hält der Bus und es gibt eine Passkontrolle. Wieder macht der Fahrer nur die Vordertür auf, wieder bewegen sich die Polizisten relativ zielstrebig auf die einzigen beiden subsaharischen Passagiere zu. Nur sie müssen aussteigen. Der Busfahrer kommt und nickt mir beruhigend zu: »Um ihn brauchen Sie sich keine Sorgen zu machen, Madame. Sie werden Ihren Freund schon ziehen lassen.« Ich bin mir da nicht so sicher und scheine die Einzige zu sein, der man die Nervosität auch ansieht. Die meisten Algerier schlafen schon wieder, ei-

Unterwegs nach Nordalgerien: Mohamed im Bus

nige schauen sensationsgierig zum Polizeiauto. Die beiden müssen eine Durchsuchung über sich ergehen lassen, mit dem Bauch auf die Motorhaube gedrückt, die Hände auf dem Rücken. Nach einer gefühlten Ewigkeit, sicherlich zwanzig Minuten, kommt Mohamed endlich zurück. Der andere, ein Kongolese, hat keinen Pass und muss mit auf die Wache. Mohamed schüttelt sich vor Lachen, als der Bus wieder losfährt. Er erklärt mir mit flüsternder Stimme, er habe den Sender der Ton-Funkstrecke in seiner Hosentasche vergessen. Ich erstarre. Auch ich habe ihn vergessen. Wie leichtsinnig. Als die Polizisten ihn ratlos in der Hand hielten und eine Erklärung forderten, hat Mohamed ihnen erklärt, es handle sich um einen MP3-Player, dessen Batterien leer seien. Ich bin dankbar, dass er wieder neben mir im Bus sitzt. Und schäme mich für meine unvorsichtige Dummheit, ihm den Sender nicht abgenommen zu haben.

In Oran steigen wir am zweiten Busbahnhof aus. Mohamed bittet mich, draußen zu warten, und verschwindet in einer Bude, deren komplette Fensterfront handschriftlich auf Arabisch vollgeschrieben ist. Kurz darauf erscheint ein schwerge-

Unterwegs an die marokkanische Grenze **161**

Adrar
1 370 km

Oran

Maghnia Oujda Nador Europa/
180 km 150 km 15 km Melilla

wichtiger Mann an der Tür, blickt sich um und redet mit einer jungen Frau. Die kommt nach einer knappen halben Stunde zu mir und fordert mich auf mitzukommen. Sie bringt mich zu einer Patisserie neben der Bude und weist mich auf Spanisch an, hier zu warten, bis eine der beiden Bedienungen mich auffordere, in ein Auto zu steigen. Dieses Auto würde dann an eine Straßenecke fahren, dort würde Mohamed zusteigen. Ich bin irritiert, dass sie Spanisch mit mir spricht, und erkläre ihr gestikulierend, dass ich mir nicht sicher sei, sie richtig zu verstehen. Die Bedienung übersetzt für mich ins Französische, und ich bestelle zufrieden »un moitié-moitié«.

Nach einer Stunde hält neben der Patisserie ein alter Mercedes. Die Servicemitarbeiterin kommt zu mir und verlangt das Geld für meinen »cortado«, dabei weist sie nickend in Richtung des Mercedes, dessen Motor immer noch läuft. Sie hilft mir, mein Gepäck im Kofferraum zu verstauen, und ich setze mich neben den Fahrer, einen alten Algerier voller Furchen im Gesicht, der mit dem Dicken, der nun wieder am Eingang der Bude steht, per Handzeichen kommuniziert. Der Algerier nickt und fährt los. Er biegt ab in eine Straße voller Kneipen, einfacher Hotels und Nachtclubs, und ich muss daran denken, was Ahmed mir zu Oran erzählt hat: Unter iberischem Einfluss und mit einer ehemals riesigen jüdischen Gemeinde gilt Oran für viele Algerier als anrüchiger, aber auch freier. Es findet mehr Leben auf der Straße statt als in Algier, man fühle sich »muslimischen Sitten weniger verbunden, und auch die Frauen können sich in Oran freier bewegen«.

An der nächsten Straßenecke blickt sich der Fahrer unauffällig über den Rückspiegel um. Wir biegen in eine kleine Nebenstraße nahe der Mdina Djdida und halten vor der Eingangstür eines »sociales«, einem Sozialbaukomplex an. Nach wenigen Minuten tritt Mohamed heraus und kommt rasch zu uns. Er setzt sich auf den Rücksitz hinter den Fahrer und begrüßt diesen auf Arabisch:»Salam, la bass?«Die Antwort fällt sehr ausführlich aus, da es ihm nicht gut zu gehen scheint und er Mohamed seine Sorgen mitteilt und damit endet, dass er dringend den Kontakt zu jemandem brauche, der ihm bei der Polizei seinen abgenommenen Führerschein wieder beschaffen könne. Mohamed sieht nun noch besorgter aus, und bis wir die Stadt verlassen haben, schweigen wir. Die beiden halten über den Rückspiegel Blickkontakt. Mohamed sitzt tief in seinen Sitz gerutscht, seine Augen flattern nervös. Der Fahrer, der Kebayli heißt, sagt auf Arabisch etwas zu ihm, was der Tonlage nach beruhigend klingt. Irgendwann liegt Mohamed beinahe auf der Rückbank, man ahnt von außen nicht, dass es auch einen Mitfahrer auf den hinteren Sitzen gibt.

Das Telefon des Fahrers klingelt, Mohamed zuckt zusammen. Nach dem Gespräch erklären mir der Fahrer mit seinem gebrochenen Französisch und Mohamed, der seine arabischen Wortfetzen übersetzt, dass es eine Straßensperre der Polizei unweit vor uns gebe. Mein Herz rast, wie muss es erst Mohamed ergehen. Der rutscht, während der Fahrer auf den nächsten Feldweg abbiegt, zusammengekauert noch einen Tick tiefer auf die Rückbank. Der Fahrer macht leise Musik an, und so fahren wir eine Weile entlang an Feldern, auf denen Weizen wächst und an denen Eukalyptusbäume blühen. Irgendwann biegen wir auf eine Parallelstraße zu der vorherigen Fernstraße ab, deren Straßenrand von Touristenverkaufsbuden gesäumt ist, und fahren bis zum nächsten Parkplatz.

Der Fahrer ist enttäuscht, als ich einen Ausflug zu den Büdchen ablehne, die von Tagine-Gefäßen und Vasen mit lokalen Ornamenten bis hin zu verzierten Aschenbechern allerlei Kunsthandwerksnippes aus der Region feilbieten. Wir stehen am Parkplatz. Mohamed schlägt vor, die Zeit zu nutzen und zu drehen. Wir würden ohnehin hier verweilen, bis die»barrage«, das Hindernis, weg ist. Ich drehe ein bisschen, ein einziges Mal werden wir von Polizeisirenen aus der Ferne unterbrochen. Ich nehme die Kamera von meiner Schulter, Kebayli steigt aus und macht die Motorhaube auf, um einen Autoschaden vorzutäuschen. Die Polizei rast vorüber, Mohamed verharrt auf dem Rücksitz.

Erleichtert erzählen sie mir, wie lange sie sich schon kennen und welche Irrwege und Verfolgungsjagden sie bei ihrer letzten gemeinsamen Fahrt hinter sich gelegt haben. Sie saßen in diesem Auto, zu acht gequetscht, einer vorne, fünf hinten und zwei im Kofferraum. Kebayli ist Berber und er fährt seit 2001 Flüchtlinge. Früher war er Taxifahrer. Irgendwann reichten die 8000 Dinar, die er im Monat verdiente, für ihn und seine Familie nicht mehr aus. Deshalb ist er heute Mitglied der von den Migranten sogenannten »Automafia«, die Illegalisierte vor Ort bringt. Die Mitglieder der Automafia gehören im weitesten Sinne den Schlepperorganisationen an. Es sind meistens Einwohner, die das lukrative Geschäft mit den »Clandestines« entdeckt haben. Sie kennen ihr Land wie ihre eigene Westentasche, jeder Schleichweg, jeder Wald, jedes ausgetrocknete Flussbett, in dem die Flüchtlinge sich ihre Unterkünfte bauen, sind ihnen vertraut. Sie gehören dem gut organisierten Netzwerk der Migration an. Sie holen die Geflüchteten an Busbahnhöfen ab und bringen sie zu horrenden Preisen unauffällig in die entlegensten Winkel nahe der Grenzen. Sie transportieren sie aus den Foyers an die Strände, wo ihre Boote ablegen. Oder in einem Notfall auch mal von ihren improvisierten »Ghettos« in den unwirtlichen Grenzgebieten zu einem der wenigen Ärzte, die Subsaharier behandeln. Ihre Nummern finden sich im Adressbuch jedes *collection man*, das heißt jedes Foyerchefs und Community-Chefs. Die Migranten verbinden ihre Namen mit bestimmten Transitorten. Die Fahrer kennen sich untereinander ebenso wie all die anderen Einwohner, die mit den Migranten kooperieren und an ihnen ein Vielfaches verdienen von dem, was ihre tägliche Arbeit, wenn sie

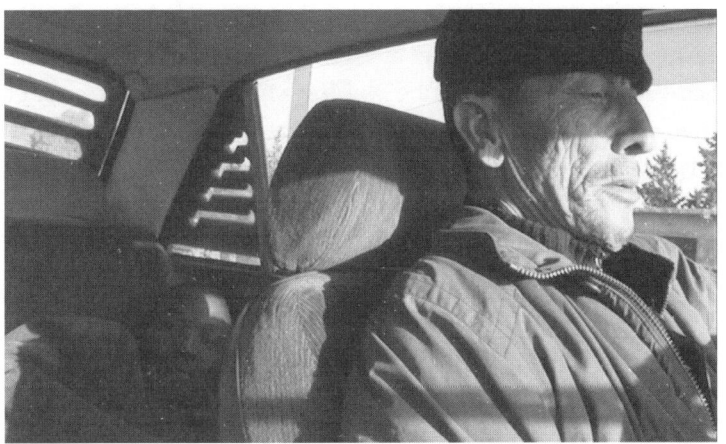
Unterwegs mit der Automafia: Kebayli und Mohamed

überhaupt einer nachgehen, ihnen einbringt. Kebayli bringt ab und an auch Durchreisende bei ihm zu Hause unter, in seinem Haus bei Sidi Bel Abbès, nahe des ehemaligen Forts der Fremdenlegion. Dort lagern noch immer viele Taschen von Durchreisenden, die heute nahe Ghazaouet oder Maghnia leben und auf den Augenblick ihres Aufbruchs hoffen.

Er fragt, ob ich nicht seine Frau kennenlernen wolle, wir könnten eine Nacht bei ihm wohnen oder ich mein Gepäck auch bei ihm lassen und auf meiner Heimreise via Algier bei ihm abholen. Entschieden wimmelt Mohamed sein Angebot ab. Später erklärt er mir, das hätte nur ungewollte Aufmerksamkeit auf uns gelenkt; je weniger Algerier von unserer Durchreise wissen, desto sicherer. Er erzählt Kebayli, wir hätten uns während seines kurzen Europaaufenthalts kennengelernt. Ich hätte zur selben Zeit Urlaub auf den Kanaren gemacht, und nun wolle er mir sein Leben als Migrant zeigen, weswegen er die Reise nach Europa mit mir noch einmal unternehme. Kebayli ist unter diesen Umständen sogar einverstanden, sich filmen zu lassen.

Nach drei Stunden erhält er endlich den ersehnten Anruf: Entwarnung. Kebayli steigt aus, das Telefon ans Ohr geklemmt, schließt er die Motorhaube wieder. Mit einem Tuch putzt er über das Lenkrad und startet den Wagen. Zurück auf der Fernstraße Richtung Westen, nach Maghnia zur geschlossenen Grenze. Für den Fall einer unerwarteten Kontrolle möge ich behaupten, ich sei Studentin und unterwegs in die biedere Universitätsstadt Tlemcen, in der die Traditionen des Islams tief verwurzelt seien. Parallel zur Straße verlaufen jetzt Schienen. Mohamed erklärt mir, dass viele Flüchtlinge diese zur Orientierung nutzen, um nach Maghnia zu gelangen. Und von dort in ihrem Gleisbett weiter über die Grenze bis nach Oujda, der ersten Stadt in Marokko, laufen. So würden sie vermeiden, sich zu verirren. Nachts, vor allem bei Vollmond, würde man hier zig müde Gestalten die Gleise entlanglaufen sehen. All jene, die sich ein Taxi collectif oder die Automafia nicht leisten könnten. »Immer geradeaus und du kommst nach Maghnia!«

Nachmittags bekommt Kebayli zwei weitere Anrufe: eine weitere Polizeisperre zehn Kilometer vor unserem Ziel. Wieder fahren wir einen Umweg, stehen eine Weile am Rand eines Clementinenfeldes. Kebayli pumpt den Wagen auf einen Wagenheber. Im Windschatten neben dem schiefen Mercedes hockend, teilt er sich mit Mohamed eine Zigarette. Es dämmert schon und um die Obststräucher hat sich Bodennebel gelegt. In der Ferne nehme ich erste Rauchzeichen aus dem Grenzort wahr. Es ist kühl, die Menschen heizen ihre Öfen mit Holz oder Gas.

Nach einer halben Stunde können wir weiterfahren. Am Ortseingang von Maghnia wird Mohamed auf dem Parkplatz neben einer Verkehrsinsel in ein anderes Automafiataxi umsteigen. Kebayli reicht Mohamed das Telefon, damit sie sich verabreden. Ich werde die ersten Tage in einem billigen Hotel wohnen. Mohamed wird versuchen, eine Unterkunft nahe der

Migranten-Ghettos für mich zu finden, und mich anklingeln, sobald er etwas gefunden hat. Während wir uns der Stadt nähern, packe ich meine Zahnbürste und wenige Klamotten zu meiner Kamera in die Tasche. Mohamed wird meinen Rucksack mit allen Tapes mitnehmen. Die Kühltasche mit den unbespielten Kassetten wird er irgendwo »an einem sicheren Ort«, wie er mir garantiert, verstecken. Ganz wohl ist mir dabei nicht, aber es ist die einzige Möglichkeit, niemanden zu gefährden. Ich bitte Mohamed, sich mit der Suche zu beeilen und mich auf dem Laufenden zu halten, da umfahren wir schon die Verkehrsinsel.

Am Eingang der Stadt ist eine weitere Polizeikontrolle zu sehen. Mohamed überfällt eine kurze Panikattacke, er faucht Kebayli an. Ein Auto kommt schlingernd mit quietschenden Reifen neben uns zum Stehen. Kebayli und der Fahrer des Hyundai springen raus, Mohamed rennt geduckt ins andere Auto und wirft sich auf den Rücksitz. Die Fahrer laden unsere Taschen vom Kofferraum des Mercedes in den Kofferraum des Hyundai. Dessen Fahrer lässt es sich nicht nehmen, mich zu begrüßen. Er öffnet meine Tür, lehnt sich zu mir runter und will mir zwei Küsschen zur Begrüßung geben. Mohamed ruft etwas aus dem Spalt des heruntergelassenen Fensters, der Mann hat eine Alkoholfahne und widert mich an. Kebayli weist ihn an aufzubrechen. Der Fahrer lallt mir zu, er werde mich dann in den Wald bringen, wenn der Moment gekommen sei. Er sei derjenige, der sich im Grenzgebiet zwischen Maghnia und Oujda am besten auskenne. Er würde Migranten auch über die Grenze fahren, da er Freunde unter den Grenzbeamten hätte. »Verbindungen sind alles Madame. Ich bin Mustapha. Enchanté!«

Kebayli mahnt zum Aufbruch, und der Hyundai verlässt in Schlangenlinien den Parkplatz. Hinter der Rückscheibe erkenne ich noch Mohameds angespannte Miene und seine erhobene Hand zum Abschied.

Algerische Gastfreundschaft, zumindest für Europäer

Wir nehmen die Straße zum Ortseingang. An der Polizeisperre werden wir durchgewunken und fahren durchs Stadtzentrum in ein »Quartier populaire«, ein Arbeiterviertel. Vor einem heruntergekommenen Gebäude halten wir. Kebayli kommt mit zur Rezeption der Pension im zweiten Stock. Im Aufenthaltsraum sitzen sieben Männer vor ihren Kaffees und Limonaden und spielen Belot. Rauchschwaden hängen in der Luft. Kebayli und der Pensionsbesitzer diskutieren, er muss eine Unterschrift für mich leisten, weil ich als Frau alleine im Hotel absteige. Ich zahle für zwei Tage im Voraus. Abends liege ich hungrig im Bett und frage mich, wie es den Migranten in den Wäldern wohl ergehen mag. Ich bin müde von der Reise und aufgewühlt von meinen Eindrücken. Aber ich finde keine Kraft mehr, durch die Rauchschwaden, vorbei an den träge beobachtenden Männern im Aufenthaltsraum und durch das überfüllte Arbeiterviertel zu laufen.

Am nächsten Tag mache ich einen kleinen Spaziergang durch den Ort und trinke einen Kaffee. Ich will möglichst unauffällig bleiben und verbringe einen Großteil des Tages im Hotelzimmer, schreibe meine Erinnerungen auf und arbeite an dem Konzept des Films. Ich suche eines der diversen Telecafés und schreibe notwendige Mails. Der Produzent erkundigt sich nach dem Verlauf der Dreharbeiten, und Ahmed rät mir, baldmöglichst einen Antrag auf Visumsverlängerung zu stellen und die im Süden bespielten Kassetten in seiner »Schublade bei Goethe« in Sicherheit zu bringen.

Früh am nächsten Morgen klingelt mich eine mir unbekannte algerische Nummer an. Es ist Mohamed, der vom Handy eines Algeriers namens Djamel bei mir angerufen hat. Djamel hat sein Haus inmitten der Felder und Gärten, die hier den Subsahariern nahezu die einzige Arbeitsmöglichkeit bieten. Er lebt mit seiner Frau Touria und seinen drei Kindern weit außerhalb der Stadt, nahe der Zugschienen Richtung marokkanischer Grenze und kurz vor der letzten bewohnten Siedlung nahe den Wachtürmen der algerischen Grenzbeamten; in einem Gebiet, in dem die meisten Einwohner vom Schmuggel über die Grenze leben oder von der Landwirtschaft. Mohamed rät mir, nachmittags bei Mustapha anzurufen. Bei Einbruch der Dunkelheit würde der mich mit seinem Wagen am Hotel abholen und mich zu ihm bringen. Einen Treffpunkt würde er selbst im Laufe des Tages noch mit ihm absprechen. Djamel habe eingewilligt, dass ich für die kommenden drei Wochen bei ihm und seiner Familie wohnen könne.

In Mustaphas Auto riecht es nach Alkohol und leckendem Benzin. Ich setze mich auf die Rückbank hinter seinen Sitz, aber er schielt trotzdem die ganze Zeit zu mir und grinst mich lüstern an. Aufgrund seines enormen Rückspiegels mit integriertem Vergrößerungsspiegel kann ich seinem aufdringlichen Blick kaum ausweichen. Ich muss an die vielen Migrantinnen denken, die gezwungen sind, bei ihm mitzufahren, und die aufgrund ihrer Illegalisierung Männern wie ihm ausgeliefert sind.

Weit außerhalb der Stadt, nach einer ganzen Weile Fahrt über Schotter- und Waldwege, hält er an einer schmalen, asphaltierten Straße an. Etwas entfernt sehe ich Lampen in gleichmäßigem Abstand, die sich am Horizont verlieren, könnte das die Beleuchtung der Gleise sein? Sind wir etwa schon angekommen im Grenzgebiet zu Marokko? In der Ferne erkenne ich Umrisse von flachen, zerfallenen Baracken. Die Gräser am Straßenrand messen einen knappen Meter Höhe. Mustapha flucht auf Algerisch vor sich hin, ruft zweimal jemanden an und brüllt ins Telefon. Er macht die Innenbeleuchtung an und kramt aus seiner Mittelkonsole nach einem zweiten Handy und Zigaretten. An Unauffällig-keit scheint er nicht interessiert. Er raucht eine Zigarette nach der nächsten. Die Zeit schleicht vor sich hin, da kommt auf einmal Mohamed durch die Gräser auf uns zu. Mein Chauffeur springt aus dem Auto und motzt ihn an. Ich steige aus. Mohamed meint, Mustapha verlange 2 500 Dinar, umgerechnet fast 25 Euro, für die kurze Fahrt. Als Mohamed protestiert, fährt mich Mustapha an: »Das hast du deinem Freund zu verdanken. Weil er uns solange hat warten lassen, kostet es statt 1 500 nun 2 500 Dinar.« Außerdem kenne niemand so unauffällige Wege wie er. Ich vermute, dass eine Diskussion nur noch einen lauteren Schlagabtausch und womöglich Aufmerksamkeit auf uns lenken könnte, und gebe ihm das geforderte Geld – in der Hoffnung, seine Dienste nie mehr in Anspruch nehmen zu müssen. Mohamed verabschiedet ihn freundlich mit Handschlag. Er weiß, wie abhängig er von ihm und seinen Diensten ist.

Wir schlagen einen kleinen Trampelpfad in Richtung der Lampen ein. Nach zehn Minuten schweigendem Fußmarsch durch das Dickicht, bei dem mich Mohamed hie und da auf Schlaglöcher, Pfützen oder dorniges Gestrüpp hinweist, kommen wir tatsächlich an einen kleinen Gleisübergang. Wir überqueren ihn, lassen einen Clementinen-Hain hinter uns, und dann sieht man plötzlich ein kleines Lichtermeer der Häuser Maghnias.

Wir nähern uns einem Haus, das umgeben von Feldern, Gärten und Bäumen im Nichts zu stehen scheint. Wir betreten den kleinen Vorhof mit einer Akazie, an der eine Schaukel baumelt. Mohamed klopft an die Metalltür. Sie öffnet sich, und wir werden stürmisch begrüßt von drei kleinen Kindern und einer dicklichen Frau, Touria. Ein Mann erscheint im Hintergrund, und Mohamed stellt mir Djamel vor, der mich willkommen heißt. An der Tür erklärt Mohamed mir leise: »Das ist dein neues Zuhause für die Zeit, die du hier bleibst.«Touria und ihr Mann nicken freundlich. Er komme in den nächsten Tagen vorbei und zeige mir dann das »Dorf der Afrikaner«, wie die Algerier das Grenzgebiet verächtlich nennen würden –»solange alles ruhig geblieben ist«. Djamel ist da zuversichtlich, nachdem er gefragt hat, wie ich in den Wald gekommen sei. Mir wird erst später klar, was diese Konversation zu bedeuten hat. »Komm erstmal an und schau dich um. Hier bis du sicher vor den Argusaugen von Polizei und Grenzschutz. Bis bald«, sagt Mohamed, bevor er in der anbrechenden Dunkelheit verschwindet. Der Nebel über den Feldern hat ihn in Sekundenschnelle verschluckt.

Ehe ich mich versehe, sitze ich im Eingangsbereich des Hauses, der zugleich der Aufenthaltsraum ist, am niedrigen Tisch auf einem Sofakissen und mir wird süßer, frischer Pfefferminztee eingeschenkt. Die Kinder gucken mich neugierig an und überhäufen mich mit Fragen: »Ist Mohamed dein Freund? Wie sieht es dort aus, wo du herkommst? Deutschland, das haben wir noch nie gehört. Und woher kennst du Mohamed?«Bis ihre Mutter Touria sie zu Geduld mahnt. Sie freue sich, mich hier als Gast zu haben, gegen eine kleine wöchentliche Aufwandsentschädigung könne ich gerne hier wohnen bleiben und mit ihnen essen. Ich solle mich mit ihrem Mann beraten, wenn ich mich in der Umgebung fortbewegen wolle. Am besten solle ich damit warten, bis Mohamed zurückkommt.

Sie zeigen mir das Bad, ihre Küche und ihr Wohnzimmer, das sich nachts in das Schlafzimmer der Kinder verwandelt. Das Schlafzimmer der Eltern wird während meines Aufenthalts als Männerschlafzimmer genutzt, in dem Djamel mit seinem achtjährigen Sohn Idir schläft, während Touria und ihre Töchter Souad und Maha sich das Wohnzimmer mit mir teilen. Djamel spricht kaum, erst am nächsten Abend, nachdem Mohamed den ganzen Tag nicht aufgetaucht ist und ich die meiste Zeit im

Hof mit Touria und den Kindern verbracht habe, sprechen wir ein bisschen über mein Vorhaben. An diesem zweiten Abend fällt mir erst die Ungleichheit auf, die unausbalancierte Aufmerksamkeit, die sie Mohamed und mir bei unserer Ankunft geschenkt haben. Mohamed, der diese Wohngelegenheit für mich im Voraus abgeklärt hat und an der sie Geld verdienen, wurde nicht einmal auf einen Tee ins Haus gebeten, während ich mit Gastfreundlichkeit überschüttet werde. Das sagt einiges über das Verhältnis der Algerier zu den Subsahariern und zu den Europäern aus.

Angetan bin ich von Idir, ihrem achtjährigen Sohn. Es stimmt mich zwar traurig, dass nur er in die Schule gehen darf, da Souad und Maha im Haus helfen müssen und da das Schulgeld für drei Kinder angeblich zu teuer ist. Aber Idir ist ein unglaublich aufgeweckter und schlauer Junge, der mir, während er die Landkarte Afrikas in den Sand vor der Haustür malt, ohne ein einziges Mal zu zögern alle 54 Länder Afrikas inklusive deren Hauptstädte aufzählen kann. Ich muss mich zurückerinnern, wie ich in seinem Alter in der Schule Amerikas Staaten mit ihren Hauptstädten und Europas Länder und deren Metropolen auswendig lernen musste, die afrikanischen jedoch nie. Europas Interesse an Afrika beschränkt sich einzig auf dessen Ressourcen. Unser Eurozentrismus ist völlig unangemessen. Ich kenne bis heute gerade einmal knapp dreißig Hauptstädte Afrikas beim Namen. Als ich meinen jungen Gesprächspartner frage, woher er all diese Informationen über Afrika hat, antwortet er mit leuchtenden Augen: »Von meinen Freunden aus dem Kongo, aus Kamerun und Benin! Stell dir mal vor, ich habe sogar schon einmal mit einem Äthiopier Fußball gespielt. Obwohl die normalerweise gar nicht hier vorbeikommen.«

Ich werde hellhörig. Touria hält beim Schälen der Kardonen, einem artischockenähnlichen Distelgewächs, inne und guckt ihren Sohn an. »Er spielt hier vor der Haustür mit den vorbeiziehenden Geflüchteten Fußball, und sie loben sein Spiel sehr«, fügt sie hinzu. Ich kann mir denken warum, ohne ihm ein schlechtes Spiel unterstellen zu wollen, spitze aber meine Ohren, als sie stolz anfügt: »Er kennt alle Fluchtwege und ihre Geschichten vom südlichsten Afrika bis hierher. Das findet er spannender, als in der Schule Defoes Robinson Crusoe oder Homers Irrfahrten des Odysseus zu lesen.«

Das Ghetto im Garten

In diesen ersten Tagen ist Idir mein bester Informant und treuester Begleiter. Er erzählt mir, die Kameruner hätten ihr »Ghetto« gleich nebenan, quasi im erweiterten Garten. Der »Chairman« der Kongolesen der Demokratischen Republik sei häufig zu Besuch und »mache mit Papa Geschäfte«. Die Gambier würden genauso Feldarbeit für Djamel und die anderen hier lebenden Algerier verrichten wie die Guineer, Malier und Togolesen. Er würde mit allen häufig Fußball spielen, und »wenn es nicht zu spät« sei, würde er anschließend oft noch vor ihren »Zelten« sitzen, und sie würden ihm von ihren Heimatländern und den Erlebnissen ihrer Reisen erzählen. Djamel ist wenig begeistert, als Idir ihm beim Abendessen erzählt, er würde mir morgen das »Ghetto der Kameruner« zeigen, aber ich lache und deute an, dass es meine Bitte gewesen sei. Da schweigt der Vater. Erst als Idir schon ins Bett gegangen ist, schlägt er mir vor, er selbst könne mich zu den Ghettos bringen.

Mohamed ist immer noch nicht aufgetaucht, so ist es am nächsten Nachmittag Idir, der mich über einen Trampelpfad seitlich am Haus entlang und den Hügel hinunter Richtung Stadtrand zu seinen Nachbarn bringt. Schon von weitem erkenne ich eine Art Kamin, der aus einem betonierten Plateau herausragt, daneben eine riesige Luke. Eine Anreihung von

Plastikkonstruktionen, von den Migranten *Tranquillos* genannt, umgeben die betonierte Fläche. Ein paar Stühle liegen herum, es gibt einige Feuerstellen und viele herumfliegende Plastiktüten und Müll. An einem Strommast und über einigen Büschen, die um diese Jahreszeit weder Blätter noch Blüten tragen, sind Klamotten zum Trocknen aufgehängt. Über einen Eimer gebeugt sitzt eine Frau und wäscht Kleider. Als wir über den freien Platz auf das »Ghetto Kamerun« zulaufen, tauchen auf einmal wie aus dem Nichts von überall her Migranten auf und erwarten uns neugierigen Blickes. Zwei von ihnen kommen auf uns zu und begrüßen uns schon weit vor ihren Zelten. Sie fragen Idir auf Französisch, woher ich komme und woher er mich kenne, und grüßen mich freundlich, aber zurückhaltend. »Habt ihr aufgepasst, bevor ihr losgelaufen seid? Ist sie gerade erst angekommen?«, fragen sie Idir. Mehr Migranten kommen auf uns zu, und bald sind wir umringt von einer Traube Menschen. Einige von ihnen werden losgeschickt, um Wache an unterschiedlichsten Plätzen zu stehen.

Sie laden mich ein, bei ihnen zu verweilen, und wollen wissen, was ich vorhabe. Auf Plastikstühlen mit geflickten Sitzflächen und halbabgebrochenen Beinen, Teppichen und Holzbänken umranden mich mindestens vierzig Leute. »Einen Dokumentarfilm willst du drehen? Einen Dokumentarfilm dreht sie«, geben sie es an jene weiter, die meine Antwort auf ihre Fragen im Wortgewirr nicht verstanden haben. Vielleicht auch, weil mein Französisch zu holprig ist, weil sie der anglophonen Community Kameruns angehören oder weil sie mangels der Möglichkeit, in die Schule zu gehen, vor allem ihre Stammessprache sprechen.

Fragen über Fragen prasseln auf mich ein und meine Sitznachbarn wechseln, nehmen zu und ab, tauschen Plätze, fordern sie in den ersten Reihen wieder ein, kommen mit Freunden zurück und kommentieren jede meiner Antworten.

Manchen gucken mich zurückhaltend an, nicken zustimmend, andere brummen muffig oder schimpfen und stehen auf. Ich bemühe mich, ihre Fragen so ehrlich und ausführlich wie möglich zu beantworten. Auf Französisch und Englisch. Einige von ihnen befragen mich sogar auf Deutsch: »Deine Landsmänner sind doch unsere Kolonialisten gewesen, bis heute wird neben Spanisch Deutsch als dritte Sprache in den Schulen Kameruns angeboten. Immerhin seid ihr die wirtschaftskräftigste Nation Europas. Allein deshalb lohnt es sich schon, eure Sprache zu erlernen.« Mit einigen meiner Antworten scheinen sie einverstanden, ich meine zu bemerken, dass einige länger sitzen bleiben, zustimmend nicken oder mich vorsichtig angucken. Über manche Antworten wiederum sind sie wütend, stehen abrupt auf und verschwinden laut diskutierend in ihren Sprachen, sodass ich nur ihren Unmut wahrnehme, sie aber nicht verstehen kann. Zeit für mich nachzufragen bleibt nicht, zu sehr bin ich ins Kreuzfeuer ihrer Neugier geraten.

Sie fordern, ich müsse erst beweisen, dass ich vertrauenswürdig sei, bis sie mir die Gelegenheit geben würden, hier mit einer Kamera aufzutauchen. »Glaubst du etwa, du bist die erste Journalistin, die hier aufkreuzt? Die Tausendste bist du schon! Eine exklusive Geschichte wirst du ohnehin nicht mehr erzählen!« Mühsam, ihnen zu erklären, ich sei keine Journalistin. Wollen es die einen gerne glauben, werden sie von den anderen übertönt und zurechtgewiesen. »Glaubt ihr kein Wort. Sie ist eine Europäerin!« Und: »Du willst dich doch nur an unserer Armut bereichern! Was beweist uns, dass du nicht nur Informationen über unsere Wege nach Europa teuer verkaufen willst? Um uns so auch die letzten Schlupflöcher noch zu rauben, unserem Elend zu entkommen?«

Als es schon stockdunkel ist, taucht Djamel auf einmal auf und herrscht Idir streng an, endlich nach Hause zu kommen.

Was wir solange hier machen würden? Touria hat erzählt, seit 15 Uhr seien wir schon im »Ghetto«, jetzt sei es 20 Uhr und es hätte längst Abendessen gegeben. Ein Gutes hat sein Auftauchen: Er bestätigt den Migranten, dass ich bei ihm wohne. Nachdem ich mich ausführlich verabschiedet habe, liege ich die halbe Nacht wach und denke über ihre Fragen nach. Ich friere selbst unter meiner Synthetikdecke. Sie haben recht. Wie nur kann ich ihnen vermitteln, dass an ihren Vorwürfen nichts dran ist?

Wir sind erneut für den nächsten Morgen verabredet. Es ist der vierte Tag meines Aufenthalts, ich fühle mich gerädert. Ihre Fragen schwirren noch in meinem Kopf herum, ich mache mir Notizen in das kleine Heft, das ich mir in Algier gekauft habe. Vom übersüßten Pfefferminztee, den ich morgens auf nüchternen Magen trinke, ist mir heute schlecht. Ich versuche meine Sorgen darüber, dass Mohamed immer noch nichts von sich hat hören lassen, irgendwo zwischen den zu verarbeitenden Gedanken zu verdrängen.

Trotzdem zieht es mich schon am Vormittag zurück ins »Ghetto der Kameruner«. Die Bänke und die Stühle stehen noch da, wie wir sie gestern verlassen haben. Es scheint, als sei eine Versammlung aufgelöst worden und warte auf ihre Weiterführung. Einige Migranten waschen sich, andere verschwinden hinter ihre Zelten und beenden dort ihre Ankleide, als sie mich kommen sehen. An einem versickernden Bächlein putzt sich jemand die Zähne. Auf den Feldern und ihren Zelten liegt immer noch der Raureif der Nacht. Obwohl die Sonne scheint, ist es noch frostig kühl. Die meisten von ihnen tragen nur Flipflops und zum Teil lange, wollig-kratzige Armeemäntel auf der nackten Haut, um sich zu wärmen. Es sind erst wenige wach oder vormittags scheinbar anderweitig beschäftigt. Sie gehen ihren Jobs nach, stehen an dem von ihnen so titulierten *Tschadplatz*, an nahegelegenen Ausfahrtsstraßen oder unter Brücken und versuchen, Tagesjobs abzugreifen, oder sie sind in eine der Moscheen in den Ort aufgebrochen, um sich mit warmem Wasser waschen zu können. Heute sind ihre Fragen weniger chaotisch. Sie begrüßen mich freundlich. Einige von gestern sind wieder da und fragen mich, ob ich einen Kaffee wolle. Ich bin irritiert, bejahe die Frage aber erfreut mit »wenn das möglich ist«. Einer von ihnen lacht mich an und sagt: »Wenn du ihn zahlst.« Es stellt sich heraus, dass es eine »mobile Küche« gibt, eine Kamerunerin, die jeden Vormittag mit einem Topf frisch zubereitetem Essen und einigen Thermoskannen Kaffee zu ihnen kommt. Sie selbst hat einen Algerier geheiratet und sich in Maghnia niedergelassen. Jene, die Geld haben, bekommen damit eine geschmackliche Erinnerung an ihre Heimat. Es gibt jeden Tag das Gericht eines anderen der über 250 verschiedenen Stämme ihrer Heimat. Jetzt ist es allerdings noch zu früh für die mobile Küche, und so verschwindet einer der Kameruner mit meinem Geld woandershin.

Während sie wissen wollen, wie und mit wem ich nach Maghnia gekommen sei und was es mit dem Dokumentarfilmprojekt auf sich habe, kommt der Mann nach einer halben Stunde mit einer ganzen Kanne Kaffee zurück, den wir uns alle aus selbstgefertigten Bechern in Form von aufgeschnittenen Plastikflaschen genüsslich teilen. Als sie hören, dass ich schon in Mali und auch im Süden Algeriens gedreht habe, wird die Stimmung etwas unbefangener. Sie fragen mich aus, wie ich die Armut der Sahelzone empfunden hätte und wie die Malier lebten. Sie erkundigen sich nach Mohameds Aussehen, und als ich »Rasta« sage, nicken einige zustimmend und tuscheln miteinander. Sie scheinen ihn zu kennen. Sie wollen wissen, wie ich zu Djamel gekommen sei, warum ich ausgerechnet bei ihm Unterschlupf gefunden habe und ob ich wisse, womit er sich den Bau seines Hauses in den Gärten finanziert hätte?

Ich erfahre, dass er derjenige ist, der ihnen nicht nur schlechtbezahlte Tagesjobs auf seinen eigenen Feldern und denen seiner Nachbarn für fünf Euro Tageslohn vermittelt, sondern dass er derjenige ist, der gegen eine Provision von zehn Prozent am Western-Union- oder Moneygram-Schalter in der Stadt das ihnen aus den Heimatländern gesandte Geld abhebt. Sie selber können das ohne Pass beziehungsweise gültiges Visum nicht machen, und er ist sich seiner Chance bewusst, so zusätzlich an ihnen zu verdienen.»Sein großes Haus hat er sich auf unsere Kosten gebaut. Sonst hätte er sich das niemals leisten können. Hast du noch nicht gesehen, wie die anderen Nachbarn leben? Keiner von ihnen hat so ein herrschaftliches, alleinstehendes Eigenheim!«

Sie fragen mich nach meiner algerischen Nummer und freuen sich, als ich sie ihnen gebe. Sekunden später erhalte ich einen Testanruf, sofort macht meine Nummer die Runde in ihren Handys, und sie fordern mich auf, ihre Namen abzuspeichern. Nach wenigen Minuten ist der Adressbuchspeicher meines Telefons voll. Ein vorwitziger junger Kameruner fragt mich, ob ich ihm auch meine deutsche Nummer geben könne. Ich zögere einen Augenblick, aber warum nicht. Daraufhin beugt sich fast die gesamte Gruppe tief über ihre Handys und speichert die Nummer ebenfalls ab. Einige kommen mit Stift und kleinen Fetzen von Zetteln auf mich zu und bitten mich, meine Handynummer und E-Mailadresse für sie aufzuschreiben. Ob ich ihnen nicht auch die Nummern von Freundinnen aus Europa geben könnte?»Am besten welche, die Französisch sprechen, aber wenn nicht, ist es auch egal. Wir werden uns schon verständigen.« Als ich jetzt verneine, sind sie irritiert. Ich bin besorgt, das eben gewonnene geringe Vertrauen schon wieder verspielt zu haben. Aber ich versuche, mich zu erklären: Warum sollte ich die Nummern und E-Mailadressen von Freundinnen an mir Unbekannte herausgeben. Ich würde sie ja gar nicht kennen. Zudem hätten manche von ihnen Freunde, die darüber sicherlich nicht begeistert wären. Sie lachen, aber einige von ihnen stehen auch auf und verlassen den Platz.

Die mobile Küche ist angekommen und einige Vorwitzige fragen mich, ob ich ihnen eine Mahlzeit zahlen würde: Es gibt eine Kameruner Spezialität, da ein Besucher der Köchin Maniokwurzeln aus der Heimat mitgebracht hat. Ich willige ein und sie genießen die »bâtons de manioc au sauce arachide«, die in Kochbananenblätter eingewickelte Maniokstäbe mit Erdnusssauce. Sie verteilen sich über den Platz, setzen sich auf Kartonteile auf den Boden und das asphaltierte Plateau. Die Köchin verteilt das Essen. Um die wenigen Teller bilden sich kleine Grüppchen. Ich verharre auf meinem Platz und beantworte Fragen zu Belgien und Schweden, zur Wirtschaftskrise in Spanien und zur Bürokratie Deutschlands. Ich staune einmal mehr über ihre weitreichenden Kenntnisse der europäischen Gemeinschaft. Einige von ihnen erbitten Einzelgespräche, um mehr über spezifische Länder oder Völker Europas zu erfahren. Ich antworte, dass ich mir nicht sicher sei, ob ich ihnen diese Infos wirklich zufriedenstellend bieten könne.

Auf einmal ruft jemand aus der Ferne etwas in meine Richtung. Ich habe es nicht verstanden, da ruft er es so laut, dass es alle Essenden hören können:»Deutsche, warum teilst du nicht das Essen mit uns?«

Ich lehne dankend ab, ihre aussichtslose Situation wirkt sich immer noch auf mein Gemüt und meinen Magen aus, aber ich antworte, dass es mir zum Essen noch zu früh sei und ich noch keinen Hunger habe. An die Menge ruft der Erboste:»Findet ihr es nicht komisch, dass sie uns auf ein paar Teller einlädt und selbst nichts ist?« Und fährt an mich adressiert fort:»Hast du bei deinen Afrikareisen niemals gehört, dass man Nahrung bei uns nie verweigert? Oder hast du Angst, du könntest erkranken? Hast du Angst, wir könnten dir Aids übertragen?« Er hält einen zweiten Löffel in die Höhe und winkt mich zu sich heran. Ich bin sprachlos über so viel Klischeedenken und seine unterstellende Provokation und setze mich neben ihn auf den alten Karton. Aus den Augenwinkeln nehme ich wahr, wie die gesamte Gemeinschaft auf meine Reaktion wartet. Ich nehme den Löffel, wünsche ihm einen guten Appetit und genieße die Erdnusssauce und den Maniok.

Mr. Bonsini ist ein Ehemaliger. Seit acht Jahren ist er unterwegs zwischen Kamerun und Europa. 2005 war er beim organisierten Ansturm auf Ceuta dabei und hatte es bis in die Enklave geschafft. Dort haben sie ihn nach drei Tagen auf dem Weg von seinem Versteck, einer Mülltonne, ins Aufnahmezentrum, um Asyl zu beantragen, aufgegriffen. Die Guardia Civil übergab ihn nach Überprüfung seiner Herkunft an die marokkanischen Grenzbeamten. In Marokko verbrachte er Monate in einem Knast, bevor man ihn, in drei Bussen voll mit anderen Abenteurern, an die Grenze zu Algerien abschob. Seitdem versuche er, hier ein bisschen »zur Ruhe und zu neuen Mitteln« zu kommen, um erneut aufzubrechen. Er habe in Kamerun an der Uni Yaoundé Literatur studiert, ohne eingeschrieben zu sein, da er die Studiengebühren nicht habe bezahlen können, und so habe er keinen Abschluss machen können. Zum Beweis zieht er aus seinem Beutel einen dicken Packen in kleinster Schrift beschriebener Blätter. Dies sei sein Manuskript, für das er, sobald er in Europa ankomme, einen Verlag suchen werde. Während unseres gesamten Gesprächs lassen uns die anderen in Frieden. Als er nach jemandem ruft, weil er Durst hat, wird ihm sofort eine Plastikflasche Wasser gebracht. »Siehst du, sie respektieren mich hier! Ich gehöre zu ihrer Regierung! Auf dem nächsten Boot das von der afrikanischen Seite des *estrecho*, der Straße von Gibraltar ablegt, bin ich dabei!«

Ich verstehe nicht, wovon er spricht, ziehe es aber vor, erstmal abzuwarten und nicht zu viele neugierige Fragen zu stellen. »Lehne niemals eine Essenseinladung unter uns ab, wir könnten denken, du seist krank. Und wer will schon einen Deal mit einer Kranken abschließen?« Mit diesen Worten entfernt er sich, und im Nu werde ich wieder mit Fragen bombardiert.

Djamel erkundigt sich abends besorgt danach, wie es mir gehe mit all meinen Erlebnissen. Die ersten Tage habe er Sorgen gehabt, ich könnte das Gesehene und Erlebte nicht verarbeiten. Aber er habe das Gefühl, ich sei eine sehr »stabile Person«. Ahnt er, wie nahe mir das Schicksal der Ghettobewohner geht, die hier unter in Europa unvorstellbaren Verhältnissen leben müssen, weil unsere Regierungen mit den Maghrebstaaten kooperieren, um die marginalen Einwanderungsströme abzublocken? Aus Angst, unseren (nicht nur zu Kolonialzeiten) erbeuteten Reichtum teilen zu müssen? Und zwar mit jenen, die kommen, weil wir ihnen mit unserer Politik und unserer Kooperation mit den Diktatoren ihrer Heimatländer dort jegliche Perspektive nehmen?

Noch bevor es am nächsten Morgen hell wird, verlasse ich das Haus. Trotz der schützenden Wände und den Decken ist es bitterkalt. Die Vorstellung, wie es den dürftig ausgestatteten Ghettobewohnern wohl ergeht, die in Zelten aus Plastikplanen und Stöcken schlafen und nur wenige Armeedecken haben, verengt mir das Herz. Ich nehme den Trampelpfad am Haus vorbei, Richtung Maghnia, um die Geographie meines Aufenthaltsortes in Ruhe zu erkunden zu und besser zu verstehen. Die Schornsteine der letzten Siedlung qualmen und die weißen Lichter in der Ferne erhellen die Stadt. Aber hier oben ist es dunkel und still. Noch nicht einmal Vogelgezwitscher oder das Zirpen der Grillen ist zu hören. Ich erkenne schemenhaft die Zitronenbäume und weiche den kleinen, dreckigen Rinnsalen aus, die sich einen Weg vom Haus den Hügel hinunter bahnen. Vorbei an Eukalyptusgestrüpp, heruntergetrampelten Nachtschattengewächsen und wildem Thymian.

Ich erreiche die sandige Ebene, auf der sich das Ghetto der Kameruner befindet. Die Kleider am Strommasten sind eingefroren und bewegen sich nicht mehr, obwohl ein ziemlicher Wind weht. Weiter hügelabwärts versuche ich mich zu orientieren. Am Fuß des Hügels, in einem ausgetrockneten Flussbett, befindet sich eine Müllhalde. Aus dieser Richtung kamen in den letzten Tagen viele der Geflüchteten. Hierhin sind sie auch verschwunden, um Kaffee zu organisieren. Ich finde mich vor einem Rinnsal wieder, das nach Urin und Öl stinkt. Um ins Stadtzentrum zu gelangen, muss man es überqueren, ich hüpfe von Stein zu Stein. Auf der anderen Seite, den Hang des Flussbetts wieder hinauf, gelangt man zur Einfahrt einer Schrotthalde. Den Weg weiter entlang erkenne ich in der Ferne die ersten Anzeichen einer Siedlung mit Boutique, einem kleinen Café und die Rückseite eines Neubaus, davor eine Flagge mit vier Sternen – ein Nobelhotel im Grenzgebiet?

Es ist zwar menschenleer, aber fast schon hell, und so beschließe ich, schleunigst umzudrehen. Als ich wieder am Wadi bin, sehe ich, dass an der anderen Seite des Steilhangs Männer hinter den Büschen hervorkommen. Hinter dem Gestrüpp und um die riesigen Steine am Abhang herum erkenne ich nun ihre *Tranquillos*. Die Steine zurück über die Kloake nehmend, erklimme ich die Seite des Flussbetts, auf der sich Djamels Haus befindet. Oben angekommen, nehme ich sie nun überall war: Zwei von ihnen entfernen sich auf halber Höhe des Flussbetts Richtung Stadt. Zwei Frauen sitzen auf dem Asphaltplateau und fächeln die Kohle in den Feuerstellen, andere ziehen sich vor ihren Zelten an und strecken ihre eingefrorenen Glieder, wieder andere machen Aufwärmübungen nahe der Olivenbäume in der Ferne.

Afrika in Miniatur mitten im Niemandsland

Maha hat mir gerade einen Kaffee angeboten, da klopft es an der Haustür. Mohamed und neben ihm ein Kameruner namens Ali warten davor. Ich bitte Souad, ihnen auch einen Kaffee zu bringen, und beobachte dabei Tourias Gesichtsausdruck. Die Männer der Familie schlafen noch. Die Besucher winken beschwichtigend ab, aber sie bekommen einen Kaffee, den wir allerdings vor der Tür trinken. Mohamed schlägt vor, mir die Gegend zu zeigen. Ali würde uns begleiten, sie seien hier immer zu zweit unterwegs. »Falls einem von uns etwas zustößt, kann der andere notfalls Hilfe holen.« Ali würde die Gegend ausspähen, um sicher zu gehen, dass wir weder gestört noch gesehen würden. Mohamed und er hätten einst auf der gleichen Piroge gesessen. Ali habe seitdem noch einen zweiten Versuch von Algerien aus unternommen: Dabei hätte sie erst ein Hubschrauber mit europäischer Flagge zweimal aufgesucht und sei dann wieder abgeflogen, später habe dann ein algerisches Marineschiff sie auf dem Mittelmeer entdeckt, sie abgedrängt und zur Umkehr gezwungen. Das Boot sei damals von den Wellen, die das Marineschiff geschlagen habe, beinahe umgekippt. Obwohl sie sich bereits in internationalen Hoheitsgewässern befunden hätten, habe die Marine in Richtung des Bootes geschossen, um ihre Forderung zu unterstreichen. Selbst als die Insassen die drei Babys an Bord hochhielten, hätten sie nicht innegehalten. Ein Mann habe einen Herzinfarkt erlitten. »Du brauchst ihr das nicht zu erzählen, sie wissen das alles, die Europäer!«, herrscht Ali Mohamed ein.

Betreten laufen wir los. Nahe der Olivenbäume macht ein Algerier ein Feuer am Rande eines Clementinenhains. »Hamza, das ist meine Freundin Miriam.«

»La bass?«, fragt er freundlich. Geht's gut? Hast du keine Sorgen?

»La bass. Ça va bien.« Keine Sorgen. Danke, es geht mir gut. Mohamed erzählt, Hamza sei einer der wenigen aus der naheliegenden Siedlung bei den Gleisen, der die Migranten unterstütze. Er sei der Einzige, der sie warnen würde, wenn er die Polizei in der Gegend sehe. Er besorge Decken und biete ihnen manchmal einen Unterschlupf an, wenn die Ankommenden weder Geld für die Miete eines *Tranquillos* auftreiben können noch die Utensilien, um selbst eins zu bauen. Eine Stunde laufen wir durch das Terrain, und Mohamed zeigt mir das Ghetto Guinea-Conakry, in der Ferne zwischen den Eukalyptusbäumen. Etwas näher, auf der anderen Seite des Weges, befindet sich eine alte Ruine, eine Art Bunker wie jener der Kameruner. »Das ist das Ghetto der Kongolesen aus Brazzaville.« Nach zwanzig Minuten Fußmarsch kommen wir zu einer Ansammlung leerstehender Häuser, im algerischen »dars« genannt, wie Mohamed mir erklärt. Hier befindet sich das Ghetto der Elfenbeinküste.

Ich erkundige mich bei Mohamed, ob er im Ghetto der Malier schon alte Bekannte wiedergetroffen habe, aber er meint, er müsse erstmal ankommen. Wegen der großen Anzahl an Emigrierenden gibt es derzeit zwei malische Ghettos, er habe erst eines davon aufgesucht. Sie befinden sich ebenfalls am Hang des Wadis, dem »Oued«. Dieses ausgetrocknete Flussbett, ein Ausläufer des Atlasgebirges, erstreckt sich entlang des Niemandslands zwischen den beiden Grenzorten, Maghnia in Algerien und Oujda in Marokko. Er verspricht mir, mir die andere Seite des »Oued« morgen zu zeigen, und begleitet mich zum Abschied bis vor Djamels Haustür.

Am nächsten Tag begeben wir uns in die Nähe des Straßenrandes, an dem mich Mustapha abgesetzt hat. Auf dem Weg dorthin treffen wir Hamza, der unbedingt mit uns in der kleinen Boutique, die sich in einer der Garagen der Siedlung versteckt, einen Kaffee trinken möchte. Hier werden zu horrenden

Preisen Reis, Sardinen und Tomaten aus Dosen verkauft. Der Inhaber scheint sein Inventar an die Bedürfnisse der Durchreisenden angepasst zu haben, wohlwissend, dass sie sich kaum in die Stadt wagen können. Die Preise seiner Produkte sind beinahe doppelt so hoch wie in den Boutiquen der Orte. Auf dem Tresen befinden sich fein säuberlich aufgetürmt Minischokoladen in Form von Euroscheinen, Schokoladenzigaretten in Schachteln mit Eiffelturmaufdruck und Kugelschreiber, in denen man Kunstschnee um die Namen europäischer Metropolen aufwirbeln kann, wenn man sie bewegt. An einer Schnur baumeln einzelne Packungen von Waschpulver und paarweise Handschuhe von der Decke.

Ich bekomme ein »Willkommensgeschenk«, ein Stück traditionellen algerischen Kuchen, von dem drei zur Auswahl stehen: »basbousa«, »makrout de soltane« und »ktaif algerois«. Der Sohn des Inhabers, der hinter dem Tresen steht, erklärt mir, dass dies die in Algerien übliche Tradition der Gastfreundschaft sei. Besucher bekämen bei ihrer Ankunft als Geste ein Geschenk. Ich muss an die vielen hungernden Migranten denken und bin mir sicher, dass dies für sie nicht gilt. Ich schaue zu Mohamed, und als habe er meinen Gedankengang erahnt, beeilt sich der junge Algerier, der keine vierzehn ist, zu versichern: »Für die Malier und die Senegalesen gilt dies auch. Das sind unsere Brüder. Aber die anderen Afrikaner, das sind alles Banditen. Nimm dich vor allem vor den Kamerunern in Acht. Sie machen Geschäfte mit der algerischen Mafia, verbringen die Tage in ihren Zelten damit, Steine, die sie am Strand finden, durch Schleifen in die Form von Diamanten zu bringen.« Diese würden sie dann über einen algerischen Mittelsmann zu horrenden Preisen an wohlhabende Algerier zu verkaufen versuchen. Die Mittelsmänner seien häufig vom Grenzschmuggel lebende Algerier, die bei einem gelungenen Coup einen Teil des Gewinns abbekommen würden. Sie seien es auch, die ab und an algerische Frauen mit auf die Felder bringen würden, um die Migranten zu befriedigen.

Der zuckrig-klebrige Kuchen, den man als algerischen Kuchen aus Engelshaar bezeichnen kann, zerrinnt langsam auf der Serviette in meiner Hand. Ich frage mich, warum der Junge mir diese Geschichte erzählt. Mohamed scheint über dessen plötzlichen Redefluss genauso irritiert zu sein wie ich, und ich weiß nicht, wer von uns beiden sich dringender nach draußen sehnt. Es spricht ein solcher Rassismus aus der Geschichte, dass mir schlecht wird. Und die Senegalesen und Malier sind die Gutmenschen, weil in ihren Heimatländern der islamische Glauben vorherrscht und nicht, wie in Kamerun, mehrheitlich das Christentum? Als wir schon fast über die Schwelle der Boutique sind, hält mich Hamza zurück, und der junge Algerier ruft mir hinterher:»Madame, ich würde so gerne auch nach Europa! Sie sehen doch selbst, hier gibt es keine Perspektiven für junge Männer wie mich, außer Waren über die marokkanische Grenze zu schmuggeln!«

Mohamed und ich laufen eine Weile schweigend nebeneinander her. In der Nähe hackt ein gut fünfzigjähriger Algerier bei einer Scheune Erde auf. Mohamed läuft auf ihn zu und grüßt ihn höflich:»Salem Aleikum!« Der Algerier dreht ihm seinen Rücken zu und fährt unbekümmert mit seiner Arbeit fort. Mohamed beginnt, einige Verse aus dem Koran zu rezitieren, da hält der Mann bei seiner Arbeit inne und dreht sich um. Ich verstehe weder, was Mohamed auf Arabisch zu ihm sagt, noch was er antwortet. Sehr wohl aber nehme ich den sich verdüsternden Gesichtsausdruck des Angesprochenen wahr. Er guckt auf einmal ganz grimmig und wendet sich unwirsch von Mohamed ab. Seine Antwort fällt kurz angebunden aus. Mohamed wechselt ins Französische:»Sie haben kein Zimmer anzubieten, aber haben Sie vielleicht eine Arbeit für mich?« Der

Mann ignoriert ihn, legt seine Hacke beiseite und verschwindet ins Innere des Schuppens. Wir laufen das »Oued«, das Wadi, entlang. Soweit mein Auge reicht Ödnis, das Trockental ist kaum bewachsen und führt kein Wasser. Oberhalb des Flussbetts beginnen die Felder, aber unten, wo es breiter und ebener ist als auf der anderen Seite, wo die Kameruner beinahe im Müll zu ersticken scheinen, liegt ein einziges Brachland. Mohamed zeigt in den Osten: »Hier zieht sich das Flussbett bis nach Maghnia. Und hier«, er hält kurz inne, bevor er mit seiner Hand Richtung Westen deutet, »hier verläuft es bis Marokko. Wenn wir uns auf dem Weg über die poröse Grenze nach Marokko verirren, folgen wir immer entweder den parallel verlaufenden Gleisen, oder wir orientieren uns an den Lichtern der Siedlungen und Städte. Denn die Lichter Algeriens sind weiß und die von Marokko leuchten nachts rot.«

Ich komme mir vor wie bei einer Museumsführung. Während wir über Gestrüpp, Minzblätter und vereinzelte Calendulablüten hinwegsteigen, erzählt Mohamed, was er bereits in Gao über Maghnia angedeutet hat. Hier hätte sich lange Zeit ein »Afrique en miniature« auf nur wenigen Kilometern befunden: Die Nigerianer hätten ihr Ghetto auf halber Höhe des Wadis neben den Plastikkonstruktionen der Kameruner gehabt, diese seien die Nachbarn der Kongolesen gewesen. Ein paar Kilometer weiter Richtung Marokko hätten irgendwo im Flussbett die Malier ihr Ghetto zwischen dem der Ivorer und jenem der Senegalesen gehabt. »Man kennt seine Marotten und Verhaltensweisen. Deswegen ist es am besten, man ordnet die Unterkünfte unterwegs genauso an, wie die Länder Afrikas liegen.« Bis 2001 eine überraschende Flut das Flussbett ereilte, nahezu sämtliche Plastikkonstruktionen mit sich riss und sogar acht Menschenleben unter den »Sans-Papiers« forderte, hätten alle in einer großen Gemeinschaft miteinander gelebt. Nebeneinander, aber doch miteinander. Nach der Flut hätten sie erneut ihre Ghettos ins Wadi gebaut, allerdings an die Hänge. Eines Tages aber seien Polizei und Grenzschützer gekommen und hätten die Lager der Migranten gestürmt, alles Wertvolle in ihre Taschen gesteckt und die Plastikkonstruktionen aller Nationalitäten abgebrannt.

Ständig würden sie mittlerweile mit ihren Hubschraubern die Grenzgebiete überfliegen und die Polizei und Gendarmerie informieren, sobald sie eine kleine Ansammlung von Subsahariern unter den Wacholderbäumen, nahe der Weinreben oder im Wadi sähen. Diese würden dann unvermittelt kommen und alle Subsaharier, die sie erwischen, mitnehmen, um sie in die Westsahara abzuschieben oder vorübergehend ins Gefängnis zu stecken. Sobald sie Hubschrauberlärm wahrnehmen, würden sie sich daher in alle Himmelsrichtungen zerstreuen. Heute hätten sie ihre Ghettos weiter nördlich wieder aufgebaut. In dem Ausläufer des Flussbetts auf der anderen Seite der Gleise, wo die Kameruner sich befänden. Andere hätten es vorgezogen, alte Bunker zu besetzen oder im Schutz der höher wachsenden Bäume ihre Zelte aufzuschlagen. Manche seien schon auf die marokkanische Seite weitergezogen, um dort unweit von Oujda ihre Behausungen hoch auf den Hügeln, mitten im Wald aufzuschlagen. Alle seien heutzutage so verstreut auf den siebzehn Kilometern zwischen den beiden Grenzstädten, dass es mühsamer geworden sei, sich spontan zu treffen. Jegliches Gemeinschaftsgefühl sei dahin. Einzig die Chairmen der Communitys mit ihren Handlangern träfen sich nach wie vor regelmäßig, um ihre berüchtigten »ECOWAS-Treffen« abzuhalten. Jede Community wähle hier regelmäßig ihren Anführer, der arbeite mit einem Kommissar und Polizisten zusammen.

Ich tue mich schwer damit zu verstehen, was Mohamed mir erzählt. Außer, dass genau diese Anordnungen einer der

Gründe war, warum ich unbedingt mit ihm in Maghnia drehen, warum ich Maghnia sehen und verstehen wollte. Da glaubte ich noch, ein Verstehen könne möglich sein. Sprach er etwa von realen Polizisten aus Subsahara? Was machte die Westafrikanische Wirtschaftsunion ECOWAS auf den Routen der Migration? Aber ich schweige und genieße diesen Rundgang. Es ist beinahe 17 Uhr, und ich höre das Tuten, das die Ankunft eines vorbeituckernden Güterzugs ankündigt. Die Grenze ist seit 2001 offiziell geschlossen, trotzdem gibt es einen Güterzug, der zweimal täglich zwischen den beiden Grenzstädten verkehrt. Welche Waren hier wohl transportiert werden?

Brennende Ghettos

Wir erreichen das »Ghetto Ghana«, das auf halber Höhe des Trockenbetts gelegen aus vier Zelten und einem Gebetsplatz für Muslime besteht. Die Ghanaer Muslime? Die fünf anwesenden Einwohner müssen über meine Frage lachen. Das sei nur zum Schutz. So würden die Algerier, die ihre Felder am Rande des Wadis hätten und auf sie herunterschauen würden, denken, es handle sich bei ihrer Community um mehrheitlich muslimische Gläubige. Deren Zelte würden seltener abgebrannt. Aus einigen Ästen und Plastikfolie haben sie sogar ein Plumpsklo mit Sichtschutz gebaut. Stolz zeigen sie mir ihre stabilen Zelte. Auf dem Plastikuntergrund, mit Steinen am Rand glatt gehalten, sind mehrere Schichten Pappkarton ausgelegt. Die beiden größeren Zelte sind innen durch Vorhänge aus grüner Plastikplane zweigeteilt. Das Zelt in der Platzmitte, ohne Seitenwände, aber mit Dach, dient als Küche. Baumstümpfe und umgedrehte leere Ölfässer wurden zu Tisch und Sitzgelegenheiten umfunktioniert, ein alter Gummireifen zur Bank. Flaschen mit abgetrennten Hälsen dienen als Trinkgefäße. Die

»Ghetto Ghana« im Oued von Maghnia

Kochstelle findet sich vor dem Zelt. Sie machen einen Tee aus frischem Rosmarin aus dem Wadi und bitten uns, Platz zu nehmen. Wir haben noch eine Tüte Erdnüsse, Mohameds Packung Zigaretten und mein Stück Engelshaar-Kuchen im Gepäck und genießen sie zum Tee.

Einer der Ghanaer erzählt, dass er seit vier Jahren hier sei und zwischen dem rund 220 Kilometer entfernten marokkanischen Nador und hier unfreiwillig pendle. Zwölfmal sei er schon abgeschoben worden beim Versuch, nach Europa zu gelangen. Überklettern und Umschwimmen des Zauns vor Melilla sowie eine Schlauchbootfahrt, all das habe er bereits hinter sich. Wenn man sich fit für einen Angriff auf den Zaun fühle, warte man eher im marokkanischen Teil des Grenzgebiets auf den Zeitpunkt der »Attacke«, weit oberhalb der Stadt, versteckt in den dichten Pinienwäldern um Oujda. Nach Abschiebungen aber ziehe man sich auf die algerische Seite zurück, um zu verschnaufen oder um Geld zu verdienen für einen erneuten Versuch und einen Guide zu finden bis an die Grenzzäune der europäischen Enklaven, in die Wälder nahe Ceuta oder Melilla.

Innenansicht eines *Tranquillos* im »Ghetto Ghana«

Hier sei es weniger gefährlich. Außerdem regiere im Niemandsland um Maghnia gerade ein frankophoner Chairman, während um Oujda die Nigerianer derzeit Vorsitzende der selbsternannten ECOWAS, sozusagen der (Wirtschafts-)Union der afrikanischen Geflüchteten seien. Und das sei selbst für Ghanaer anstrengend. Hier sei er allerdings guter Dinge, vor allem im Augenblick, denn ein Ghanaer, mit dem er noch vor gut einer Woche hier zusammen gesessen habe, habe es soeben bis aufs spanische Festland geschafft. Er sei Arzt und versuche, in einem spanischen Krankenhaus eine Anstellung zu finden.

Von diesem Arzt erzählt Djamel mir abends, er sei ein Wunderheiler. Souad habe jahrelang unter einer unerklärlichen Hautkrankheit gelitten. Der Ausschlag sei in Schüben gekommen und sie hätte sich am ganzen Körper blutig gekratzt. Keiner der ortsansässigen Ärzte habe Rat gewusst. Als der besagte Ghanaer von ihrem Leiden erfuhr und sie nur sah, habe er ihm die Paste einer Pflanze zu besorgen empfohlen. Als Djamel in der Apotheke nach dieser verlangte, hätte ihn die alte Berber-Angestellte ungläubig gefragt, wer ihm diese Salbe verschrieben habe? Kein Arzt der Stadt, Spezialist hin oder her, sei erfahren genug, diese zu verschreiben. Es handle sich um ein uraltes Sufi-Heilgewächs. Drei Tage habe Souad die Wunderpaste benutzt, und ihr Ausschlag sei für immer verschwunden. Bei seinem letzten Western-Union-Botengang habe er auch fünfzig Euro für die Community der Ghanaer abgeholt, geschickt aus Madrid, von dem Arzt. Als Verwendungszweck angegeben: »Ich habe eine Festanstellung. Binnen einer Woche im gelobten Spanien. Gebt nicht auf, meine Brüder!«

Lange bleiben wir in dieser Nacht wach, und es ist schon früher Morgen, als Djamel mir erzählt, dass nicht wenige Subsaharier im Maghreb sesshaft würden. Allerdings nicht nur aus Hochzeitsgründen, sondern auch weil es Banditen unter ihnen gebe, die in Komplizenschaft mit Maghrebinern versuchen würden, durch Fälschung große Summen an Bargeld zu erlangen. Er bleibt mir eine Antwort schuldig, als ich ihn etwas säuerlich und müde nach dem Grund dieser Geschichte frage. Genaueres will er mir nicht verraten, er warnt mich nur, niemals Geldtauschgeschäfte mit den Migranten einzugehen. Ich frage mich, ob diese subtile Art des Rassismus nicht schlimmer ist als die algerischen Kinder, die den Geflüchteten mit vorgehaltenem Messer das Rezitieren von Koranversen abverlangen und von ihnen Geld erpressen, wenn sie diese nicht aufsagen können beziehungsweise nicht kennen. Diese Geschichte wiederum stammt von einem anderen Ghanaer und sie zeigt, welch tiefe Furchen zwischen Süden und Norden durch die Gesellschaften dieses Kontinents verlaufen.

Mohamed hat für ein paar Tage Arbeit bei der Clementinenernte gefunden, und so nutze ich die Zeit, nach Algier zu fahren und mein Visum zu verlängern. Djamel bringt mich zum Busbahnhof, im Gepäck habe ich die Bänder aus Adrar. Die halbe Strecke der 480 Kilometer langen Fahrt, vorbei an Zi-

In Djamels Garten: *Tranquillo* im »Ghetto Kamerun«

tronen- und Mandelbäumen, abgeernteten Olivenhainen und den von Kaktusfeigen bewachsenen stillgelegten Gleisen, schlafe ich. Ich verspüre nicht einmal genügend Energie, um beim Zwischenstopp im quirligen Oran den Bus zu verlassen. Bei den fliegenden Händlern, die in den Bus stürmen, kaufe ich mir eine Packung Gaufrettes, französische Kekse. Den Rest der Strecke versuche ich, das bisher Erlebte (und Gedrehte) zu reflektieren. Ahmed holt mich am Busbahnhof ab und wir fahren Sardinen essen. Er verspricht mir, die Bänder bis zu meinem Abflug in der Schublade seines Schreibtisches zu verschließen.

Beim Innenministerium werde ich am nächsten Morgen abgewimmelt. Eine Visumsverlängerung für eine Touristin? Das sei ungewöhnlich. Wer beweise ihnen, dass ich wirklich Touristin sei und nicht andere Pläne schmiede? Interessen am Reichtum Algeriens hätte? Eine Chance hätte ich nur, wenn ich über eine algerische Agentur oder einen Rechtsanwalt gehe, der all die geforderten Unterlagen einreiche. Als ich einen von ihnen in seinem Einraumbüro aufsuche, macht er mir neben einem

Wucherpreis wenig Hoffnung auf eine erfolgreiche Verlängerung. Ich habe Glück und bekomme in letzter Minute noch ein Ticket für den Nachtbus zurück nach Maghnia.

Djamel holt mich am nächsten Morgen um fünf mit seinem Mofa am Busbahnhof ab. Wir trinken noch einen Kaffee und vertreiben uns dort die Zeit bis um acht Uhr. Dann geht er seinem Botendienst am Western-Union-Schalter nach, der um diese Uhrzeit schon öffnet. Ich warte im Café. Als er mich wieder einsammelt, ist er bester Laune: 2 000 Euro aus Subsahara habe er in der Tasche. Ich rechne im Kopf seinen Tagesverdienst durch seine Prozente nach: 200 Euro, für viele ein doppelter Monatslohn im algerischen Nordwesten. Sein Enthusiasmus erstaunt mich nicht.

Vormittags besuche ich Mohamed auf der Plantage, und er stellt mir einen Algerier vor, der ebenfalls ein ehemaliger *harraga* ist, einer, der ohne Dokumente nach Europa gereist war (der sie gegebenenfalls verbrannt hat, um seine Herkunft nicht preisgeben zu müssen). Der Mann brabbelt während der ganzen Zeit konfus vor sich hin und scheint in seiner eigenen Welt zu leben. Die Subsaharier, die auf der Plantage arbeiten, schauen anteilnehmend zu ihm herüber. Die wenigen Algerier, die dieser unterbezahlten Arbeit nachgehen, machen sich über ihn lustig. »Sein anderthalbjähriger Aufenthalt in Spanien hat ihn verrückt gemacht.« Als die Sonne im Zenit steht, macht Mohamed eine kurze Rast an einem der Clementinenbüsche und erzählt mir, dass der alte Algerier, der die Plantage besitze, für den ersten Arbeitstag noch keinen Lohn bezahlt habe. Gestern früh sei er mit einem Glas Pulverkaffee und einem Marmeladenbaguette gekommen, was er ihnen abends dann von ihrem Lohn abgezogen habe. So habe sich der Tageslohn auf willkürliche 3,50 Euro reduziert. »Ich habe protestiert, aber was ändert das?« Der Plantagenbesitzer habe ihm angedroht, ihn seiner Arbeit zu entbinden, seinen ausstehenden Lohn

Mohamed bei der Clementinenernte

hätte er so auch niemals bekommen. Also hat er den reduzierten Lohn akzeptiert.

Hamza ruft an und Mohameds Mine wird plötzlich ausdruckslos. »Wir sind gleich da«, sagt er, als er auflegt. Während wir einen Feldweg entlangeilen, erzählt er von einem zurückgelassenen, winzigen *Tranquillo*, das er entdeckt habe. Dort würde er seit drei Nächten schlafen, nachdem er es mit einer Matte und einer Decke, die er von einer Wäscheleine in einem Hof der Siedlung stibitzt habe, ausgestattet habe. Es würde gerade abgebrannt ...

Ich traue meinen Ohren nicht. Von weitem sehen wir das Lodern der Flammen neben einer hochgewachsenen Zypresse. Mohamed bleibt stehen und stößt einen wutschnaubenden Laut aus. Hamza eilt uns entgegen. Der »Alte« habe das Zelt mit Benzin übergossen und angezündet. Er habe die »Camarades« satt, habe er Hamza erklärt, während diese auf seinen Feldern unterbezahlt schufteten. Mohamed versucht noch, seine Decke aus den Flammen zu retten, aber durch den hohen Synthetikanteil brennt sie lichterloh.

Er ziehe es vor, alleine zu leben, offenbart mir Mohamed. Ohne die Querelen der malischen Gemeinschaft. Immer würden sich die anderen in private Angelegenheiten einmischen. Im Ghetto müsse man sich auch mehr Sorgen um seine Gesundheit machen, permanent gebe es Probleme mit Flöhen und Läusen. Sein eigenes *Tranquillo* könne er sauber halten, er brauche nichts dafür zu zahlen und könne ungestört Besuch von Algeriern wie Hamza empfangen, ohne gleich der Komplizenschaft mit ihnen beschuldigt zu werden. Auch Frauenbekanntschaften würde er lieber dorthin einladen, als sie ins Ghetto einer Gemeinschaft mitzubringen. Die Neider unter ihnen könnten ihm seine Gäste als »Fuck up«, als Regelbruch auslegen. Das könne er sich nicht leisten. Was das zu bedeuten hat, wird mir bald noch schmerzlich bewusst werden.

Mohamed ist der Schreck über den Angriff auf sein neues Zuhause noch lange anzumerken. Er ist schweigsam und scheint wie unter Schock. Obwohl er dies von seiner Reise durch die Transitländer zur Genüge kenne, würde ihm der perfide Rassismus immer wieder Angst machen und in einen Schockzustand versetzen. »Sie sind doch auch Afrikaner. Wie ich. Aber sie verhalten sich, als seien sie Europäer!«

Heute Nacht wird er wieder in der Behausung schlafen, in der er die ersten Nächte nach unserer Ankunft verbracht hat. Er weigert sich, sie mir zu zeigen, er schämt sich dafür.

Die Nachricht verbreitet sich früh am nächsten Morgen in Windeseile: Die Ghettos der Nigerianer und Liberianer seien um vier Uhr früh niedergebrannt worden. Die Bewohner, die es nicht geschafft hätten zu flüchten, seien verhaftet und ihrer Wertgegenstände und Papiere beraubt worden. Töpfe sowie alle nicht brennbaren Gegenstände hätten die Polizisten konfisziert. Ein Nigerianer hat es zum Ghetto seiner Nachbarn geschafft und sie gewarnt. Bis in die Vormittagsstunden seien alle

Mohameds kleines *Tranquillo* ...

... und die Reste davon, nachdem ein Algerier es angezündet hat

Chairmen alarmiert gewesen und die Ghettos seien unter ihrer Anleitung evakuiert worden. Die meisten der sich zwischen den Grenzstädten befindlichen etwa zweitausend Bewohner des Wadis, der Wälder und Felder hätten sich zu den Angehörigen ihrer Gemeinschaft in die höhergelegenen Ausläufer des Atlasgebirges geflüchtet, in die dicht wachsenden Pinienwälder auf dem Grenzstreifen nahe Oujda.

Dreizehn Kilometer weiter westlich im Grenzgebiet

Mohamed beschließt, sich ebenfalls dorthin zu begeben. Vor seinem Aufbruch zeigt er mir, als wir an den verstaubten Gleisen über Ginster und weiß blühendes Atlasgras hinweggehen, doch noch seinen Schlafplatz. Mit seinem Kopf nickt er in die Richtung einer Gruppe Sträucher, und ich verstehe erst nicht, worauf er mich aufmerksam machen will. Er bückt sich und deutet auf eine kleine Nische unterhalb des Gestrüpps, die von Pappe verdeckt ist. Auf dem erdigen Grund, der noch von Frostblumen glänzt, entdecke ich Pappkartons und halb vergraben in der Erde den Träger seiner Umhängetasche. Schmal ist seine Behausung, gerade groß genug für eine Person: Der Freiraum unter dem Dornenbusch misst keinen halben Meter. Er wächst direkt am Gleisbett, unweit der algerischen Siedlung neben einer Clementinenplantage. »Immerhin verhungere ich hier nicht.« Ich weiß nicht, ob er oder ich mich mehr schämen muss über meine Erkenntnis, unter welchen Umständen er und die vielen anderen Geflüchteten hier leben müssen – von uns Europäern dazu gezwungen, da wir die Außengrenzen immer stärker militarisieren.

Mein Telefon klingelt heute ohne Unterlass, immer sind es die Kameruner, die mich anrufen. Was ich plane? Ob ich sie vergessen hätte? Ob ich mir nicht vorstellen könne, dass der Polizeieinsatz heute Morgen mit mir in Zusammenhang stünde? Ob ich vielleicht zu auffällig gewesen sei? Ob ich mich überhaupt noch auf den Feldern befände oder etwa in den Komfort der Stadt geflüchtet sei, ohne mich von ihnen zu ver-

198 Algerien

abschieden? Jedenfalls würde ich ihnen neue Plastikplanen schulden, alles sei ausnahmslos zerstört. Ich lasse es klingeln. Mohamed ist genervt vom unaufhörlichen Klingeln und nimmt das Telefon an sich. Nach fünfzehn Anrufen in Abwesenheit nimmt er einen Anruf entgegen. Er verstellt seine Stimme und erkundigt sich nach den Gründen des Telefonterrors. Er habe das Telefon vorhin auf den Feldern gefunden. »Das Telefon der Deutschen? Wo ist sie? Wer bist du?«, schallt es aus meinem Handy. Mohamed gluckst und sagt: »Ich weiß nichts von einer Deutschen. Lasst mich in Frieden. Ich bin erst seit gestern hier, das Telefon habe ich gefunden, und jetzt gehört es mir.« Ich bin erstaunt über seine Freude an dem spontanen Witz und muss lachen, obwohl mir aufgrund der Anschuldigungen und des möglichen Verdachts dahinter überhaupt nicht danach zumute ist. Im Gegenteil, womöglich schuld an diesen Vorfällen im Morgengrauen sein zu können, lässt mich an den Abbruch meines Projekts denken. Schuldgefühle nagen an mir. Hatte ich ernsthaft geglaubt, meine Anwesenheit könne unbemerkt bleiben? Bevor Mohamed auflegt, klingt noch wütendes Rufen an mein Ohr: »Du bist Malier! Denke nicht, wir erkennen deinen Dialekt nicht. Dafür wirst du büßen!«

Mohamed erzählt, er werde sich an den Schmuggeleseln orientieren, um in den Pinienwäldern von Zouj Beghal Ruhe vor den Übergriffen und eine neue Ghettogemeinschaft zu suchen. Die Schmuggelesel seien Esel, die alleine die Grenze überquerten. Sie würden von ihren Besitzern in Algerien mit Benzinkanistern und Medikamenten beladen und hintereinander und ohne Führer die Grenze nach Marokko überqueren. Sie seien wie ferngesteuert, auf ihren Orientierungssinn sei Verlass, und sie kämen immer an der gleichen Stelle in Marokko an. Sie verstünden es sogar, die Grenzschützer zu umgehen. Migranten, die beim Passieren der grünen Grenze ihre

Dreizehn Kilometer weiter westlich im Grenzgebiet **199**

Adrar	Oran	**Maghnia**	Oujda	Nador	Europa/
1 370 km		**180 km**	150 km	15 km	Melilla

Orientierung verlieren und nachts auf Schmuggelesel stießen, würden diesen erleichtert über die Grenze folgen. Angekommen im Nachbarland, würden die Esel entladen. Man würde ihnen ein wenig Ruhe gönnen und sie in einer der folgenden Nächte, die Körbe nun mit Kleidung, Schuhen, frischem Obst und Gemüse, »Kif« und Alkohol gefüllt, nach Algerien zurückschicken. Nur die Ehemaligen würden ihre Aufbruchplätze kennen. Würden sie sie jedem neuen Migranten preisgeben, wäre das »Guiden von Neuen« über die Grenze kein lukrativer Job mehr.

Mohamed beteuert einmal mehr, was er an diesem Niemandsland zwischen Algerien und Marokko so mag. Er, der Reisbauernsohn, liebe es, die Algerier beim Gartenbau und ihrer landwirtschaftlichen Nutzkultur zu studieren; zu erlernen, wie sie ihre Felder bestellen und welche Bewässerungssysteme sie haben. Er schätze die Lohnarbeit im Spätsommer in den Olivenhainen, im Herbst in den Apfelgärten und im Winter auf den Clementinenplantagen sehr. Thymian, Rosmarin und Wacholder einzusammeln. Feigen-, Mandel- und Zitronenbäume zurechtzustutzen. Rettich im Akkord zu schälen. Beim Scheren der Schafe oder dem Großziehen von Küken auf den Hühnerfarmen zu assistieren. »Es ist diese Erfahrung, die mich bereichert. Abgesehen vom besseren Verdienst kann ich auch das Wissen, das ich hier erlange, in Zukunft bei meiner Rückkehr nach Mali anwenden. Vielleicht kann ich meiner Familie die mühsame Arbeit auf den Feldern irgendwann sogar durch landwirtschaftliche Hilfsgeräte erleichtern, die ich hier kennengelernt habe.«

Diese Aussage Mohameds beschäftigt mich nachhaltig. Ich bin sehr berührt davon und frage mich, ob dies nicht die Basis für einen Neuansatz in der Diskussion über unsere verfehlte Asylpolitik sein könnte und sollte? Hat Mohamed hiermit nicht auf die Ängste vieler in Europa eine Antwort geliefert? Man emigriert, weil man Erfahrungen sammeln will, um mit diesem Wissen später in seine Heimat zurückzukehren und es dort anzuwenden. Mir sind auf meiner gesamten Reise nur sehr wenige Geflüchtete begegnet, die sich dauerhaft in Europa niederlassen möchten. Die meisten wollen irgendwann zurückkehren. Dadurch, dass wir ihnen durch die Militarisierung unserer Außengrenzen nicht nur die Hinwege, sondern auch ihre Rückwege versperren, sind sie gezwungen auszuharren. Wo auch immer sie sich gerade befinden oder festhängen.

Vor dem Tribunal

Zum Abschied will Mohamed mir die beiden Ghettos der malischen Gemeinschaft nicht vorenthalten, und so wandern wir das Wadi entlang, vorbei am Ghetto der Burkiner und jenem der Guineer. Nach einer halben Stunde Diskussion darf Mohamed mir die Zelte von innen zeigen, doch kaum haben wir eines betreten, entsteht draußen ein Aufruhr. Stimmen schreien »Stop«. Es kommt zu einer Diskussion. Mohamed guckt aus einem Spalt im Zelt und flucht leise: »Mist, die Kameruner. Sag bitte jetzt nichts, Mariama, ich komme gleich wieder.« Hinter dem Zelt höre ich ihn auf Bambara mit einem Leidgenossen flüsternd diskutieren. Vor dem Zelt braut sich ein Drama zusammen. Ich verstehe, was ich lieber nicht verstünde: »... le téléphone ... l'Allemande ...« Das Telefon. Die Deutsche. Und dann die Frage: »Ist Mohamed hier?« Durch ein Loch im Zelt sehe ich drei mir bekannte Kameruner, umringt von etwa dreißig Maliern. Kurz darauf werden ihnen mit einer Wäscheleine die Hände auf dem Rücken festgebunden. Mohamed wird hinterm Zelt hervorgeholt. Die Kameruner stellen ihn zur Rede und fordern ihn auf, seine Taschen auszuleeren. Sie sind sich sicher, seine Stimme an meinem Telefon erkannt zu haben. Als ich gegen den Willen der Malier empört aus dem Zelt stürme, starren mich nicht nur die drei Kameruner entgeistert an.

Mohamed und ich müssen ebenfalls in den Kreis der Malier, wir werden aufgefordert mitzukommen:»Au tribunal!« Das Tribunal befindet sich am Eingang der Ghettos und besteht aus drei großen Steinen im Wadi. Die Kameruner müssen sich auf zwei der Steine drängen, Mohamed und ich teilen uns den dritten. Fünf Malier haben sich vor uns aufgebaut, und einer stellt sich als Richter vor. Er erklärt die Sachlage. Die Kameruner hätten einen »Fuck up« begangen. Sie hätten die Regeln missachtet und seien unangekündigt auf dem Gelände der malischen Gemeinschaft erschienen. Dafür müssten sie jetzt zahlen. Zwei selbsternannte Polizisten ihrer Community befänden sich unter ihnen, diese würden die Regeln kennen. Die Kameruner protestieren. Sie seien gekommen, mein Handy einzufordern. Ein Malier hätte einen Anruf von meinem Handy entgegengenommen. Sie seien gekommen, um diesen Diebstahl zu klären, es sei also der Malier, der den »Fuck up« begangen habe.

Mir wird es zu viel. Ich stehe auf und dränge mich an einem der malischen Handlanger des Richters vorbei, der mich mit drohender Geste auffordert, innezuhalten. Die Stimme eines Kameruners schallt in meinem Ohr wieder, ihr Verdacht, Mohamed sei am Telefon gewesen, sei ja nun bestätigt, wo sie ihn und mich hier zusammen vorgefunden hätten. Ich muss meine Nummer aufsagen, und sie rufen mein Telefon an. Zum Glück klingelt es nicht, Mohamed hat es vor unserem geplanten Interviewdreh im Zelt ausgemacht.

Mohamed springt jedoch auf und verrät uns. Er ist außer sich vor Rage und schnauzt mich an, ich sei an allem schuld, warum habe ich auch meine Nummer an die Kameruner gegeben. Ich drehe mich weg und versuche, meine Tränen zu unterdrücken. Ich verstehe sie nicht. Sie, die alle aus demselben Grund hier sind, versuchen hier, kurz vor ihrem Ziel, sich gegenseitig noch das letzte Geld aus der Tasche zu ziehen? Oder was hat das zu bedeuten? Der Richter schnauzt mich an: Was ich dazu zu sagen hätte?»Zurück an deinen Platz!« Er reißt mich herum und hält erstaunt inne, als er die Tränen, die ich nicht mehr zurückzuhalten kann, über mein Gesicht rinnen sieht. Er bittet einen seiner Mitarbeiter, etwas abseits mit mir zu sprechen.

Ich erkläre, dass ich ihr Spiel nicht verstünde. Das könne doch nicht ihr Ernst sein! Wie könnten sie, wo sie schon in Maghnia seien, sich gegenseitig im Weg stehen, um sich die letzten Kilometer ihres Weges so zu erschweren? Mein Gegenüber blickt mich ratlos an. Dies sei kein Spiel, es seien die Regeln der Gemeinschaften, und an die hätten sich alle zu halten. Ich versuche, ein Wort für die Kameruner einzulegen, mir werden die Folgen von Mohameds Witz erst langsam bewusst. Ich versuche zu erklären, wenn ich an einen bestimmten Ort wolle oder ein bestimmtes Fach studieren wolle, dass ich mich dann erkundigen würde bei jenen, die diesen Weg schon hinter sich hätten. Um mich an ihren Erfahrungen und Ratschlägen zu orientieren. Es gehe doch darum, das Wissen zu teilen mit jenen, die den gleichen Weg gehen, um bestmöglichst darauf vorbereitet zu sein. Sie wollten doch alle von hier nach Europa oder sich hier niederlassen. Warum also würden sie sich auf den letzten Metern den Weg mit diesen selbst auferlegten Gesetzen und Regeln von Bodenrechten erschweren?

Der Richter lässt sich meine Worte sicherheitshalber noch einmal in Bambara übersetzen und beschließt, dass die Sachlage zu kompliziert ist, um den Schuldigen definitiv festzulegen. Die Kameruner fordern Mohamed und mich auf, sie noch auf ein Getränk auf meine Kosten in ihr Ghetto nahe Djamels Haus zu begleiten.

Als ich bedröppelt hinter ihnen her stiefele, schießt mir der Gedanke durch den Kopf, dass vermutlich bei dem erbitterten Kampf um zum Beispiel einen Studienplatz in Europa jeder der Bewerber ebenfalls zum Konkurrent würde. Ohne Rücksicht auf Verluste. Die Lage derer aber, die es schon bis hierher geschafft haben, weit weg von ihren Familien – die meist kein Verständnis für ihre Situation aufbringen, sondern einzig finanzielle Unterstützung und das Nachgehen ihrer Pflichten einfordern –, ist existentieller. Die Härten des Überlebenskampfes so nah an Europas Grenzen übertreffen jegliche Lebensrealität in den südlicher gelegenen Transitländern ihrer Route. Es beschleicht mich eine leise Ahnung davon, was erst Marokko für sie zu bedeuten hat. Ich verspüre ihnen gegenüber eine tiefe Dankbarkeit: für die Lektionen, die ich auf dieser Reise von ihnen gelernt habe, und dafür, dass sie überhaupt ihre wertvolle Zeit mit mir verbringen. Mit mir, einer Europäerin, die mühelos und für einen Bruchteil des Geldes Strecken zurücklegt, die sie viele Jahre, Jahresgehälter und Mühen kosten.

Zum Opferfest auf der Polizeiwache

Das christliche Weihnachtsfest und das islamische Opferfest, das »Fête de l'Aïd El Kebir«, stehen bevor. Meinen Rückflug hatten wir auf den zweiten Feiertag des Opferfests gelegt in der Hoffnung auf weniger akribische Polizeikontrollen. Mohamed lebt nun weiter oben in den Bergen, fast auf marokkanischem Terrain, in einem Ghetto im Pinienwald und brennt darauf, mir seine neuen Mitbewohner zu zeigen. Mein Visum läuft aber übermorgen aus, und so werde ich das nächste Mal über Marokko in die Wälder des Grenzgebietes zwischen Maghnia und Oujda zurückkehren. Hamza bringt mich zum letzten Bus, der an diesem Vorfesttag noch nach Algier aufbricht. Mein Gepäck ist bereits im Bauch des Busses verstaut. Ich sitze an meinem Fensterplatz, da springt Mohamed vor den Scheiben hoch. Er hatte angekündigt, am Busbahnhof in Maghnia sein zu wollen, und fünf Minuten vor meiner Abreise stehen wir uns so noch einmal gegenüber. Hamza wird ihn mit zurück in die Wälder nehmen. Ich gebe ihm zum Abschied mein Handy, und wir müssen beide noch einmal über die absurde Situation lachen, die es ausgelöst hat. »Cambé!« – bis bald auf (Bambara). »Gute Reise!« »On restera en contact!« – wir bleiben in Kontakt! Die Rücklichter des Mofas mit den beiden verschwimmen in der Ferne. Der Fahrer lässt den Motor an, da geht ein Raunen durch den Bus. Er ist bis auf den letzten Platz besetzt. Die Innenbeleuchtung wird eingeschaltet und noch bevor ich sehe, wer eintritt, höre ich sie: »Police. Vos passeports, s' il vous plaît!«

Den Abend und den ersten Opferfesttag verbringe ich auf dem Revier. Fünfmal hintereinander muss ich die gleiche Geschichte erzählen, auf Fragen, die variieren und zu Fangfragen hätten werden können, die immer selben Antworten geben. Zuerst werde ich in einen Raum im Erdgeschoss gebracht. An einem Tisch neben und gegenüber von mir sitzen Polizisten. Mein Gegenüber befragt mich, mein Sitznachbar notiert akribisch meine Antworten. Dann ist das Verhör beendet, und ich muss an den zweiten Tisch wechseln. Nun stellt ein anderer Polizist die gleichen Fragen und wartet unbeweglich auf eine Unstimmigkeit in meinen Antworten. Ein anderer Sitznachbar hält alles handschriftlich fest.

Die Polizisten verlassen den Raum, und einer ihrer Kollegen höheren Ranges befragt mich detaillierter. Er gibt einem weiteren Kollegen die Anweisung, alles bisher Notierte abzutippen. Der Polizist verschwindet mit den Unterlagen, und bald darauf begleitet ein stetiges Stakkato aus dem Nachbarraum mein Ver-

Adrar		Oran	**Maghnia**	Oujda	Nador	Europa/
1370 km			**180 km**	150 km	15 km	Melilla

hör. Dann kommt der Kommissar herein, wirft einen Blick auf die Notizen und schweigt lange. Er befiehlt seinen Untergebenen, meine Kassetten heranzuschaffen. Auf diesen Augenblick habe ich während des gesamten Gesprächs mit Horror gewartet, bin innerlich darauf vorbereitet. Die Kassetten werden zwischen uns auf dem Tisch aufgetürmt, doch vorerst begnügt sich der Kommissar mit gezielten Fragen. Diesmal schreibt der Polizist am Nachbartisch mit. Zwischendurch werden wir immer wieder unterbrochen von untertänig hereinschleichenden Polizisten, die entschuldigend Zwischenfragen stellen und auf die beschriebenen Papiere deuten. Sie würden das Notierte nicht begreifen oder könnten die Hieroglyphen des Schreibers nicht entziffern. Ich bin mir nicht sicher, ob das der Wahrheit entspricht oder ob sie auf diese Art und Weise versuchen, mich in eine Falle zu locken. Mit jedem Wiederholen meiner haarsträubenden Begründungen für den Grund meines Maghnia-Aufenthalts sowie meinem Abstreiten ihrer Vermutung, eine Europäerin in diesem Part Algeriens könne einzig eine Journalistin sein, wächst mein Selbstvertrauen.

Nach sechs Stunden Verhör, es ist bereits drei Uhr morgens, kündigen sie mir an, mich in die Hotelpension, »die Sie bereits kennen«, zu bringen. Am nächsten Morgen würde ich dem Hauptkommissar vorgeführt. Eine Streife soll die ganze Nacht vor dem Hoteleingang Wache stehen, um zu vermeiden, dass ich mich aus dem Staub mache. Ich muss schmunzeln. Die im Revier verwahrten Kassetten reichen mir als Grund auszuharren. Ganz abgesehen davon, dass der letzte Bus vor den beiden Feiertagen der Fête de l'Aïd El Kebir lange abgefahren ist, mein Telefon sich in Mohameds Besitz befindet und ich kaum mehr Bargeld bei mir habe. Mein geplanter Rückflug ab Algier scheint in weite Ferne zu rücken. Der Nachtportier, der sich eine kleine Pritsche zum Schlafen hinter seinem Tresen aufgestellt hat, wird aus dem Schlaf geris-

Bamako   Markala   Gao
                                 2850 km

sen und weist mir ein Zimmer auf der Männeretage zu. Das einzige Familien- beziehungsweise Frauenzimmer sei belegt. Die Polizisten verabschieden sich:»Bis morgen, wenn die Sonne aufgegangen ist.«

Und tatsächlich stehen sie, nur Minuten, nachdem der Aufruf des Muezzins zum *Fajr*, zum Morgengebet, in den Straßen von Maghnia und im Wadi verklungen ist, schon wieder vor der Tür. Auf dem Weg zurück zur Polizeistation halten wir vor einem Haus und nach zehn Minuten kommt ein Kollege von ihnen mit einem riesigen Topf, der von einem Geschirrhandtuch bedeckt wird, zurück. Im Nu verbreitet sich im kühlen Auto ein warmer Fleischgeruch. Ob ich »Chtitha mokh«, *das* Gericht des ersten Feiertags, kenne? Das gebe es heute bei ihnen zu essen. Für den Fall, dass der Hauptkommissar mit dem Sichten meiner Bänder nicht zu lange brauche, könne ich ihr traditionelles Mahl mit ihnen teilen. Ich schwitze und überlege mir noch einmal ausführlich, was ich in allen möglichen Varianten heute Nacht schon durchdacht habe.

Auf dem Revier werde ich eine Etage höher gebracht. Der Hauptkommissar hat sein Büro im ersten Stock, ein rund dreißig Quadratmeter großes Zimmer mit antikem Tisch, auf der eine Japy-Schreibmaschine thront, und mit einem Regal voller Wimpel. Gegenüber seinem Schreibtisch stehen nicht nur zwei Stühle für die zu Befragenden, sondern auch ein riesiger Fernseher. Er bittet mich freundlich, mich zu setzen, und holt aus der Schublade seines Tisches die Kassetten hervor. Mit einer Klingel, die an eine Hotelrezeption erinnert, ruft er einen Polizisten zu sich und bittet ihn, die Kamera zu bringen. Er blättert seitenweise betipptes Papier betont lässig durch und überfliegt es. Als er es mir unter die Nase hält, sagt er:»Das ist der Bericht über Sie. Na, dann wollen wir mal die Kassetten sichten. Bitte schließen Sie die Kamera an den Fernseher an.« Ich stottere fast bei meiner Behauptung, ich hätte kein passendes Kabel dafür. Wieder klingelt er seinen Mitarbeiter herein und beauftragt ihn, im ganzen Haus nach diesem Kabel zu suchen. Sie sprechen Arabisch, und ich verstehe den Kontext erst, als der Polizist mich auf Französisch fragt, um welches Kabel es sich handle. Er kündigt seinem Chef an, dass er bezweifle, so ein Kabel zu finden. »Wäre nicht ausgerechnet heute der erste Feiertag des Opferfestes, hätten wir kein Problem, es zu besorgen.«

Sein Chef wartet das Ergebnis der Suche gar nicht erst ab, sondern befiehlt mir, die erste Kassette in die Kamera zu schieben. Während das Band anläuft, stelle ich die Lautstärke auf lautlos. Das erste Bild von Olivenhainen ist zu sehen, und der Hauptkommissar verlangt, dass ich spulen solle – »Wir werden Ihre Bänder sicher nicht in diesem Tempo durchgucken. Da verschwende ich ja das ganze Aïd El Kebir.« Ich bin froh, dass es sich bei den von ihnen beschlagnahmten Bändern nur um jene aus Nordalgerien handelt; schlimm genug, aber zumindest kann ich mich genau erinnern, was ich an welchem Tag gedreht habe und in welche Richtung ich besser nicht spulen sollte.

Ich spule im langsamsten Modus, da herrscht der Hauptkommissar mich an, ob es nicht schneller gehe. Ich erhöhe auf drei Frames pro Sekunde, und er stöhnt auf. »Behaupten Sie nicht, dies sei die schnellste Geschwindigkeit.« Ich bedaure, es gehe nicht schneller, die Kamera sei nicht gebaut für den Playbackmodus, sondern man würde sich das Gedrehte normalerweise an einem Computer angucken, wenn man es digitalisiere.

Harsch bedeutet er mir zu schweigen und will wissen, was Mohamed da erzähle vor dem Clementinenbusch. »Ich wusste doch, dass Sie mit den Afrikanern unterwegs sind.« Er, der heute in Europa lebe, erzähle seine Lebensgeschichte, sage ich. »Von brennenden Behausungen hat er nichts erzählt?«, fragt der Hauptkommissar vorsichtig, aber mit einer Mischung von

Verachtung in der Stimme,»machen Sie den Ton doch endlich mal lauter.«

Er stößt ein erbostes Schnaufen aus, als ich ihm erkläre, dass auch dies nicht möglich sei. Es handle sich bei meiner Kamera um ein veraltetes Modell und der Ton ließe sich nicht lauter als jetzt abspielen. Immerhin wechsle ich vom Lautlosmodus in eine sehr geringe Lautstärke, die man aber schon aufgrund der vor der Tür diskutierenden Polizisten und des Autolärms draußen kaum verstehen kann. So spulen wir uns durch gut zehn Kassetten. Während ich versuche, die brenzligen Stellen zu umgehen, indem ich die Kassette ab dem Zeitpunkt ihres Laufens in die entgegengesetzte Richtung spule, schnaubt der Hauptkommissar vor Wut über die eingeschränkte Technik. Er stellt mir Fragen, die die Polizisten vorher nicht gestellt haben, und ich erzähle ihm von unserem Projekt. Ich halte mich an Mohameds Notlüge, die er Kebayli, dem Automafiataxifahrer, aufgetischt hat: Mein Interviewpartner und ich würden uns aus Europa kennen, wo wir gemeinsam studiert hätten. Er würde mir seine Lebensgeschichte erzählen, denn die wolle er als Souvenir, als Erinnerung behalten. Hauptaugenmerk seien die Bewohner des Maghreb und was er als Landwirtschaftsstudent von ihnen gelernt habe. Dass kaum ein Algerier auf den Bändern auftaucht, irritiert den Hauptkommissar nicht. Er ist genervt und erklärt mir, so gehe es nicht weiter. Er will selber spulen, aber als ich beginne, ihm den Playback-Joystick der Kamera zu erklären, winkt er resigniert ab.»Ich werde mich stärken und dann sichten wir die restlichen Tapes. Markieren Sie jene, die wir schon gesehen haben.«

Er verlässt den Raum, lässt die Tür jedoch offen und befiehlt seinen Mitarbeitern, mich im Auge zu behalten.»Möchten Sie etwas trinken?«Ich bestelle ein Wasser, und als der Polizist den Raum verlässt, packe ich zwei der Kassetten in den Stapel derer, die wir schon gesichtet haben. Sie beinhalten solche

Bilder, nach denen sie wahrscheinlich am ehesten Ausschau halten: das brennende Tranquillo, Erzählungen von dramatischen Fluchtwegen und die Polizeiwillkür der Maghrebiner. Einige sind auf ihren Deckeln bereits mit unverfänglichen Beschriftungen versehen wie »Tipasa Wermutsträucher«, »Oran Zitronen« und »Chlef , Wadi Chelif«. Der Kommissar legt sie, als er zurückkommt, ungesehen auf den Stapel der gesichteten Bänder.

Die restlichen sieben Bänder schauen wir uns weiter an, und er bittet mich nur ein einziges Mal, die Stopptaste zu drücken, als er einen Algerier sprechen sieht. Er fragt mich, ob ich nicht wisse, dass man gläubige Muslime nicht drehen dürfe? Dieser Mann sei kein Gläubiger, also solle ich mir überlegen, ob ich ihn unsere Arbeit einbeziehen wolle. Er will wissen, ob Mohamed mir die Subsaharier gezeigt habe und was ich von ihnen gesehen habe? Ich stelle mich dumm und frustriert. Bis heute wisse ich nicht, wie mein Protagonist einst gelebt habe. Ob er mir nicht mit Informationen weiterhelfen könne? Der Hauptkommissar lacht höhnisch. Sie hätten überhaupt kein Recht, hier zu sein, die armen Hunde. Warum mein Wegbegleiter nicht mit mir im Bus gesessen habe, will er noch wissen. Ich muss seinen Namen nennen und mache darüber falsche Angaben. Ich behaupte, er würde in den kommenden Tagen per Bus zurückkehren in seine Heimat, wo er heute als landwirtschaftlicher Berater tätig sei. Sie lassen mich ziehen. Ein einziges Band behalten sie zurück: selbstgedrehte Aufnahmen der Migranten aus der Wüste und von den Schmuggeleseln, mit den Grenzwachtürmen im Hintergrund.

Ich schreibe Mohamed eine Mail über die Ereignisse, und der Hotelbesitzer organisiert noch für denselben Nachmittag jemanden, der mich mit seinem Bruder bis Tlemcen bringt. Dort lerne ich am Busbahnhof den Busfahrer Mohammed aus Chlef kennen, der mir zusagt, mich bis dorthin mitzunehmen. Die

Nacht auf den zweiten Feiertag könne ich auf seinem Hof verbringen. Früh am nächsten Morgen könne er mich am heimatlichen Taxibahnhof absetzen und ich mir ein Taxi collectif zum Flughafen von Algier nehmen. Ich muss meinen Flieger unbedingt erwischen, denn mein Visum läuft am zweiten Tag des Opferfests aus – danach wäre ich ein gefundenes Fressen für jeden Grenzbeamten. Mohammed, der eigentlich Taubstummenlehrer ist, sein Geld aber als Busfahrer verdient, bietet mir den Platz hinter sich im Bus an, und ich schlafe die dreistündige Fahrt bis in seine Heimatstadt durch. Von seinem Telefon aus rufe ich Ahmed an, um ein Treffen in Algier zur Übergabe der Kassetten zu planen.

Die Nacht verbringe ich bei Mohammed und seiner Großfamilie auf ihrem Hof nahe Chlef. Wir kommen erst spätabends gegen 23 Uhr dort an. Seine Familie hat ihren ersten Festtagsabend bereits gefeiert und zusammen gegessen. Mohammed, sein jüngerer Bruder und ich teilen uns das »Chtitha mokh«, das Mahl des ersten Feiertags, aus einem Topf, den die Frauen uns bringen. Die Kinder beobachten uns dabei lachend aus einer Ecke des Zimmers. Ich habe keinen Hunger, so müde bin ich von den Erlebnissen der letzten Tage. Trotzdem picke ich ein paar Kichererbsen aus dem deftigen Gericht. Plötzlich prustet eines der Mädchen los: »Weißt du eigentlich, was du da isst?«, lässt sie Mohammeds älteste Tochter übersetzen: »Hirn vom Schaf« – das sei die Spezialität des ersten Festtags.

Nach dem Essen, weit nach Mitternacht, geben sie mir eine Führung über ihren großzügigen Hof. Vorbei am großen Brotofen im Innenhof, neben dem der Hund lebt, dann durch den nach Heu duftenden Kuhstall, in dem uns die Kühe müde fragend anblicken, als das Licht angemacht wird. Ein paar Katzen schlafen im Stroh und die Hühner gackern aufgeregt, als wir uns den Weg an ihnen vorbei in den riesigen Garten voller prachtvoller Orangenbäume bahnen. Daneben befindet sich

Adrar	Oran	**Maghnia**	Oujda	Nador	Europa/
1 370 km		**180 km**	150 km	15 km	Melilla

das Ziegengehege. Vom Innenhof gehen fünf Räume ab, einer für Mohammed und seine Frau, einer für die Frauen und Mädchen, einer für die Männer und Jungen, ein Ess- und ein Wohnzimmer, in dem oft auch Mohammeds Eltern schlafen. Die Kinder wollen mir unbedingt noch den Festtagsbraten für den zweiten Feiertag zeigen und bringen mich durch einen dunklen Gang zur Küche. Dort liegt es, gut genährt, auf dem sauber gewienerten Kachelboden, das Fell schon komplett abgezogen und ohne Kopf:»unser Schaf«, wie sie stolz verkünden.

Bis in die Nacht sitze ich mit der ganzen Familie im Wohnzimmer, das nur mit Matten ausgestattet ist, und muss von meinen Erlebnissen während meines Algerienaufenthalts erzählen. Es ist Mohammeds Mutter, die uns irgendwann ins Bett scheucht –»Seht ihr nicht, ihr fallen die Augen beim Erzählen zu, und in zwei Stunden müssen wir wieder aufstehen.« Mohammeds Ehefrau besteht darauf, mir ihr Ehebett zu überlassen. Meine Proteste nutzen nichts. Immerhin kann ich sie und zwei der Mädchen überzeugen, das Zimmer mit mir zu teilen, und sie schläft mit mir im einzigen Bett des Hauses. Zum Abschied, morgens um vier Uhr, bekomme ich ein Glas frisch gemolkene Ziegenmilch und warmes, in einem Tuch mit lokalen Ornamenten eingewickeltes»khobz dar«, traditionelles Brot aus ihrem Ofen. Mohammed und sein kleiner Bruder bringen mich zum Taxibahnhof, und ich bekomme den vorderen Sitzplatz in einem Taxi collectif direkt zum Flughafen von Algier.

Die Gastfreundschaft, die ich in Algerien erfahren habe, wärmt mir bis heute das Herz. Wohlwissend, dass dies auch an meiner Herkunft liegt. Niemals möchte ich eine Subsaharierin sein, die gezwungen ist, Algerien zu durchqueren.

Mittags bringt Ahmed mir die Kassetten mit dem Filmmaterial aus dem Süden Algeriens am Flughafen vorbei. Während wir auf meinen Rückflug am frühen Nachmittag warten, sitzen wir auf der Rückbank seines Autos und bekleben die noch unbeschrifteten Bänder mit den Namen touristischer Orte Algeriens. Am Flughafen ist am zweiten Festtag kaum Betrieb. Ohne Hindernisse passiere ich die beiden Kontrollpunkte am Flughafen und sitze, mit all den Tapes und einem immer noch warmen Brot im Handgepäck, wenig später an Bord der Air-Algérie-Maschine nach Frankfurt am Main.

Marokko – in der Warteschleife vor Europa

Mohamed lebt in seinem neuen *Tranquillo* weiterhin im Grenzgebiet zwischen Maghnia und Oujda, aber nun hoch oben in den Bergen in den Pinienwäldern auf marokkanischer Seite. Die Bewohner des *Tranquillos*, in dem er lebt, haben sich diesmal nicht nach Nationalität, sondern aufgrund von Sympathien zusammengetan. Die kleine Gruppe besteht überwiegend aus Kamerunern und Maliern. Mohamed versucht, seine Überfahrt weiterhin durch das Hüten von Schafen und durch Maurer- und Handlangerjobs auf Baustellen sowie bei der Weinbeerenernte zu verdienen. Dadurch, dass er sich nun in den hochgelegenen Wäldern versteckt, liegen seine Arbeitsstellen zu Fuß mindestens eine Dreiviertelstunde entfernt.

Währenddessen, es ist mittlerweile Frühjahr, versuchen mehrfach Schlauchboote, die Straße von Gibraltar zu überqueren. Geflüchtete, die schwimmen können, umgehen so die Zäune zu Melilla und Ceuta oder lassen sich dabei von jemandem, der schwimmen kann, ins Schlepptau nehmen. Auch organisieren sich die Communities zunehmend, um die Zäune zu stürmen, da die Wahrscheinlichkeit so höher ist, dass es zumindest einige von ihnen bis ins Aufnahmelager der spanischen Enklaven schaffen können. Die Polizei wiederum stört sie beinahe wöchentlich in ihren Unterkünften und brennt sie früh im Morgengrauen ab. Die Mails von Migranten in meinem Postfach mehren sich, die nach erfolglosen Versuchen, nach Europa zu gelangen, über das brutale Vorgehen der Polizei berichten: Vielen würden bei den Abschiebungen ins Grenzgebiet zu Algerien nicht nur die Schuhe abgenommen, sondern auch die Gelenke gebrochen, um ihnen die Rückkehr auf marokkanisches Territorium zu erschweren. Frontex-Beamte unter dem Deckmantel der Guardia Civil würden den marokkanischen Grenzbeamten Whiskey und Geld geben im Austausch gegen jeden Geflüchteten, den diese, obwohl er in den Enklaven schon auf europäischem Territorium ist, mit zurück nach Marokko nähmen. Mohamed schreibt, er versuche Leidensgenossen zu finden, die sich mit ihm ein Boot, das noch an der algerischen Küste ablegen soll, teilen wollen. Er habe einen algerischen Fischer kennengelernt, der aufgrund der europäischen Fangflotten im Mittelmeer kaum mehr genügend Fische zum Überleben fange und der bereit sei, sein Boot und seine Seekenntnisse für eine Überfahrt zur Verfügung zu stellen. Das komme ihn billiger als die geplante *connexion* mit dem Auto, vor allem, wenn er den *convoi* der Übersetzenden selbst organisiere.

Ich sitze in Berlin und verbringe drei Wochen mit dem Versuch, die Presseabteilungen großer deutscher Sportartikelhersteller davon zu überzeugen, mir Turnschuhe und Fußbälle für ein Dokumentarfilmprojekt zu sponsern. Wir schneiden nun den Algeriendrehteil und versuchen weiter, eine Förderung für das Projekt zu bekommen. Dieses Jahr haben die Absagen der Fernsehanstalten und Filmförderer andere Gründe: Wer wolle denn noch eine weitere tragische Geschichte von Menschen hören, die auf dem Weg nach Europa seien? Die Dokumentarfilmslots der Fernsehanstalten seien knapp bemessen und die Zuschauer würden sich lieber Dokumentarfilme über Tiere oder Wissenschaften angucken. »Nicht noch so einen frustrierenden Film«, wie es eine der Redakteurinnen am Telefon ausdrückt. Die Intention der Regisseurin, die Geflüchteten als Individuen zu zeigen und nicht, wie das Gros der Medien, als eine »Masse, die Europa stürmt«, sei zwar »interessant«, aber: »Bitte nicht noch einen Film zu diesem Thema!.«

Ich möchte verzweifeln und will das Desinteresse meiner sich im Wohlstand labenden Mitbürger mit ihren veritablen Luxusproblemen, die ihren Lebensstandard längst nicht mehr zu schätzen wissen, nicht wahrhaben. Schon gar nicht in dem Wissen, wie hilfsbereit und offen mich die Flüchtenden trotz ihres Überlebenskampfs bei meinem Vorhaben unterstützen, während Medien und Politik bei uns nichts anderes versuchen, als eine Distanz herzustellen, die es de facto nicht gibt. Meine Mitbewohnerin regt sich auf, als ich säckeweise warme Militärklamotten von einem Kreuzberger Designer, der ehemals einen Second-Hand-Laden betrieben hat, abhole, um sie den Migranten zu schicken – sie nennt es »einen Tropfen auf dem heißen Stein« und fragt: »Was soll das denn bringen?« Genauso die Jungjuristin von einer der Berliner Anlaufstellen für Asylsuchende, einer angeblichen Hilfsstelle für Geflüchtete, die ich am Apparat habe und die ihre Reaktion nach langem Schweigen entschuldigt: »Wir können eben nicht alle aufnehmen.«

Meine Idee, Berliner Designer anzurufen, an ihre Multiethnizität und Solidarität zu appellieren und zu fragen, ob sie nicht ausrangierte Klamotten an Migranten, die nicht mal Schuhe hätten, spenden möchten, scheint immerhin erfolgreicher zu sein als meine Anrufe bei H&M, Puma und Adidas. Die Pressesprecher der beiden Sportartikelhersteller lassen mich auf meine Anfrage nach aussortierten Sneakermodellen und Lederfußbällen wissen, lieber verdienten sie an diesen noch fünf Euro in ihren Outletstores in Herzogenaurach. Ihre Schuhe für Emigranten, die in Wäldern lebten? Das würde dem Image ihrer Marke schaden und könnte ihnen langfristig Geschäftseinbrüche aus Prestigegründen bescheren. Fassungslos und beschämt füge ich am Ende dieser Telefonate an, dass sie wohl nicht wüssten, wie viele qualitativ teilweise bessere taiwanesische Fälschungen ihrer Marken im Maghreb von diesen Menschen getragen würden. Tränen der Wut laufen mir nach ihren Absagen über das Gesicht – und noch stärker als vorher widern mich die hochauflösenden Adidas-Plakate ihrer »People of Colour«-Werbekampagnen für internationale Sportereignisse und junge »mixed raced«-Nachwuchsspitzensportler an, in denen sie Multiethnizität und Toleranz feiern und die sie angeblich fördern.

Sehr berührt mich hingegen die Reaktion eines Männermode-Designers aus Berlin-Mitte, der mich einlädt, in seinem Lager zu stöbern, und entschuldigend anmerkt, die Kleidungsstücke seien allerdings wegen kleiner Fehler aussortiert. »Wenn es die Geflüchteten nicht stört, Fehler in den Nähten zu haben, nimm gerne alles mit. Warm sind die Pullover und Hosen auf jeden Fall. Wir benutzen für all unsere Kollektionen ausschließlich Tweed und Merinowolle.« Und auch der betagte Hanseate, der ein alteingesessenes Haus für Seemannskleidung leitet, macht mir Hoffnung: »Schicken Sie mir das Konzept Ihres Films und Ihre Idee, ich will Ihnen gerne ein paar Seemannspullover zukommen lassen, wenn es mir gefällt. Frieren sollte doch niemand!« Keine zwei Wochen später trifft ein kiloschweres Paket mit Seemannspullovern und Troyern bei mir ein, dazu eine Karte: »Meine Tochter hat vor einigen Jahren mit Straßenkindern in Algerien gearbeitet. Ich weiß, dass es schon ihnen sehr schlecht geht. Wie soll es da erst den Einwanderern gehen?«

Das bestätigt mich einmal mehr in der Notwendigkeit, persönliche Verbindungen beziehungsweise Nähe zu schaffen. Sobald einen die Lebensgeschichten von Individuen berühren oder betreffen, beginnt man, die Inhumanität unserer Politik in Frage zu stellen.

Zurück im Maghreb

Ich mache einen weiteren Spielfilmdreh, bin aber mit den Gedanken schon lange in Algerien, da kommt die gute Nachricht: Der Rohschnitt des bisher gedrehten Materials hat uns von der Stiftung Menschenwürde und Arbeitswelt aus Berlin finanzielle Unterstützung beschert, und gemeinsam mit den vom Produzenten Max und von mir eingebrachten Eigenmitteln (wie die Förderungen diese Posten in ihren Anträgen titulieren) ist meine Abreise für Ende April 2008 gesichert. Ich fliege für unter hundert Euro nach Nador, in die angrenzende Stadt zur spanischen Enklave Melilla. Die erste Mail, die ich in Oujda in einem Internetcafé abrufe, kommt von dem Kameruner Eric. Er war der Kommissar aus dem Ghetto der Kameruner nahe Djamels Haus, dem ich meine nahende Ankunft angekündigt habe.

Er schreibt, seine Gruppe hatte mit einem Zodiac versucht, vom marokkanischen Al Hoceima aus die Straße von Gibraltar zu überqueren. Das Boot sei auf dem ruhigen Wasser nach neun Stunden Fahrt in internationalem Hoheitsgewässer vom marokkanischen Militär attackiert worden. Mit ihrem viel größeren Boot versuchte der marokkanische Grenzschutz, ihr Schlauchboot durch das Schlagen von Wellen auf marokkanisches Seegebiet zurückzudrängen beziehungsweise kentern zu lassen. Nachdem dieser Versuch misslungen war, seien sie sehr nah an das Schlauchboot herangefahren und hätten vorgegeben, den Beninern, Zentralafrikanern, Kamerunern und Nigerianern helfen zu wollen. Als sie in Reichweite des Schlauchboot waren, hätten sie mit Messern darauf eingestochen und mit Gummigeschossen gezielt auf den Motor geschossen. Ihr Pfefferspray habe den Insassen, denen ihre eingerissene Haut schon vom Salz des Meerwassers schmerzte, ihren Atem geraubt. Während europäische Tanker mit gehissten Flaggen in Sichtweite auf internationalem Gewässer ungerührt ihren Seeweg eingehalten hätten, seien die Marokkaner in ihr Hoheitsgebiet zurückgekehrt und hätten die Passagiere des Zodiacs ihrem Schicksal überlassen. Ein Zentralafrikaner, den die *connexion men* beim Ablegen des Bootes mit ihren Knüppeln malträtiert hätten, als ihn plötzlich Angst ergriffen hatte, habe seine dreijährige Tochter bis an die Küste rückenschwimmend auf seinem Bauch transportiert. Eine Kamerunerin hätten sie ins Schlepptau genommen, da sie zu schwach gewesen sei, noch zu schwimmen. Sie sei am Strand von Marokko gestorben, wo die marokkanische Polizei die *bruleurs* in aller Seelenruhe und tatenlos erwartete.

Noch am selben Abend seien sie in einem Bus zurück an die marokkanische Grenze geschoben worden. Im Wagen habe man ihnen ihre Handys und Kleider abgenommen und sie beschimpft. Splitternackt seien sie im Grenzgebiet zu Algerien ausgesetzt worden. Die Frauen habe man begrapscht und bespuckt, während die Männer einer nach dem anderen von jeweils zwei Polizisten festgehalten und von einem Dritten zusammengeschlagen worden seien. Kinder zwang man zum bewussten Zusehen: »Damit ihr nie die gleichen Dummheiten wie eure Eltern begeht!«

Ich sitze heulend im Internetcafé, woraufhin mich die beiden Jungs an der Theke einladen, ihr Couscous mit ihnen zu teilen. Was mich zusätzlich in Rage bringt, weiß ich doch, dass mir diese Herzlichkeit vor allem aufgrund meiner Hautfarbe entgegenschlägt. Mein Weltbild ist längst aus den Fugen geraten. Ich lehne ihr Angebot ab und ahne, als ich in meine Herberge zurückstolpere, dass der mir bevorstehende Teil der Dreharbeiten noch schmerzhafter wird als die bereits hinter mir liegenden. Ich glaubte immer, ich sei auf den nächsten Transitort meiner Protagonisten vorbereitet – und war es doch niemals.

Ich treffe den Initiator der einzigen NGO, die sich im Nordosten Marokkos auf die Unterstützung der »Sans-Papiers« spezialisiert hat. Ihr Büro ist das regelmäßige Ziel von systematischen Durchsuchungen von Polizei und Geheimdienst und mit zusätzlichen Gitterstäben vor Fenster- und Eingangstür versehen. Sie versuchen Geflüchteten zu helfen, indem sie ihnen Zugang zu Kleidern, Medikamenten und Plastikplanen für ihre *Tranquillos* oder Decken gegen die Kälte verschaffen. Sie besuchen die Ghettos im Wald, um sich ein Bild der prekären Situation zu machen. Vor allem Mütter und im Wald geborene Kinder versuchen sie zu unterstützen, da die Kinder weder ein Recht auf einen Pass noch auf medizinische Betreuung haben. Ganz zu schweigen von der Möglichkeit, zur Schule zu gehen. Oft dient ihre Organisation auch Journalisten aus Europa als Ansprechpartner, die über die Lage der Subsaharier im Grenzgebiet und rund um die marokkanische Grenzstadt Oujda schreiben wollen.

Ihr Chef Hicham verspricht mir, das von mir gedrehte Material für die Dauer der Dreharbeiten in ihrem Safe zu lagern. Er ist es auch, der mich später mit einem Automafia-Taxifahrer in den Wald zu einer Gruppe von Nigerianern bringt. Diese erzählen mir, nachdem er sich längst verabschiedet hat, dass die NGO sie nicht nur unterstützen würde. Oft würden sie deren Hilfe benötigen, aber es gehe niemand ans Telefon, wenn sie dort anriefen. Sie würden, gerade was die medizinische Versorgung betrifft, oft vertröstet werden. Plastikplanen und Kleidung gebe es nur sehr sporadisch. Sie hätten das Gefühl, die Mitarbeiter würden sich vor allem mit ihren Taten schmücken und Kontakt zu Europa suchen. Der Chef würde sicherlich an ihrem Elend hier im Grenzgebiet verdienen, und manchmal hätten sie das Gefühl, er würde, genau wie die »Ärzte ohne Grenzen«, mit den lokalen Behörden zusammenarbeiten. Zu oft gebe es Polizeirazzien im Wald ausgerechnet an dem Morgen nach einem NGO-Besuch oder Einsatz der »Ärzte ohne Grenzen«.

Bamako   Markala   Gao
                             2850 km

Eine Woche lang spaziere ich täglich eineinhalb Stunden in die Wälder hinter dem Universitätscampus von Oujda. Und eineinhalb Stunden zurück. Die Ghettos der Communities ziehen sich von Maghnia bis Oujda. Ich lerne die Einwohner der Ghettos der Malier, Senegalesen, Kongolesen und Liberianer kennen. Vor den Nigerianern solle ich mich in Acht nehmen, werde ich gewarnt. Sie hätten derzeit den Vorsitz ihrer selbsternannten ECOWAS der Geflüchteten inne und hätten somit das Sagen über die multinationalen Migrantengemeinschaften rund um Oujda, während in Maghnia die frankophonen Communities regierten. Erst Wochen nach meiner Ankunft begreife ich, dass die Straße, die zum Universitätscampus hinaufführt, informell ebenfalls unter den Gemeinschaften aufgeteilt ist. Die Nigerianer halten ihre Stellung vor den marokkanischen Boutiquen, mit deren Inhabern sie zusammenarbeiten oder vor denen sie die Zeit totschlagen, im unteren Teil. Mittig befinden sich die Ghanaer, und weiter oben teilen sich die Kameruner und die Kongolesen die Straße in Abschnitte auf.

Der Campus der Uni gilt als Sicherheitszone für Subsaharier. An der Uni selbst studieren West- und Ostafrikaner, die die Geflüchteten, soweit es ihnen möglich ist, unterstützen. Die Uni hat beschlossen, den Abgeschobenen ein Ort der vorübergehenden Ruhe zu sein, und so ist es ihnen gestattet, sich auf dem Unigelände aufzuhalten. Die Polizei wagt den Campus nur in den Sommermonaten zu stürmen, wenn die Studenten in den Semesterferien sind. Daher versuchen alle Subsaharier, die Sommermonate wenn nicht auf den Pirogen auf dem Weg nach Europa, so doch entweder im algerischen Teil des Grenzgebiets oder in den Vierteln G5, Takadoum und Youssoufia in Rabat oder Oulfa, Essekouila oder Hay Mohammedi in Casablanca zu verbringen, wo sie zumindest teilweise untertauchen können und deren Armut sie vor Angriffen schützt.

Eines Abends lerne ich Laftih kennen, als ich mich in den Wäldern auf dem Rückweg aus einem der Ghettos verirre. Laftih ist seit meinen Begegnungen mit Salih und Fogo in Mali der erste Ostafrikaner, der mir auf dieser westlichen Flüchtlingsroute begegnet. »Frag mich nicht nach meinem Abenteuer, ich verspüre nicht die geringste Lust, darüber zu sprechen«, lässt er mich wissen. Auf dem Weg durch die Dämmerung und aus dem Wald heraus erzählt er mir dennoch seine Vergangenheit und lehrt mich einiges darüber, wie ambivalent unsere Politik ist. Eine Politik, die ohne Rücksicht auf menschliche Verluste und humanitäre Katastrophen anderen Staaten mit anderen gesellschaftlichen Strukturen ihr Wirtschaftssystem aufzwingt.

Laftih ist der zweitälteste Sohn einer Nomadenfamilie des Oromo-Borana-Stamms, der durch die semiariden und ariden Gebiete Äthiopiens, Nordkenias und Somalias zieht. Jahrzehntelang hielt sein Clan sich im Süden Äthiopiens im Oromia-Gebiet an der Grenze zu Nordkenia auf. In traditioneller Lebensweise zog sein Stamm durch die wüstenähnlichen Gebiete, unabhängig von Grenzen, um genug Wasser und fruchtbaren Weidegrund für seine Kamele, Schafe und Ziegen zu finden und als Selbstversorger zu (über)leben. Laftihs Vater Abdoulah hat als Jugendlicher in den Siebzigern die große Hungersnot in Äthiopien und Mitte der Achtziger auch die größte Dürre des Landes, die sein Volk jemals mitbekommen hat, überlebt. In dieser Zeit, 1984, wurde Laftih geboren, als sein Volk gerade beschlossen hatte, seine Wanderbewegungen von Äthiopien in den Norden Kenias in das Solole-Gebiet um North Horr zu verlagern. Drei Viertel ihres Tierbestands hatten sie damals aufgrund von Desertifikation und Wassermangel bereits verloren. Als Laftih fünfzehn Jahre alt war, konnte sein Stamm wegen der teilweise jahrelang ausbleibenden Regenzeit nicht mehr überleben. Zu unregelmäßig kam der Regen, und so tauschten sie den Großteil ihrer verbliebenen Tiere (deren Milch und Fleisch sie schon lange nicht mehr sättigten) gegen Hirse und Maissäcke. Doch der Wert ihrer Tiere war wegen der anhaltend steigenden Temperaturen innerhalb weniger Jahre auf ein Drittel gefallen, während die Hirsepreise auch aufgrund der Getreidesubventionen und Importe aus Brasilien und Indien um ein Dreifaches gestiegen waren. Sie ernährten sich zwei Trockenzeiten lang einzig von Wildfrüchten. Wasser- und Futtermangel bedeuteten das Ende ihrer nomadischen Lebensweise. Sein Vater beschloss, den Clan im Solole-Gebiet nahe dem Marsabit-Wald anzusiedeln, es mit Agroforstwirtschaft zu versuchen und mit dem Anbau von Hirse und Maniok zu überleben. Doch es kam zu Konflikten mit den sesshaften Bauern um das wenige fruchtbare Ackerland und den beschränkten Wasserzugang. Wenn der ersehnte Regen kam, spülte er sintflutartig Böden weg. Von den sich verringernden Ernteerträgen konnte sein Stamm nicht mehr überleben. 2002 starb Laftihs älterer Bruder Tahir während der Regenzeit an Dengue-Fieber oder Malaria. Die Rodung großer Teile des Waldes führte zusätzlich zu einem Temperaturanstieg sowie zur irreversiblen Schädigung und Erosion ihrer Böden.

Laftih floh in einen der informellen Slums Nairobis. Er hatte vor, dort Englisch zu lernen und einen Schulabschluss zu machen, um irgendwann Tierarzt werden zu können. Doch in Kenias Slums, die schon zu Zeiten der britischen Kolonialherrschaft vom Zentrum Nairobis abgeschnitten waren, gab es einen Mangel an Trinkwasser und keinerlei Hygieneversorgung, von Bildungsmöglichkeiten für deren Einwohner ganz zu schweigen. 2005 bedrohte eine Dürre in Kenia seinen Stamm erneut. Laftihs Vater Abdoulah und alle Tiere starben. Da beschloss Laftih, über den Sudan ins reiche Libyen zu ziehen. Die Lebensweise und kulturellen Traditionen dort schienen ihm vertraut zu sein. Der Sudan selbst sei leider viel zu zerrüttet von Kämpfen um Rohölvorkommen und von Rebellenkriegen zwischen Warlords, die junge Männer wie ihn für ihre Interessen zwangsrekrutieren würden. Im libyschen Ghat hat er Brüder kennengelernt, die ihm wegen des Rassismus gegenüber Subsahariern abrieten, dort zu bleiben, und so sei er mit ihnen über Djanet nach Algerien gekommen. Wegen einer Abschiebung durch die algerische Gendarmerie ist er dann in Adrar gelandet. Von dort hat er sich hierher ins algerisch-marokkanische Grenzgebiet begeben, wo er seit zwei Jahren festhängt.

Polizeirazzia und Automafiacafé

Mohamed lässt mir ausrichten, ich solle baldmöglichst meine Tour zu ihrem Ghetto Richtung Maghnia planen. »Ein paar von uns leben hier zusammen, weil wir es entspannt mögen. Wir haben alle den gleichen Musikgeschmack: Bob Marley, Tiken Jah Fakoly ...«

Eine Woche nach meiner Ankunft werden frühmorgens, noch bevor der Muezzin das erste Mal zum *Fajr*-Gebet ruft, die Ghettos der Malier, der Guineer und der Burkiner abgebrannt. Als ich vormittags in der Straße zur Uni erscheine, kommen mir wütende Einwohner entgegen. Sie tragen keine Schuhe, nicht einmal Flipflops, nur dicke Wintermäntel auf ihrer nackten Haut. Ob ich mit der Polizei zusammenarbeite? Ob sie mich nicht gewarnt hätten, der NGO-Chef verrate sie an die lokalen Behörden? Heute früh um vier seien sie geweckt worden, die Polizei habe sich an ihre Ghettos herangeschlichen und sie niedergebrannt. Dank eines ihrer Polizisten, des Wächters aus ihrer Community, habe ein Großteil flüchten können, aber manche von ihnen hätten ihr gesamtes Hab und Gut verloren, hätten keine Zeit gehabt, es mitzunehmen. Nun sähe ich, wie es ihnen täglich ergehe! Ob ich mich nicht schuldig fühle? »Hilf uns wenigstens, neue Plastikplanen zu finden. Sonst haben wir kein Dach mehr über dem Kopf.« Die NGO gehe schon wieder nicht ans Telefon, ein eindeutiges Zeichen ihrer Komplizenschaft mit den Autoritäten Oujdas.

Ich übergebe ihnen die Tüten Obst, Gemüse und Brot, die ich in der Medina für sie gekauft habe. Zusammen setzen wir uns auf die Bank in einem Gärtchen an der Zufahrtsstraße zur Uni, das sie für schützend genug halten. Das schlechte Gewissen, ich könne Schuld sein, weil ich die behördliche Aufmerksamkeit auf die ohnehin polizeigeplagten Wälder gelenkt haben könnte, legt sich wie ein bleierner Schleier über mich. Einmal mehr zweifle ich an meinem Vorhaben: Habe ich ungewollt irgendeine ihrer Regeln missachtet? War ich zu auffällig?

Angehörige der kongolesischen Gemeinschaft, die ich aus den Wäldern kenne, kommen vorbei und erkundigen sich nach dem Grund unseres Sit-ins. Sie beschimpfen die Malier als undankbar, hätte ich ihnen beim Dreh bisher nicht ihr Essen und ihre Zigaretten gezahlt? Die Malier und Senegalesen schieben ab, nicht ohne sich vorher von mir versprechen zu lassen, ihnen noch vor heute Abend Planen zu besorgen. Die Kongolesen reden auf mich ein, ich könne ja wohl wegen eines Zwischenfalls wie diesem nicht mein Vorhaben aufgeben. Ihnen gefalle die Idee meines Films. Opfer müssten gebracht werden, Polizeirazzien gebe es mehrmals im Monat.»Glaub ihnen nicht, sie wollen nur von dir profitieren und sich mit deiner Hilfe neue *Tranquillos* errichten.« Sie schlagen mir vor, mit ihrer Community zu drehen, dort einen weiteren Protagonisten zu suchen. Schließlich suche ich doch noch nach jemandem aus dem»zentraleren« Afrika. Ich danke ihnen für die Aufmunterung, trotzdem nagen weiter Zweifel an mir.

Den Nachmittag verbringe ich mit Jajah, einem Taxifahrer, der tagsüber die Einwohner und Touristen Marokkos, in den frühen Morgen- und späten Abendstunden aber die Durchrei-

Polizeirazzia und Automafiacafé **225**

Adrar		Oran	Maghnia	**Oujda**	Nador	Europa/
1 370 km			180 km	**150 km**	15 km	Melilla

senden fährt. Auf Abruf kann man mit ihm, sofern er einen kennt, auch die Ränder der Wälder Richtung Grenze erreichen. Er bringt mich zu einem seiner Bekannten in der Medina, der in seiner Boutique Meterware Plastikplane vom Ballen verkauft. In einem Second-Hand-Shop am Stadtrand, an dessen Eingang ein handgeschriebenes Pappschild den Verkauf von »Markenartikeln aus Europa, zweiter Hand« verspricht, erstehe ich den kompletten Lagerbestand an alten Militärdecken. Am Fenster klebt ein Humana-Aufkleber, und ich ärgere mich, diesen Laden auch noch zu unterstützen; Europäer werfen ihre Klamotten von Chiemsee, Diesel oder Benetton nichtsahnend in einen Altkleidercontainer, und die hiesige Bevölkerung muss für die alten Kleider dann nicht wenig Geld bezahlen. Ausgerechnet an ihnen bleiben die Zollkosten, um die Ware auf ihren Kontinent zu importieren, hängen.

Anschließend nimmt Jajah mich mit in ein Café. Allzu groß ist meine Überraschung nicht, als ich Mustapha, den schmierigen Automafiafahrer aus Algerien, an einem der Tische sitzen sehe. Das Café ähnelt einem Wiener Kaffeehaus. Es hat zwei Etagen, eine Empore und eine üppige Deckenleuchte. Neben riesigen Spiegeln befinden sich orientalische Ornamente an den Wänden, der einzige Hinweis auf den Ort des Cafés. Der sandfarbene Samt an den Stühlen ist schon abgewetzt, die Holzfassungen der Marmortische und der Parkettboden abgeblättert. Es befinden sich ausschließlich Männer hier. Die meisten scheinen sich untereinander zu kennen. An der Bar sitzen zwei Gendarmen in Uniform, auf dem Balkon eine saudische Großfamilie, deren betuchter Vater vor der Tür im Schutz der Sonnenschirme eine Zigarette raucht.

Wir trinken einen Orangensaft, und während die Orangenpresse lärmt, flüstert Jajah mir zu, dies sei das Café der Taxifahrer. Egal, ob mit oder ohne Papiere, hier würden Fahrten für jedermann besprochen. Mein Atem stockt, als ich vor der Tür

Bamako   Markala   Gao
                                 2 850 km

ein anderes mir bekanntes Gesicht sehe. William, der Korpulenteste des kleinen Ghettos der Igbo, die sich bereit erklärt hatten, sich drehen zu lassen. Er hatte mir erzählt, dass er aus seiner Heimat, Cross River State im Südosten Nigerias, nicht wegen ethnischer oder religiöser Unruhen flüchte, sondern weil seine Familie enteignet worden war. Ihr Stückchen Regenwald, von dessen Kautschuk- und Obstbäumen sie lebten, sei von der Regierung an eine Firma aus Singapur verkauft worden, die dort nach Rodung des Waldes eine Palmölplantage hochziehen will. Nun steht er neben dem Saudi und ich bin wie erstarrt. Unweigerlich drehe ich mich zur Bar um, um zu schauen, ob die Gendarmen schon auf ihn aufmerksam geworden sind. Und ich? Was könnte passieren, wenn er bemerkt, dass ich mich hier befinde? Könnte es von Nutzen sein, oder wäre es eher schädlich, wenn er mich hier im Café der Automafiachauffeure sehen würde? Doch William ist so beschäftigt mit seinem Anliegen, dass er gar nicht ins Innere des Cafés blickt. Ich bin fassungslos, dann fällt es mir wie Schuppen von den Augen, und ich begreife endlich, was ihn mitten am Tag dort vor die Tür, mitten in die Sichtbarkeit der Stadt treibt: sein Hunger. Unterwürfig verneigt er sich vor dem Saudi, dankt ihm für seine Münzen. Dann ist er schon wieder weg.

Jerry, der zweite Protagonist

Ich fühle mich bis spät in den Abend hinein wie gelähmt von den heutigen Ereignissen. Jajah ist nach Hause gefahren, um zu Abend zu essen. In drei Stunden sind wir an der Auffahrtsstraße zur Uni verabredet, um die Malier und Senegalesen am Waldrand zu treffen, wo sie den Inhalt aus Jajahs Kofferraum abholen werden. Es ist noch vor 21 Uhr und ich sitze auf dem

Mäuerchen, das das kleine Gärtchen am Straßenende umgibt. Ein Kameruner kommt auf mich zu und verkündet mir, er wolle mit mir sprechen. Ob das jetzt möglich sei? Ich erkläre ihm abwesend, dass heute ein ungelegener Zeitpunkt für ein Gespräch sei. Ich würde jemanden erwarten, und wir hätten noch eine Tour in den Wald vor uns. Er winkt ab.»Okay, um 22 Uhr?« Es ist das erste Mal, dass ich mich nach dem einfachen Zimmer in meiner Herberge sehne. Ich wünsche mir, in Ruhe über die Ereignisse nachdenken zu können, und Max, den Produzenten, um seine Meinung zu fragen. Was sind wir bereit, für eine Idee in Kauf zu nehmen? Wie weit kann und darf man für ein Anliegen gehen? Aber der Mann und seine Renitenz gefallen mir, und so sage ich dem Treffen zu.

Es ist 22.30 Uhr, bis ich von der Tour zurück bin. Von dem Kameruner keine Spur. Die Auffahrtsstraße ist wie leergefegt. Der Großteil der Boutiquen hat geschlossen, einige wenige haben noch offen. Die einzigen Geräusche dringen aus den beiden Bars. Die Straße ist nur noch spärlich beleuchtet, überall fliegt Plastikmüll herum. Ich bin etwas ratlos und laufe Richtung der Lichter und des Gardampfs eines Restaurants. Ein Anfang zwanzigjähriger Kameruner kommt mir entgegen und fragt mich, ob er mir helfen könne? Er siezt mich, und ich erwidere ihm amüsiert, ich würde jemanden suchen. Ich sei zu unserer Verabredung verspätet und fürchte, er sei schon weg. Leider würde ich nicht einmal seinen Namen kennen. Er bittet mich, zum Gärtchen zurückzukehren. Bei dem Mann handle es sich um seinen großen Bruder. Er würde mit ihm sprechen. Wenige Minuten später kommt er zurück und lässt mir ausrichten, ein Treffen heute sei nicht mehr möglich. Aber sein Bruder habe ein Treffen am darauffolgenden Tag um elf Uhr im Gärtchen vorgeschlagen. Dankbar nehme ich den Vorschlag an und winke mir am nahegelegenen Kreisverkehr ein Taxi zu meiner Pension herbei.

Im Pinienwald zwischen Maghnia und Oujda: das »Ghetto Nigeria«

Pünktlich um elf am nächsten Morgen sitzt er neben mir. Er stellt sich als Jerry vor. Er habe gehört, ich würde einen Dokumentarfilm drehen, in dem es in erster Linie um die in Europa sogenannten »Wirtschaftsmigranten« gehe. Er käme aus Kamerun, und wenn ich ihm erkläre, was er von dem Film erwarten könne, habe er großes Interesse, darin mitzuwirken. Ich erkläre ihm, dass ich es satt habe, in europäischen Medien eine Geschichte meist nur aus einer Perspektive präsentiert zu bekommen, nämlich in Form jener besorgten Berichte, die vor einer Masse von Afrikanern warnten, die nach Europa immigrieren. »Von euch als Individuen zu erzählen, euch ein Gesicht zu geben und durch den Schnitt ungesagt meine eigene Meinung in dieser anderen Geschichte, die das Bild jenseits von dominanten Stereotypen ansiedle, klarzustellen – das ist mir wichtig.« Meine eigene gesellschaftskritische Motivation zu manifestieren, dass ein Thema immer viele Facetten habe, dass es immer heterogen sei. Das sei der Grund für den Film.

Ausschlaggebend sei meine Begegnung mit drei jungen Männern im Oktober 2005 gewesen, als ich mich das erste Mal für einen Job in Marokko befand. Damals sind neunzehn Menschen beim Versuch, die spanischen Enklaven Melilla und Ceuta organisiert zu stürmen, von der Guardia Civil erschossen worden. Obwohl unsere Kontinente so nah beieinander liegen, sei mir beim Blick auf das Felsriff von Almería das erste Mal bewusst geworden, welches Privileg es bedeutet, in Europa geboren zu sein. Und was es für die eigene Geschichte bedeuten kann, fünfhundert (oder auch nur fünfzig Kilometer) weiter südlich geboren zu sein. Meine Bekanntschaften hatten damals beschlossen umzudrehen, nachdem sie stille Zeugen geworden waren, wie ihre Brüder von einem Kontinent empfangen wurden, für den zu betreten sie Jahre ihres Lebens bereits unterwegs verbracht hatten, in der Warteschleife vor Europa. Seit Beginn der Dreharbeiten würde mir jede weitere Begegnung meine damals aufkeimende Ahnung nur bestätigen: wie ähnlich nämlich unser aller Erwartungen an das Leben (in Frieden mit der Familie leben, Bildungszugang, ein funktionierendes Gesundheitssystem …) sind.

Jerry schweigt und beobachtet mich aus den Augenwinkeln, während er zu Boden blickt. Nachdem ein paar Minuten verstrichen sind, zieht er einen Packen engst beschriebener Papiere, die von zwei Plastikfolien geschützt werden, aus seiner kleinen Umhängetasche. Dies wolle er publizieren. Es seien seine Erfahrungen aus seiner Heimat, aus dem Leben im Transit und im Exil. Wenn ich ihm dabei behilflich sein könne, könne ich mit seiner Unterstützung rechnen. Zusätzlich brauche er 3 000 Euro für seinen Versuch, nach Europa zu gelangen.

Nachdem er mir erklärt, wofür er das Geld im Detail benötige, schweigen wir beide lange. Ich versuche ihn von der Notwendigkeit meines Vorhabens zu überzeugen und zu erklären, warum ich ihm keine 3 000 Euro zahlen kann. Ich könne ihm Kontakte zu Musikern verschaffen, und er würde, wie Mohamed, einen Vertrag bekommen, der den Protagonisten des

Films zu gleichen Teilen an den Gewinnen beteilige wie das involvierte Team. Vorausgesetzt, der Film spiele Geld ein, was ich nur hoffen könne. Selbstverständlich bekomme er eine Kopie des aufgenommenen Materials von sich.

Er ist nicht zufrieden, aber er will es sich überlegen und schlägt vor, die erste Szene mit ihm könne ich am Nachmittag drehen. Insofern seine Kontrahenten einverstanden seien: Er würde seine Tage damit verbringen, in den Pinienwäldern Karten zu spielen. Dabei könne man, wenn man geschickt sei, genug Geld zum Überleben verdienen. Vor allem, wenn man die Möglichkeit habe, mit den Schleppern zu spielen, die immer Geld in der Tasche hätten. Wir verabreden uns für den Nachmittag, 15 Uhr, an einem Zugangsweg zu dem Wald, der etwa eine Dreiviertelstunde vom Universitätscampus entfernt den Hügel hinauf liegt.

Ich spaziere noch eine Weile durch das Viertel und trinke einen Kaffee in einer der wenigen Souterrain-Bars, die von Subsahariern frequentiert werden. Ein Nigerianer, der vor einer Boutique in eine Diskussion verstrickt ist, gibt mir den Hinweis. Er überrascht mich, als er auf Deutsch »Guten Tag, Fräulein« zischt. Ich ignoriere ihn und gehe weiter, muss aber schmunzeln, als er mir hinterherruft: »Tun Sie doch nicht so, als hätten Sie mich nicht verstanden. Wollen Sie nicht mit mir reden?«

Sidé erzählt mir, er habe lange in Hannover gelebt, sei aber, als seine deutsche Frau sich von ihm habe scheiden lassen, abgeschoben worden nach Nigeria. Trotz eines Jobs, den er bei der Messe Hannover als Putzkraft gehabt habe. Als befänden wir uns in einem Verhör, kramt auch er in seiner kleinen Umhängetasche und holt, säuberlich gefaltet und in einem Buch verwahrt, seinen Arbeitsvertrag heraus. Datiert auf das Jahr 2005; »unbefristeter Arbeitsvertrag« ist dort vermerkt. Fünf Jahre dürfe er nun nicht zurück in den Schengen-Raum. Aber in Nigeria könne er unmöglich bleiben. Als Geologe, mit Schwerpunkt Petrologie, habe er sich gegen die Umweltverschmutzung durch die Öl- und Gasförderung im Nigerdelta gewehrt. Mitte der Neunziger sei er zu Gesteinsforschungszwecken von Kalkstein und Marmor nach Rivers gezogen. Auch, um vor den muslimischen Unruhen im Norden Nigerias zu flüchten, wo er als Igbo einer christlichen Minderheit angehört habe. Als er feststellen musste, dass die Ölförderung die Artenvielfalt in den Mangrovensümpfen vor Ort irreversibel zerstört habe und er seinen Forschungen erst gar nicht nachgehen konnte, habe er sich öffentlich gegen die Politik seiner Regierung gestellt. Seitdem gelte er als Regimekritiker. Dann sei er per Familienzusammenführung nach Deutschland gekommen: »Ich habe so sehr dafür gekämpft, dass Deutschland meine Heimat wird. Habe Deutsch gelernt, immer gearbeitet. Das alles wurde nicht gewürdigt. Man hat mich einfach abgeschoben. Wegen einer Scheidung.«

Ich bin erschüttert über dieses Beispiel postkolonialer Ausbeutung und die rassistischen Machtverhältnisse, die dieser Geschichte innewohnen.

Nachmittags um drei ist an der verabredeten Stelle weit und breit niemand zu sehen. Ich warte eine Stunde, dann versuche ich, Jerry auf seiner Nummer anzurufen. Sein Telefon ist aus. In der Ferne sehe ich zwei Gestalten auf mich zukommen. Aber keinen Jerry. Die beiden entpuppen sich als seine beiden Mitspieler. Zusammen mit ihnen verbringe ich eine weitere Stunde, etwas abseits vom Wald von Al Mosaqui. Nach einer halben Stunde fangen sie in ihrer Sprache an zu diskutieren. Sie bitten mich, mit meinem Telefon einige Anrufe erledigen zu dürfen, um herauszufinden, ob Jerry noch kommen werde. Sie versuchen, ihn an verschiedensten Orten zu erreichen, schimpfen ins Telefon und lassen ihm ausrichten, sie warteten auf ihn. Um 17 Uhr beschließen sie aufzubrechen, es tue ihnen leid, dass die geplante Partie nicht stattfinde. Ob ich ihnen nicht noch jeweils eine Packung Zigaretten spendieren könne? Wir laufen gemeinsam zurück Richtung Boutique, da kommt Jerry außer Atem auf uns zu. Sie diskutieren eine geschlagene halbe Stunde, bis sie ihre Partie verschieben. Als sie ihre drei Packungen Zigaretten haben, schieben sie zusammen ab.

»Businessmen«

Ich beschließe, Mohamed in den Wäldern zu treffen und vorerst keine weiteren Protagonisten zu suchen, ohne ihn dabei um Hilfe zu bitten. Kurz darauf läuft mir ein Kongolese aus der Republik Kongo über den Weg, als ich am Kreisverkehr auf den Bus in die Stadt warte. Er nimmt mich mit in die Wohnung, in der er sich mit einem Freund, einem Veterinärstudenten aus der Zentralafrikanischen Republik, ein Zimmer teilt. Mit dessen Ausweis würde er sich manchmal sogar in die Medina wagen. Er stellt sich als Lamine vor und will mir als Berater zur Seite stehen. Er könne dies aber vor seinen Brüdern nicht verteidigen, weshalb wir einen Pakt abschließen müssten: Ich dürfe niemandem sagen, dass er mich mit Informationen versorge, aber wir könnten uns regelmäßig treffen. Ich werde nicht glauben können, was er mir erzählen werde.

Neunzehn Jahre alt sei er gewesen, als er in Brazzaville aufgebrochen sei. Einzig seine Oma habe noch gelebt und er habe ihr versprochen, ihre Miete zu übernehmen, sobald er es nach Europa geschafft habe. Was ihn allerdings schon beim Verlassen seines Landes erwartet habe, hätte er sich niemals erträumen lassen. Unterwegs habe er solche Schwierigkeiten gehabt, an Geld zu gelangen, dass er sich darauf eingelassen habe, unter die »Businessmänner« zu gehen. Diese könnten in den Staaten des Maghreb besser leben als das Gros ihrer Lei-

»Businessmen« **233**

Adrar
1370 km

Oran

Maghnia **Oujda** Nador Europa/
180 km **150 km** 15 km Melilla

densgenossen. Viele seiner Komplizen, die diesen Weg einge-
schlagen hätten, ließen sich in den Transitländern nieder.
Nachdem sie viel Geld in ihrem Business – was er dann doch
nicht weiter ausführen möchte – verdient hätten, hofften sie,
es sich irgendwann auch leisten zu können, mit eingekauften
oder geliehenen Dokumenten von Diplomatenkindern offiziell nach Europa einzureisen. Sie seien dann jene, die in ihren
Heimatländern mit dem unterwegs verdienten Geld beindru-
ckende Häuser hochziehen lassen würden.

Und sie seien jene,
die später von ihren Feriendomizilen auf Teneriffa oder Patmos ihre Brüder, die die Boote zu nehmen gezwungen seien,
bei deren Ankunft auf europäischem Boden aus sicherer Ent-
fernung beobachten könnten. Ihr Reichtum beruhe auf der
Gier der Araber nach Bargeld, aus der sie Profit schlagen.
Durch ihren Reichtum würden sie jegliches Bild der Flüchtenden verfälschen.

Ich staune und weiß nicht, was ich von Lamine halten soll.
Braucht er jemanden, dem er seine belastende Geschichte erzählen kann? Ist es sein junges Alter, das ihn mir diese Geschichte erzählen lässt, oder will er bei dem Film mitmachen
und nutzt die Geschichte, um mich anzulocken? Ich erkundige mich, aber er schlägt es aus, an dem Dokumentarfilm beteiligt zu sein. Bevor wir uns verabschieden, bittet er mich
noch um Verständnis für das ablehnende Verhalten vieler Migranten.»Du bist nicht die Erste, die hier einen Dokumentarfilm dreht. Es gab schon viele Journalisten, die mit dem Versprechen, einigen meiner Brüder nach Europa zu verhelfen,
mit ihnen in Westafrika aufgebrochen sind. Die sie gebeten
haben, ihnen ihre Fluchtrouten und die Geheimnisse des Weges nach Europa zu offenbaren, und im Gegenzug versprachen, ihnen beim Absprung nach Europa zu helfen.« Diese
Journalisten hätten sich jedoch mit ihrer gemeinsamen Ankunft in Marokko abgesetzt und sich niemals wieder blicken

lassen. Die Geflüchteten befänden sich heute, Jahre später, immer noch hier und würden sich gegen jegliche Komplizenschaft mit Europäern sträuben.

Wiedersehen mit Mohamed

Mohamed hat mir eine Mail geschrieben und kündigt sich für den kommenden Tag in Oujda an. Er würde mich abholen und mit in sein *Tranquillo* nehmen. Ich bin froh, ihn endlich zu sehen und mir den einen oder anderen Ratschlag bei ihm zu holen. Wir sind für den Nachmittag in dem Café der Westafrikaner verabredet. Ich bin schon eine knappe Stunde eher dort und trinke einen Avocado-Milchshake.

Jerry kommt herein, als sei gestern nichts gewesen, und setzt sich zu mir. Er sei bereit, mit mir zu drehen, vorausgesetzt, ich könne ihm etwas Geld leihen. Ich erkläre ihm, dass ich seinen endgültigen Entschluss erwarte und dass ich vorhabe, in den Wäldern von Maghnia zu drehen, wo ich mich im vergangenen Jahr schon befunden habe. Bei dem Projekt mitzumachen bedeute, es wenn möglich bis zum Ende zu unterstützen. Auch wenn mir natürlich bewusst sei, dass sein Vorankommen das Wichtigste sei. Ich würde ihm dabei mit dem Dreh nicht im Weg stehen, aber solange er hier sei, erwarte ich, dass er zu verabredeten Terminen auch komme. Ich würde einen zweiten Protagonisten suchen, der (wie Mohamed in Mali) stellvertretend für die Situation der Migranten in Algerien (genauer: im Grenzgebiet Algerien-Marokko) stehe. Ich könne mir ihn gut vorstellen, da er mir gefalle. Aber ich müsse mich auch auf seine Präsenz und auf seine Ratschläge verlassen können. Er lädt mich ein, am Abend in das Ghetto zu kommen, in dem er sich gerade aufhält. Bei Einbruch der Dunkelheit würden wir uns bei dem Ladenbesitzer treffen, bei dem er ab und an eine

Büchse Sardinen oder einen Sack Reis anschreibe. Kaum ist er weg, steht Mohamed vor mir.

Ich bin so überrumpelt von seinem eingefallenen Äußeren, dass es ein paar Augenblicke dauert, bis ich realisiert habe, was er auf sich genommen hat, um hier anzukommen. Er ist schmal geworden und trägt, wie immer, zwei Jeans übereinander: »Falls eine schmutzig wird oder von Dornen unterwegs zerrissen, komme ich so nie verdreckt in den Orten an. Außerdem spare ich Platz in meiner Umhängetasche.« Sein Gesicht sieht ausgemergelt aus, seine Hände aufgebläht und ausgetrocknet. Er bestellt sich ebenfalls einen Avocado-Shake und raucht im Innenhof eine Zigarette.

Als sein Getränk serviert wird, kommt er zurück, und erst jetzt begrüßen wir uns gebührend. Ich spreche ihm meine Dankbarkeit für sein Kommen aus, fühle mich aber von dem in den letzten Tagen Gehörten so erschlagen, dass ich ihm keine Fragen zu stellen vermag. Schweigend trinken wir unsere Shakes, wie alte Freunde deren Wiedersehen keiner zusätzlichen Worte bedarf.

Ob ich schon neue Protagonisten gefunden hätte, will er wissen. Ich erzähle von Jerry und auch von der Mail, die ich von Eric bekommen habe, den ich ursprünglich einmal als zweiten Protagonisten angedacht hatte. Mohamed erzählt, er hätte ihn getroffen, als in Maghnia Malier gegen Kameruner Fußball gespielt haben. Er sei am Bein verletzt und könne sich kaum fortbewegen, da er bei seiner Abschiebung nach seinem Überfahrtsversuch vom marokkanischen Militär mit Schlagstöcken zusammengeschlagen worden sei. Ein Hieb hätte dabei seine Kniescheibe gequetscht, und wie ich wisse, gebe es in den Wäldern keine medizinische Versorgung für sie. Er lässt mir Grüße von einigen Bekannten meines letzten Aufenthalts ausrichten und schlägt vor, Jerry einzuladen, im gleichen *Tranquillo* wie sie zu wohnen und dort auch zu drehen. Er erklärt: »Wir haben uns wegen unseres Musikgeschmacks gefunden. Wir sind alle schon länger unterwegs, mit mir leben momentan ein Malier und ein weiterer Kameruner.«

Vier Tage später befinde ich mich mit Mohamed und Jerry im Grenzgebiet, geschützt von Pinienwäldern, in einem *Tranquillo* wieder. Jerry hat seinen »Kleinen«, einen Jungen aus dem Südwesten Kameruns, mitgebracht, einen Bakossi. Bonheur heißt er. Bonheur kommt aus einer Akademikerfamilie und wurde mitten in Zeiten der Wirtschaftskrise seines Landes, Ende der achtziger Jahre geboren. Sein Großvater habe aber »au brousse«, auf dem Land, Schafe gehabt. Durch Pfeiftöne habe er sie gewarnt, wenn das Gelände, durch das er sie trieb, für sie gefährlich wurde. Während unseres sechsstündigen Fußmarsches in die Wälder ist er häufig voraus oder parallel zu uns gelaufen und hat uns vor steinigem Gefälle oder tiefen Kratern mit einem Pfeifen gewarnt. Unterwegs haben wir einige Male gehalten, und die Jungs haben die Pausen zum Rauchen genutzt, während Bonheur mir seine Vergangenheit anvertraute.

Seine Eltern, beide Professoren im öffentlichen Dienst, verloren während der Krise nicht nur ihr staatlich subventioniertes Heim, auch ihre Lohnfortzahlungen blieben von einem auf den anderen Tag einfach aus. Da beschloss die Familie, in dem Dorf der Vorfahren eine Kakaoplantage zu bewirtschaften. Die Subsistenzwirtschaft der Eltern ernährte die ganze Familie, mit dem Verkauf der Bohnen wurde das Schulgeld für die Kinder bezahlt. Als Bonheur dreizehn Jahre alt war, kam es aufgrund einer Überproduktion an Kakao aus Kamerun, der Elfenbeinküste und Nigeria zu einer Inflation der Kakaopreise. Die Exportpreise sanken um ein Drittel.

Dazu machten sich erste Ernteausfälle aufgrund von überlangen Trockenzeiten und Desertifikation in seiner Heimat, eigentlich Kameruns regenreichster Region, bemerkbar: »In

Wiedersehen mit Mohamed **237**

Adrar	Oran	Maghnia	**Oujda**	Nador	Europa/
1 370 km		180 km	**150 km**	15 km	Melilla

meiner Kindheit konnte man die Regenzeit auf den Tag genau voraussagen. Doch in meiner Jugend erinnere ich mich an Jahre ohne Regenzeit. In der Trockenzeit verbrannte die Sonne die Setzlinge, der Boden wurde immer unfruchtbarer. Dabei brauchen Kakaobohnen dringend eine regelmäßige und starke Wasserzufuhr. Wenn der Regen endlich kam, spülte er all unsere mühsam erhaltenen Jungpflanzen weg, oder die Keimlinge und Bäume wurden durch Schimmelkrankheiten zerstört. Wir schafften es irgendwann nicht mehr, unsere Jungbäume großzuziehen. Manchmal haben wir uns monatelang nur von Kokosnüssen und Maisbrei ernährt.«

Bonheur machte sein Abitur und schrieb sich für Geologie und Bewässerungstechnik an der Uni in Douala ein. Nach seinem ersten Studienjahr musste er jedoch abgehen, da seine Eltern das Geld, trotz gestiegener Kakaopreise, für Pestizide brauchten, um die Familie über Wasser zu halten. Bonheur fühlte sich nicht mehr wohl bei dem Gedanken, an der Uni zu sitzen, während seine Familie in den Plantagen »mit bloßen Händen« um ihre Existenz kämpfte. Da brach er auf, um sein Studium in Nordafrika weiterzuführen. Da er dort jedoch als Subsaharier ohne Geld nicht studieren kann, hat er nach ein paar Monaten in Algerien zusammen mit anderen Kamerunern beschlossen, seinen Traum in Europa zu verwirklichen. Seine Studienbestätigung trägt er in seiner Umhängetasche immer bei sich. Sie ist, neben seinem abgelaufenen Ausweis, seit fünf Jahren sein kostbarstes Gut.

Während ich langsam außer Atem geraten bin, war ihnen keine Anstrengung anzumerken. Sie lachten, als sie es bemerkten, und erzählten, dass sie selbst an improvisierten Orten ständig trainieren würden: »Jeden Morgen Sit-ups, wir joggen durch den Wald oder boxen, wenn wir nicht zwischen den Bäumen Fußball spielen. Du weißt, wir können uns keinen müden

Körper erlauben. Wir müssen im Maghreb sprungbereit sein, jeden Moment bereit sein, aufzubrechen und zu fliehen.«

Klimamigranten und Umweltflüchtlinge

Bonheur und Laftih (Seite 222) sind nur zwei der vielen Umweltflüchtlinge, denen ich unterwegs begegnet bin. Die Zahl der Schutzsuchenden aus Afrika wird sich Schätzungen zufolge auf zwanzig Millionen erhöhen, wenn Industrie- und Schwellenländer ihre Treibhausgasemissionen nicht drastisch reduzieren. Die wenigsten dieser Geflüchteten werden jedoch nach Europa emigrieren, wo sich ihre Existenz derzeit einzig auf den Streit über ihre Kategorisierung beschränkt.

Die Folgen der globalen Erwärmung spüren die Völker am meisten, die dafür am wenigsten verantwortlich sind, so zum Beispiel jene aus der Sahelzone oder Subsahara-Afrika: Zunehmende Dürren und Desertifikation, das heißt die irreversible Zerstörung der Böden, und das Ausbleiben von Niederschlägen machen eine landwirtschaftliche Nutzung der Böden unmöglich. Die Regenzeiten werden immer unregelmäßiger, und die Weiden ernähren das Vieh nicht mehr. Ganze Flüsse und Landstriche trocknen aus, die Pflanzen verdorren. Kommt der Regen dann zu spät, spült er oft die Saat der ausgedörrten Böden weg, zerstört die spärlichen Ernten sowie Infrastrukturen und gefährdet die Ernährungssicherheit der größtenteils von Subsistenzwirtschaft lebenden Völker. Andernorts versalzt das Grundwasser und erodieren die Böden aufgrund von ansteigenden Fluss- und Meeresspiegeln. Die steigenden Temperaturen und langanhaltenden Trockenzeiten erschweren nicht nur die Landwirtschaft, sondern auch den Zugang zu sauberem Wasser. Die Knappheit von Wasser und landwirtschaftlichen Nutzflächen verschärft bereits bestehende Konflikte beziehungsweise lässt neue entstehen, wodurch noch mehr Menschen zur Flucht verdammt sind. Das Klima ist selten alleiniger Grund der Emigration, sondern nur Multiplikator der existierenden Probleme: Hungersnot der lokalen Bevölkerung, Agrarsubventionen und -spekulationen sowie Ausbeutung von Ressourcen und Landgrabbing durch ausländische Interessengruppen und Staaten. Die meisten kehren nicht mehr zurück, da ihnen für die Rückgewinnung ihres verlorenen Lebensraums die Mittel fehlen.

Der Klimawandel ist eine weltweite Krise – heute und in absehbarer Zukunft. Auf Afrika wird er sich unverhältnismäßig auswirken. Seit Beginn der Industrialisierung ist die globale Durchschnittstemperatur um etwa 0,8 Grad Celsius gestiegen. Es wird geschätzt, dass sich der Temperaturanstieg in Afrika in den kommenden siebzig Jahren verdoppelt – was sich weiter negativ auf Ernteerträge, Biodiversität, Wasserzugang, den Wert des Landes und die Gesundheit der Bewohner auswirken wird. Auslöser hierfür sind die steigenden Treibhausgasemissionen. Es sind in allererster Linie die westlichen Industriestaaten und Schwellenländer, die für diesen Ausstoß verantwortlich sind. Mehr und mehr Gebiete der Erde werden in Zukunft ähnlich heiß und unwirtlich wie die Sahelzone sein.

Umweltveränderungen resultieren aber auch aus lokalen Verschmutzungen und massiven menschlichen Eingriffen in Ökosysteme, etwa durch Rohstoffabbau oder die großflächige Rodung der Wälder, um Platz für agroindustrielle Landwirtschaft zu schaffen und den Bau- und Brennholzbedarf zu decken. Holz ist nach wie vor Afrikas wichtigste Energiequelle und beschleunigt so zusätzlich den Klimawandel. Mit der Zerstörung der tropischen Regenwälder geht eines der wichtigsten Auffangbecken für Treibhausgase verloren. Wertvolles Wasser verdunstet, die Biodiversität gerät aus dem Gleichgewicht. Zusätzlich zerstört das Abbrennen fossiler Brennstoffe wie Kohle, Gas und Öl durch

Bamako   Markala   Gao
                                 2850 km

vor allem ausländische Investoren die lokale Artenvielfalt und ländliche Lebensräume. Die Verwundbarkeit einer Region entscheidet sich, jetzt und künftig, maßgeblich durch ihre Anpassungsfähigkeit – und wo bereits strukturelle Armut herrscht, sind die Kapazitäten, sich an die schleichenden Auswirkungen des Klimawandels anzupassen, beschränkt.

Nach NGO-Quellen verursachen die Menschen in den hundert am meisten vom Klimawandel betroffenen Regionen nur drei Prozent der weltweiten Emissionen an Treibhausgasen. Sie leben in ländlichen Gebieten und ihr Leben ist meist von der Landwirtschaft abhängig. Die wenigsten von ihnen reisen weiter als bis in die Nachbarländer, da weite Reisen den Einsatz von Ressourcen fordern, die ihnen fehlen. Zudem fühlen sie sich den traditionellen Lebensbedingungen kulturell stark verbunden.

Unser dominierender westlicher Lebensstil, der vor allem an Ressourcen und Gütern interessiert ist, ist Hauptursache des Problems. Europa muss die Ausbeutung an Afrikas Bodenschätzen beenden, seinen Ausstoß an klimaschädlichen Gasen verringern und Agrarspekulationen ebenso unterbinden wie seine eigenen Lebensmittelsubventionen. Klimamigranten und Umweltflüchtlinge müssen anerkannt werden und das Recht haben, in Europa Schutz zu erhalten.

Bonheur und Laftih sind Einzelfälle, da Umweltflüchtlingen meist die Möglichkeiten und Mittel fehlen, sich grenzüberschreitend und interkontinental fortzubewegen; die Folgen des Klimawandels treffen marginalisierte und arme Bevölkerungsgruppen am stärksten. Ihre familiären Bindungen und kulturellen Verortungen sind zudem meist so starke Bande, dass sich ihre Migration auch in Zukunft größtenteils auf Binnenflucht beschränken wird und sie Zuflucht in Slums der afrikanischen Megacitys suchen werden.

Adrar
1 370 km

Oran
180 km

Maghnia
150 km

Oujda

Nador
15 km

Europa/
Melilla

»Ohne Geld brauche ich nicht nach Hause zurückzukehren«

Mohamed, der Bambara, Jerry, der Bassa, der Bakossi Bonheur, der Malinke Dambele und der Bakoko Celestine sind in den kommenden Wochen meine Mitbewohner beziehungsweise ich ihre Mitbewohnerin. Jerry und Bonheur sind einzig mit ihren Umhängetaschen, die sie immer bei sich haben, aufgebrochen. Sie sind es gewohnt, Unterkünfte zu wechseln und sich an neue Mitstreiter zu gewöhnen. Die Gewohnheiten sind eigentlich immer dieselben, die wenigen Objekte, die sich in oder um die *Tranquillos* befinden, ebenfalls.

Ihr Ghetto befindet sich in Sichtweite eines weiteren der Kameruner, das aus einem Unterschlupf in einer Höhle besteht. Am Höhleneingang gewährt eine Decke Sichtschutz und Wärme. Unweit, hinter ein paar Bäumen, sind zwei weitere Plastikkonstruktionen von Bantus aus der Demokratischen Republik Kongo, die gebeten haben, nicht gedreht zu werden. Sähen sie die Kamera ein einziges Mal in ihre Richtung gewandt, gäbe es »Ärger«, erklärt ihr Wortführer aus dem Gebiet der großen Seen im Osten, in melodischem Swahili. Zum Sichtschutz haben sie ihre Wäscheleine zwischen den Bäumen umgehängt, und so halten nun auf die Leine gehängte Militärdecken, einige Boxershorts und T-Shirts unseren Blick von ihnen ab.

Von der Kameraperspektive sind wir daher eingeschränkt. In unserem *Tranquillo* stelle ich klar, dass ich ihre Rechnungen bei den Ladeninhabern ihres Vertrauens von Zeit zu Zeit begleichen und das Essen während der Drehtage zahlen werde, ebenso Zigaretten und den einen oder anderen Wein. Sie bevorzugen eine Flasche Whiskey. Ich bitte sie, so zu leben wie immer. Ich würde versuchen, mich anzupassen. Der Kleine, Bonheur, hat hier in etwa die Rolle des Kleinen Mohamed aus Adrar inne. Er ist es, der mit dem Morgengrauen als Erstes aufsteht, um eine Dreiviertelstunde entfernt an einem Brunnen die vier Fünf-Liter-Plastikkanister des Ghettos voller Wasser zu füllen. Wasser, das für dieses kleine Ghetto, wenn überhaupt, soeben über den Tag langt. Es wird zum Zähneputzen, Waschen und Trinken benutzt. Durstig erwarten die anderen ihn meist schon zurück. Sie nutzen das Nass dankbar zum Waschen und Anrühren von Instantkaffee. Einer von ihnen wird morgens eingeteilt, sich um das Essen des Tages zu kümmern, anschließend ziehen sie los, um Arbeit zu suchen.

Wer sich früh morgens an einer der Ausfahrtsstraßen oder den beiden ihnen bekannten Straßenecken befindet, hat die Möglichkeit, bei einem vorbeifahrenden Arbeitgeber einen Tagesjob zu ergattern. Auf solchen Arbeitsstrichen befinden sich in Algerien auch oft die »maquis des africains«, die Anlaufstellen für neue Flüchtlinge, die sich einfinden, um sich bei ihrer Weiterreise, bei der Unterkunfts- und Arbeitssuche helfen zu lassen. Vereinzelt werden auf den Arbeitsstrichen auch qualifizierte Arbeiter wie Schneider, Tischler, Polsterer oder Mechaniker gesucht. Sobald jedoch zu viele Subsaharier an einer Stelle warten, laufen sie Gefahr, entdeckt und unvermittelt abgeschoben zu werden.

Sich im Ghetto um das Essen zu kümmern bedeutet oft, betteln gehen zu müssen. Am erfolgreichsten kehren sie vor allem freitags zurück. An diesem Tag besuchen gläubige Muslime vor oder nach dem Mittagsgebet ihre Ahnen auf dem Friedhof und spenden dort großzügig an Hilfebedürftige. Wenn selbst das Betteln nichts einbringt, wagen sie sich zum Ende der Marktzeiten in die Medina und erbetteln die Reste vom Obst oder sammeln liegengebliebenes, meist schon fauliges Gemüse ein. Im Notfall schreiben sie einen weiteren Sack Reis, eine Packung Spaghetti oder eine Büchse Tomaten bei ihrem Boutiquier an. Das kann der Algerier sein, der in der Garage seines Hofs eine kleine Boutique mit horrenden Preisen betreibt; jener, bei dem die Mitglieder ihrer Gemeinschaft ihr erarbeitetes oder zugeschicktes Geld gegen hohe Zinsen verwahren; oder jener, der den beiden Schleppern, die seine Überfahrt organisieren, die zweite Hälfte des Geldes auszahlt, sobald der Reisende von Europa aus anruft und bestätigt hat, dass er angekommen ist. Die erste Hälfte muss grundsätzlich in bar beim Chairman beziehungsweise dem subsaharischen Schlepper angezahlt werden und wird vom Schatzmeister der Gemeinschaft überprüft und entgegengenommen.

Eines Mittags erzählt Dambele, er würde nur noch auf den passenden Moment warten umzudrehen. Seit sieben Monaten habe er keinen Reis mit Erdnusssoße mehr gegessen, keinen einzigen Tee ohne eine Spur von Sorge und Wehmut genossen. Und die Mädchen, mit denen man in Mali an den Wochenenden nach dem Essen zusammen die Teeaufgüsse genieße, plaudere und dann einen Spaziergang am Niger entlang oder eine Spritztour mit dem Mofa mache, die würden ihm auch fehlen, trotz der strukturellen Armut zu Hause.

»Sieben Monate?« Mohamed und die anderen gucken ihn amüsiert an. »Das ist doch nichts«, erwidert Mohamed. Das erste Mal und erst sieben Monate unterwegs? »Schau dir unsere Brüder an! Sie sind teilweise seit zehn Jahren unterwegs! Von uns hier ist kaum jemand unter vier Jahren ›en aventure!‹ Courage, Dambele!«

Jerry versucht, ihm Mut zuzusprechen, indem er ihm anvertraut, er sei bereits über vierzehnmal von Marokko oder den spanischen Stränden nach Algerien zurückgeschoben worden. »Langsam habe ich das Gefühl, die Grenzschützer erkennen mich schon. Und schlagen mich aus Mitleid deswegen weniger zusammen als einst.«

Mühsam sei der Weg, ihre etwa 210 Kilometer lange Umwege-um-nicht-entdeckt-zu-werden-Route (Luftlinie seien es eigentlich nur 120 Kilometer) bis an den nächstgelegenen

Zaun der Enklave Spaniens, Melilla, meint Mohamed. »Gib nicht auf. Ich weiß, du meinst, nicht mehr laufen zu können, selbst deine Schuhe wegwerfen zu müssen, weil sie dir zu schwer erscheinen. Und drücken. Deine umgehängte Decke und die Plastikplanen willst du wegwerfen, obwohl du sie nachts, wenn es schlagartig bitterkalt wird, brauchst. Und dann siehst du den Zaun in der Ferne und das Meer. Du kannst nicht schwimmen und das macht dir Angst. Deine Füße sind vom Laufen über Umwege, über Feldwege, durch ausgetrocknete Wadis, durch beckenhohe Abwasserkanäle und über Gleisbette geschwollen. Endlich stehst du vorm Zaun, da wird dir bewusst: Nun musst du erst einmal verharren, weil du kaum mehr laufen kannst, keine Kraft mehr hast für einen Ansturm auf den Zaun. Aber gib nicht auf, mein Bruder. Dein Ziel Europa ist nah!«, ergänzt er.

Dambele lässt sich nicht beirren. Er habe Verwandte in Gabun. Dort würde er zwar nicht so viel verdienen wie in Europa, einen Tageslohn anstelle eines Stundenlohns bekommen. Aber es gebe Arbeit. Hier in Algerien, im Grenzgebiet zwischen Maghnia und Oujda, habe er seine Lektion gelernt. Er habe festgestellt, dass seine Hautfarbe für ihn immer einen Nachteil darstellen werde. Deswegen habe er beschlossen umzudrehen und nach Zentralafrika zu gehen, um in Gabun der mühsamen Arbeit im Erdölsektor oder im Tropenholzabbau nachzugehen. Anstatt, wie er es sich gewünscht hatte, in Europa seinen Schulabschluss nachzuholen und ein Studium zum Lehrer oder in Politologie zu absolvieren. Zu viele Menschen in seiner Heimat seien noch Analphabeten. Der Wunsch, Politologe zu werden, sei unterwegs entstanden aus seinen persönlichen Erfahrungen mit postkolonialen, imperialen Machtverhältnissen und moderner Sklaverei. Wie unausgewogen das Verhältnis dunkler und heller Hautfarbe immer noch sei, habe er nie schmerzhafter erfahren als in Nordafrika.

»Ohne Geld brauche ich nicht nach Hause zurückzukehren« **245**

Adrar	Oran	Maghnia	**Oujda**	Nador	Europa/
1370 km		180 km	**150 km**	15 km	Melilla

Nachdem Mohamed den einzigen Kochtopf sorgfältig mit dem abgeschnittenen Hals einer Plastikflasche und etwas Wasser geputzt hat, den Reis mit dem Deckel einer leeren Sardinenkonserve umgerührt hat, gibt es am Nachmittag malisches Mafé: Reis mit Erdnusssauce.

Lange sitzen wir später draußen vor dem *Tranquillo* auf ein paar gesammelten Steinen und Pappkartons zusammen. Die Nacht ist sternenklar, Jerry sitzt lange Zeit abseits von uns und betet. Der Vollmond wecke in ihm immer wieder Erinnerungen an seine Heimat, an seine Lieben, die er zurückgelassen habe, nach deren Stimmen er sich so sehnen würde und deren Verbleib ihm so viele schlaflose Nächte beschere. Aber er könne sie nicht anrufen, selbst wenn er sich dafür Geld leihen und eine SIM-Karte organisieren könne. Niemals würden sie nachvollziehen können, warum er schon seit vier Jahren unterwegs sei und immer noch kein Geld geschickt habe. Sich im Ausland zu befinden bedeute für sie letztlich, Geld haben zu müssen.

Jerry fröstelt es, und wir setzen uns ins Innere des Zeltes, das nur von einem Teelicht erhellt wird. Sie rauchen, und er erzählt in die Rauchschwaden, dass in seinem Land, in Kamerun, ohne Geld nichts funktioniere. »Wenn du in meinem Land dein Wort erheben willst, dann musst du schon jemand von Bedeutung sein. Eine Bedeutung wird dir allerdings nur zuerkannt, wenn du jemand bist. Wenn du Geld oder Ruhm besitzt, vertrauen sie dir und lassen dich zu Wort kommen. Was allerdings nicht unbedingt heißt, dass die Menschen auch verstehen, was du sagst. Aber zumindest hören sie dir dann zu.«

Die anderen haben andächtig zugehört und nicken betroffen schweigend. Jerry fährt fort: »Ich will nach Europa, um zu Ruhm und Geld zu gelangen, denn ohne das brauche ich nicht zurückzukehren.« Mir läuft ein leichter Schauder über den Rücken. »Ohne das werde ich in Kamerun immer ein Niemand bleiben. Und zu Geld und Ruhm werde ich dort niemals gelangen. Über Europa, oder die Staaten gar, zu Ruhm zu kommen und daraufhin in mein Land zurückzukehren, das könnte mir langfristig allerdings helfen, meinem Heimatort Gutes zu tun und irgendwann in die Politik zu gehen.«

»Europa ist nicht das Paradies«

Früh am nächsten Morgen, als ich vor dem *Minitranquillo*, das die fünf mir gebaut haben, meine eingefrorenen und von der Nacht auf Steinen und Waldboden schmerzenden Glieder strecke, sehe ich Jerry auf einem Stein sitzend schon an seinen Texten schreiben. Auf seinem Bein liegt sein Handy, angeschlossen an Kopfhörer. Das erste Vogelgezwitscher in den Wäldern wird blechern metallen begleitet von 2Pacs Song »Changes«. Sein kleiner Bruder Bonheur scheint schon beim Wasserholen zu sein. Wenig später kriechen die anderen aus ihrem *Tranquillo* und beschließen, eine Runde Morgensport zu betreiben. Sie machen Dehnübungen und Lauftraining zwischen den Bäumen am steilen Hang, überreichen sich Äste als Staffelstab und laufen Slalom um die Bäume. Jerry schließt sich ihnen mit Liegestützen an. Kaum außer Atem finden sie sich erst wieder am Zelt ein, als Bonheur eintrifft. Gierig trinken sie einen Kanister des frischen Wassers leer und danken dem Jüngsten unter ihnen für seine Dienste: »Que dieu te benisse, que dieu t'aide à entrer en Europe.« (»Gott segne dich, möge er dir helfen, nach Europa zu kommen.«)

Während Mohamed den ersten Teeaufguss des Tages vorbereitet, summt er ein Lied von Jean Paul vor sich hin: »Meine Freunde, Europa ist nicht das Paradies, ihr lasst euch blenden. Sie sagen euch nicht die Wahrheit.« Er lacht, als er merkt, dass ich ihn aus den Augenwinkeln beobachte. »Mariama, für viele Afrikaner ist Europa das Paradies. Wir wissen, dem ist nicht so, aber in der Vorstellung vieler unserer Brüder ist es das. Und wenn nicht Europa, wohin dann? Ich habe schon so viel Zeit hier verloren.«

»Wir müssen es wirklich schaffen«, ergänzt Celestine, »aber die Reise wird einem nicht geschenkt.«

Bonheur merkt an: »Ihr müsst euch Gott anvertrauen. Einzig er hat die Kraft, uns zu helfen.«

Mohamed nickt abwesend. Und Celestine fragt: »Und warum müssen wir dann so leiden?«

Der Jüngste unter ihnen beruhigt sie: »Wer weiß, die Dinge brauchen eben ihre Zeit. Gott steht uns bei, wir werden es schon schaffen. Und wenn es noch zehn Jahre dauert!«

Ihr Glaube und ihre Hoffnung lassen meine liebenswerten Protagonisten an diesem unmenschlichen Ort durchhalten. Der Luxus, auf dem Kontinent geboren zu sein, den sie anstreben zu erreichen, lastet schwer auf mir. Sie gefallen mir sehr in ihrer unvoreingenommenen Aufgeschlossenheit, ihrer Neugier und ihrer ungestümen Zuversicht, in Europa ihren Platz finden zu können. Gleichzeitig wissen sie, dass es nicht leichter wird in der fatalen Zwickmühle, in der sie sich im Maghreb befinden. Vielleicht fühle ich diese unerträgliche Last auch, weil ich ahne, wie es vielen von ihnen ergehen wird, wenn sie in Europa angekommen sind. Sie werden dann wieder warten müssen, warten auf bürokratische Entscheidungen. Sie werden in Peripherien abgesetzt. Das Recht, Bürger zu sein, wird ihnen aberkannt, weil sie um Asyl fragen. Ihnen wird der Zugang zu Arbeit, zum Wohnungsmarkt und zu einem selbstbestimmten Leben durch bürokratische Unsinnigkeiten genommen werden. Sie werden sich in einer weiteren, zermürbenden Warteschleife befinden, diese tatkräftigen, nervenstarken und bewundernswerten Menschen. Ich kann das Leben in Europa und in Afrika vergleichen, sie können es nicht. Warum wird ihnen das Recht auf Reisefreiheit und Entscheidungsfreiheit nicht zugesprochen? Diese Machtstrukturen sind für einen Kontinent, der seine Werte im Humanismus ansiedelt, doppelzüngig und nicht tragbar.

Oft werde ich später bei der Vorführung des Films gefragt, wie ich meine beiden Protagonisten gefunden hätte. Wie ich sie gefunden habe? Wenn ein Mensch vor einem steht, weiß man, ob er es ist oder nicht. Meine Neugier hat mir geholfen, sie kennenzulernen, meine Intuition, sie als Protagonisten zu gewinnen. Die Frage macht mich wütend. Ich höre auch die Frage, wie ich wissen konnte, dass diese beiden so wertvoll sein würden,»so poetisch und intelligent«, wie es eine Zuschauerin ausdrückt. Dieser Aussage liegt ein tiefer Rassismus zugrunde. »Warum nicht? Warum sollten sie nicht so poetisch und intelligent sein? Warum sollte der marginale Unterschied einer Hautfarbe eine Intuition außer Kraft setzen? Wenn die Person vor dir steht, weißt du, ob du dein Vorhaben mit ihr umsetzen willst oder nicht, unabhängig von Herkunft«, habe ich dieser Frau geantwortet. Der systematische Rassismus ist ein Phänomen weißer Machtpositionen. Bei keinem meiner Bekanntschaften in Afrika für meinen Film habe ich jemals Rassismus gespürt, höchstens einen zu Recht angebrachten Anflug von Misstrauen.

Am 20. Mai ist Nationalfeiertag in Kamerun, und die Kameruner aller Ghettos um Maghnia und Oujda treffen sich am Abend, um ihr geliebtes korruptes Land zu feiern, das seit 1982 von Paul Biya regiert wird. Viele Kameruner sind Arbeitsmigranten in Äquatorialguinea oder in der von Unruhen geplagten, aber erdölreichen Zentralafrikanischen Republik, weil sie zu Hause keine Arbeit finden.

Celestine erzählt an diesem Morgen, bevor er und Jerry aufbrechen und ihren Beitrag für das Volksfest organisieren, dass er aufgebrochen sei, weil er der einzige Sohn sei. Er käme aus Südkamerun und seine Familie habe von der Ernte ihrer Ka-

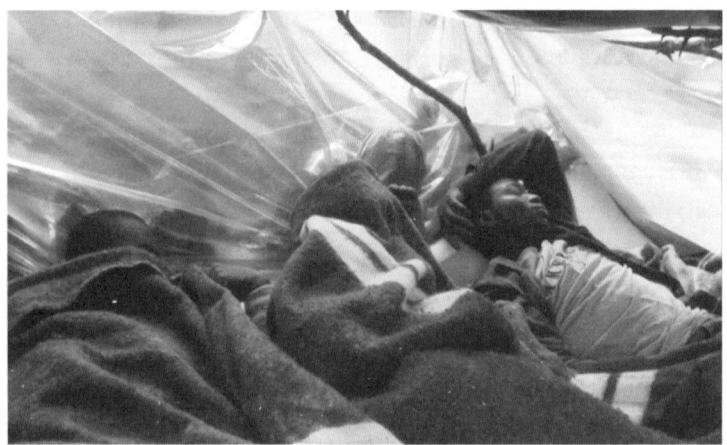

Tranquillo von Mohamed, Jerry, Dambele, Bonheur und Celestine von innen

kaopflanzen gut leben können. Bis das französische Unternehmen Rougier begonnen habe, illegale Trassen für ihre Sattelschlepper und Bulldozer zu errichten, da es in der Region den Zuschlag für die Tropenholznutzung erhalten hätte. Ihr Land sei ihnen kurzerhand enteignet worden, und weil sie keine »Motivation«, kein Schmiergeld zu zahlen bereit waren beziehungsweise dafür nicht genügend Geld hatten, sei er vor vier Jahren, mit seinem sechzehnten Lebensjahr und noch vor seinem Abschluss von der Schule genommen worden und mit seinem Onkel als Wanderarbeiter nach Äquatorialguinea aufgebrochen. Zwei Jahre hätten sie auf einer Ölplattform im Golf von Guinea nahe der Isla de Bioko gearbeitet, an der eine schottische Firma beteiligt gewesen sei. Sein Vater sei in diesen Jahren zu Hause am Gram über die Misere der Familie gestorben. Er hätte die Enteignung seines Landes und die damit verbundene Lethargie und Abhängigkeit vom abwesenden Sohn nicht verkraftet, hätte sich zu Tode getrunken. Die schottische Firma habe es Celestine nach zwei Jahren ermöglicht, auf einer Ölbohrinsel in der Nordsee zu schottischen Konditionen zu arbeiten. Er habe zwar weniger verdient als seine europäischen Kollegen, aber doch besser als im Golf von Guinea. Für ein Jahr habe er eine Arbeitsgenehmigung bekommen, dann sei er nach Hause geschickt worden. Im Golf von Guinea, wo er von seinen größtenteils äquatorialischen Kollegen, die sich ausschließlich auf Spanisch oder in ihren Sprachen miteinander verständigten, als Kameruner Wanderarbeiter aufgezogen worden sei, wolle er nicht mehr arbeiten. Das Klima der Nordsee und die europäische Bezahlung würden ihm eher zusagen. Er habe sich den malischen Pass eines Verstorbenen gekauft, sogar sein Foto sei eingesetzt worden. Damit könne er hier noch einen Augenblick in Ruhe verweilen, bis die Wellen in der Meerenge von Gibraltar nachließen und es etwas wärmer würde. Dann würde er in einer Vollmondnacht mit einem Schlauchboot ablegen.

Nachmittags sind nur noch Mohamed und ich im Ghetto. Einer der Kongolesen, Yann, von nebenan kommt uns besuchen. Ich bitte Mohamed, die Gelegenheit zu nutzen und mir ihre Wörter, Verschlüsselungen und Wortspiele zu erklären, die sie untereinander nutzen, um sich so vor der hiesigen Bevölkerung und Fremden zu schützen. Es seien Wortgebilde aus Französisch, Bamanan, Duala und Pigeon-Englisch, und woher manche Wörter abstammen, wüssten sie häufig selber nicht. *Bengis* würde jene beschreiben, die aus Europa zurückkehren. Jene, die vielleicht abgeschoben worden seien. *Codies* seien jene, die direkt aus ihrem Herkunftsland hierhergelangt seien, »co« stehe für »country«, für »Heimat«. Nach der folgenden Erklärung verschlägt es mir vor Betroffenheit die Sprache: Was *en bas* und *en haute* zu bedeuten habe, frage ich. Ich ahne die Antwort zwar aus meinen Beobachtungen der vergangenen Tage, aber trotzdem weiß ich nicht, ob seine Antwort Mohamed oder mich mehr beschämt: *En bas* das sei »dort, wo man beginne«. So würden sie ihre Heimatländer bezeichnen. *En haute* ergänzt er, und dann zögert er und antwortet langsam, als würde ihm die Schwere dieser Aussage gerade selbst noch einmal bewusst werden, *en haute,* das sei Europa. Mir ist unbehaglich zumute. Unbehaglich wegen meiner Neugier. Und unbehaglich, dass die Linguistik unsere Gepflogenheiten so schonungslos verrät. Ist es nicht eine Folge des Kolonialismus, der Missionierung und des daraus resultierenden Mangels an Selbstrespekt, dass Europa *en haute,* also »oben« ist?

Wir verlassen unser Ghetto und laufen zur Wasserstelle. Mohamed erzählt, wie vor drei Monaten vier Subsaharier starben, nachdem sie aus diesem Bassin Wasser geholt hätten. Es sei die einzige Stelle für die Migranten – neben einem Wasserhahn auf einem Hof nahe der Grenztürme, der aber häufig zugefroren oder abgedreht sei –, an der sie sich ungefragt mit frischem Wasser versorgen können. Die vier seien an inneren Verätzungen und Vergiftung gestorben. Jemand habe einen Anschlag auf sie verübt und das Wasser vergiftet. Die Polizei hätte sich nicht bemüht, die Täter zu finden.

Yann, aus der Region der Großen Seen im Osten der Demokratischen Republik Kongo, erzählt mir, er habe immer gedacht, schlimmer als in seiner Heimat, aus der er 2003 floh, könne es ihm nirgendwo mehr ergehen. Er habe seine gesamte Kindheit über nahe Goma am Lake Kivu in Gold-, Kobalt- und Kupferminen gearbeitet. Ende der Neunziger habe er zwar von der Minenarbeit eine taube Hand gehabt, aber dank des Verkaufs schwarzer Sande (Kobalt), die er extrahiert habe und deren Wert aufgrund der Nachfrage unfassbar gestiegen sei, auch genügend Geld gehabt, um sich an der Uni von Goma für Jura einzuschreiben.

Der Bürgerkrieg, der 1997 auf Kabilas gewaltsame Machtübernahme folgte, sowie die Rebellenmilizen, die nach dem Völkermord aus Ruanda in die Region der Großen Seen kamen, hätten das Leben damals schon nahezu unmöglich werden lassen. Seine Familie, einst Bauern, wurde wegen des Verkaufs von Schürflizenzen an ein indisches Unternehmen durch den Staat ihres Ackerlandes enteignet und zwangsumgesiedelt. Ihre Lebensweise ist durch die Landenteignung zerstört worden, so fanden sie sich selbst in Mikrominen zum Schürfen seltener Mineralien wieder. Seine Mutter erblindete dort und sein Vater starb, weil er in eine Auseinandersetzung von bewaffneten Rebellen geriet, die um die Hoheit einzelner Minen kämpften.

»Miriam, wir sind eines der reichsten Länder der Welt, reich an Bodenschätzen, an Wald, an Meer und an Menschen, trotzdem müssen wir hungern! Bei uns werden keine Waffen produziert, aber Männer in meinem Alter haben in der Demokratischen Republik Kongo Waffen und begeben sich lieber auf die Suche nach schwarzem Sand, als ihre Schule zu beenden. Um Kobalt zu schürfen, tun sie alles – sie verdienen damit das Doppelte im Monat von dem, was ein einfacher Arbeiter im Jahr bekommt. Ihr nehmt uns unsere Lebensgrundlage, weil ihr unsere Rohstoffe ausbeutet. Unsere Regierung nimmt uns unsere Zukunft, weil sie keinen Wert auf Bildung legt, sondern Raffgier vorlebt. Und nicht mal damit gebt ihr euch zufrieden, ihr liefert auch noch Waffen, um die Konflikte bei uns zu euren Gunsten aufrechtzuerhalten. Und dann komme ich hier in Marokko an und muss feststellen, dass euch Menschen egal sind. Und die Nordafrikaner kopieren euer Verhalten nur! Warum lasst ihr uns nicht einfach in Ruhe?«

Jerrys Weg durch Afrika

Als wir mit Einbruch der Dunkelheit zurückkommen, sind Celestine, Bonheur und Jerry schon wieder da. Ich wage meinen Augen nicht zu trauen: Das *Tranquillo* steht nicht mehr. Überall fliegen zerfetzte Planen und zerschlissene Kartons mit unleserlich gewordenen marokkanischen und chinesischen Werbeaufdrucken herum. Der Topf, die Kochstelle – alles ist im Wald verteilt. Die improvisierte Wäscheleine und die Bindfadenhalterung am Baum für die Zahnbürsten – zerschnitten. Die langen, stabilen Äste, die das Zelt gehalten haben, sind zweigeteilt. Jerry wütet, Bonheur sitzt mit dem Kopf über seine Knie gebeugt auf einem der Steine. Celestine sammelt ein paar herumfliegende Klamotten zusammen. Jerrys Sandalen hängen in einer Pinie. Ein mir fremder Bamileke schnaubt wütend:»Das ist der Dritte Weltkrieg, mein Freund. Der Dritte Weltkrieg! Ihr solltet Aufklärung fordern!« Jerry nickt zustimmend. Heute noch werde er die anderen Männer zum Gespräch bitten. Jeder Einzelne müsse sich äußern!

Sie berufen eine Versammlung ein. Unsere Kameruner Nachbarn wollen niemanden gehört oder gesehen haben. Anders die Kongolesen, sie erzählen, zwei ihnen unbekannte Algerier seien ihnen vorhin im Wald entgegengekommen. Sie hätten sich zwar gewundert, hätten aber gedacht, es handle sich um Schmuggler. Allerdings glauben sie, genau wie Jerry und der Bamileke, dass das Attentat auf unser *Tranquillo* eindeutig auf Kosten der migrantischen Gemeinschaft gehe. Zu auffällig sei, dass alle Decken, der Gaskocher und vor allem die französischsprachigen Bücher über Subsahara-Afrika, die ich ihnen mitgebracht hatte, weg seien. Unbedingt müsse klargestellt werden, was diesem Verbrechen zugrundeliege, darin sind sie sich einig.

Jerry meldet die Tat dem Präsidenten seiner Gemeinschaft, der ihn wissen lässt, schon länger würden sich ansässige Geflüchtete fragen, ob wir im Wald eine »magie blanche« betreiben. Er gehe davon aus, dass die Bücher zum Verkauf mitgenommen worden seien und dass es sich um eine Lektion handle. Er würde versuchen herauszufinden, was das Problem sei.

Noch in der Nacht errichten sie ein neues *Tranquillo*. Die Dunkelheit erschwert den Bau, aber sie sind so geschickt im

Improvisieren, dass unser neues und wesentlich kleineres Zelt noch vor Mitternacht steht. Sie bauen es so geschickt an einen Abhang, dass eine Seite keine ganze Plane benötigt, und so kommen wir mit den wenigen übriggebliebenen Planen aus. Die Nachbarn leihen uns drei Decken. Dambele schläft diese Nacht in einem anderen Ghetto.

Jerry und ich sind die halbe Nacht wach. Er sei immer von dem brennenden Wunsch besessen gewesen, ein Studium zu absolvieren. Ein Studium in seinem Heimatland koste aber rund 5 000 Euro pro Studienjahr, gute Notendurchschnitte würden selbst an Studienbeste nur durch die Zahlung einer »Motivation« an den Professor oder den Studienleiter vergeben. Vor seiner Mutter, die angeblich nur das Beste für ihn wolle, habe er sich immer wieder verteidigen müssen, warum er die Schule besuchen wolle. Schon seit jüngster Kindheit habe er sein Geld selbst verdienen müssen, um sich überhaupt ein Schulheft leisten zu können oder die vorgeschriebenen Sandalen seiner Uniform. Ein ganzes Schuljahr habe seine alleinerziehende Mutter ihn aus der Schule genommen, damit er ihr im Haushalt helfe oder bei ihrer Arbeit, dem Verkauf von alkoholischen Getränken, unterstütze. Jahrelang habe er später nach adäquater Arbeit gesucht, in seiner Heimat nur Jobs gefunden, die ihn die giftigen Überreste in einer Aluminiumfabrik hätten abtransportieren lassen. Er sei der Arbeit von seinem Heimatort in den Süden nach Douala und später ins Zentrum nach Yaoundé gefolgt. Zu Hause sei es normal, man reise dorthin, wo man Arbeit finde. In all den Jahren habe er sich Notizen gemacht, Texte verfasst und Lieder geschrieben. Doch ohne Geld könne er sie in seinem Heimatland nicht vertonen. Nichts und niemand garantiere ihm, dass ihm seine Texte nicht von bekannten Sängern geklaut würden, gegen deren Macht er keine Chance habe. Seine tiefe Stimme betäubt mich.

Da habe er beschlossen aufzubrechen. »L'aventure«, das Abenteuer als Lebenserfahrung zu sehen. Deswegen brauche er meine Hilfe für Kontakte zu Musiklabels in Europa. »Den Rest erledige ich selber, beziehungsweise erledigen meine Texte für mich«, fügt er leise, aber bestimmt hinzu.

3 000 Euro koste es, sich im doppelten Boden des Kofferraums eines Großraumtaxis über die Grenze fahren zu lassen. Dabei würden Schmiergelder sowohl an den marokkanischen als auch an den spanischen Grenzschutz bezahlt. Die Überfahrten mit marokkanischen Pirogen, Holzbooten, kosteten derzeit 1 150 Euro. Mit den motorbetriebenen Schlauchbooten, den Zodiacs, steuere man für 1 500 Euro pro Platz »Almería direkt« an. Es sei zwar unmöglich geworden, über den vergrößerten Freihandelshafen von Tanger auf einem Lkw auf einer der Touristenfähren versteckt über die Meerenge zu gelangen. Immer mehr Geflüchtete versuchten aber stattdessen, im Hafen von Rabat in einem Containerschiff Unterschlupf zu finden und dann über die Häfen der Türkei über die östliche Mittelmeerroute Griechenland zu erreichen. Alternativ von der Türkei über das Schwarze Meer nach Bulgarien. Über den Evros könne man zwar auch von der Türkei nach Griechenland übersetzen, aber er habe gehört, dort solle nun auch ein Zaun gebaut werden, und damit würden sich die Bootsrouten endgültig in die Ägäis verlagern. Freunde von ihm seien auch schon mit geliehenem Pass per Flieger nach Tunis oder Istanbul geflogen und von dort weiter über Lampedusa oder eben den Evros. »Aber das sind die Geschichten einzelner Glücklicher«, meint Jerry. Er selbst habe beschlossen zu schwimmen. Ohne zu bezahlen, um den Zaun von Melilla oder Ceuta herum.

Als er in Kamerun beschloss, in den Norden aufzubrechen, habe er sein Handy und den MP3-Player seiner Schwester verkaufen müssen und sei mit dem Geld nach Kano in Nigeria gelangt. Dort habe er lange auf eine Gelegenheit warten müssen, um bis in den Niger zu gelangen, dessen Armut ihn zutiefst erschüttert habe. Niemals habe er ein ärmeres Land seines Kontinents kennengelernt. Die Kinder würden dort die Skelette der Fische abnagen und mit Tellern an den örtlichen Busbahnhöfen selbst die durchreisenden Geflüchteten um Nahrung bitten. Monatelang habe er sich dort nur von Tapiokamehlsuppe und Zuckerwasser ernährt. Das wenige Geld, das er auf einer Baustelle und als Haushaltshilfe erhalten habe, habe er für eine Pick-up-Fahrt bis Tamanrasset ausgegeben. Dort auf der Straße habe er einen Bassa kennengelernt, der ihm anbot, im »Hotel der Kameruner« abzusteigen. Er habe sich gefreut, »nach Monaten endlich mal wieder ein Dach über dem Kopf« zu haben. Umso erschrockener sei er gewesen, als er in dem Wadi, wo die Durchreisenden lebten, angekommen sei: Seine Leidensgenossen hätten dort im Schutz von Steinen auf dem blanken Boden geschlafen.

Bis heute habe er sich ansonsten von seiner Gemeinschaft ferngehalten. Er halte nichts davon, deren Schutz zu suchen. Sie würden einen doch nur ausnehmen wollen, und er habe nichts zu geben. Alles, was er wolle, sei vorwärtskommen. Seine Distanz zu ihnen mache viele seiner Landsleute misstrauisch. In einem algerischen Lokal habe er einst begonnen zu kochen. Kameruner Gerichte, die er aus seiner Kindheit kannte, als er seiner Mutter im Haushalt helfen musste. Innerhalb weniger Wochen sei das Lokal die Anlaufstelle vieler Subsaharier geworden, die sich von dem Geschmack und den Düften seiner Speisen in ihre Heimat zurückversetzt gefühlt hätten. Der Besitzer hätte seinen monatlichen Umsatz so gesteigert, dass er Jerry einen Monatslohn angeboten habe. Der Neid und die Heuchelei der benachbarten Lokale, die auf das Ausnehmen von Durchreisenden spezialisiert waren, hätten seinen Chef allerdings gezwungen, ihn zu entlassen. Die Polizei habe den Inhaber damals gewarnt: Wenn er seinen Koch nicht entlasse, würde dies zur Schließung des Lokals führen. Heute sei das kleine Restaurant in den Ausläufern der Grenzstadt Maghnia insolvent. »Nach dem Regen kommt der Sonnenschein« – das sei ein kamerunisches Sprichwort und es würde ihn durchhalten lassen, auf dieser Reise voller unabwägbarer Widrigkeiten.

Jerry bleibt als Einziger die ganze Nacht wach. Seine Ohrstöpsel hat er sich in die Ohren gesteckt, um mich nicht am Einschlafen zu hindern. Unter dem Licht seines Handys liest er eines der beiden Bücher, die er unaufhörlich in seiner kleinen Tasche mit sich umherträgt: Machiavellis *Der Fürst*. Ein Buch, das ihm einer seiner älteren Brüder geschenkt hat mit dem Hinweis, es werde ihm eine gute Lehre sein, um zu verstehen, wie man in einer feindlichen politischen Umwelt erfolgreich sein und an Macht gewinnen beziehungsweise sie erhalten könne. Das andere Werk, das Jerry in seiner Tasche trägt, ist ein *Lexikon zu Politik und Ökonomie*, das ihm nutze, um bei Polizeikontrollen Eindruck zu schinden. Oft genüge es den Beamten als Bestätigung seines Studentendaseins.

Als ich wenige Stunden später aufwache, weil sich die Kälte des Bodens in meinem ganzen Körper auszubreiten scheint, sitzt er schon vor der Unterkunft. Von den Überresten unseres alten zerstörten Zelts umgeben, beschreibt er in Miniaturschrift und in Hieroglyphen einen seiner vielen Zettel. Er hinterlässt seine Gedanken in den Zwischenzeilen schon vorhandener Texte und auf noch nicht verdreckten Pappkartonfetzen, die von der alten Behausung noch zwischen den Bäumen zu finden waren.

Es dämmert schon, da hört man dumpf das Überdrehen von Autoreifen im Matsch. Kurz darauf das Quietschen einer Bremse. Auf einen Schlag sind alle hellwach, als hätten sie nur vor sich hingedöst. Jerry und Celestine laufen westlich, Bonheur ein paar Meter den Hügel durch den Wald hinunter in Richtung der Geräusche und Dambele östlich unserer Unterkunft. Die Kongolesen nebenan spähen ebenfalls in Richtung der Geräusche. Auch sie sichern ihr Zelt von allen Richtungen. Einer von ihnen ruft zu uns herüber:»Das sind nur die Schmuggler. Ich kenne ihr Auto.«

Die modernen Verdammten dieser Erde

Wenig später sitzen alle verschlafen und von der morgendlichen Störung erschöpft vor dem *Tranquillo*. Jeder geht mit dem Schrecken auf seine Art und Weise um. Jerry kapselt sich mit seinen Ohrstöpseln gegen seine Umwelt ab, aber die Musik, die er hört, ist für uns so deutlich zu hören, als käme sie aus einem Kofferradio:»Né quelque part« von Maxime le Forestier. Er baut sich den ersten Joint des Tages und reagiert mit diesem Extremkonsum, der ihn jede Gefahr zu spät erkennen lassen würde, genau gegenteilig zu Mohamed. Dieser wirkt ob der unerwarteten Störung der Schmuggler noch tagelang nervös und zuckt bei jedem kleinsten Geräusch zusammen. Auf Jerrys MP3-Player seines Handys läuft jetzt »Gibraltar« von Abd Al Malik. Kurz vor dem Ende des Lieds stoppt er es.

Die beiden beschließen, ihre Telefone in der nächstgelegenen Boutique aufladen zu lassen. Und bitten mich um 22 Dirham, umgerechnet etwa zwei Euro. Diese Unsumme wird ihnen von den Ladeninhabern abgenommen, wohlwissend, dass die mobilen Telefone überlebenswichtig für die »Sans- Papiers« sind, um über aktuelle Abschiebungen, organisierte Attacken auf die beiden Grenzzäune, die Automafia oder neue Verstecke auf dem Laufenden zu sein.

Jerry und Mohamed wollen das Grenzgebiet baldmöglichst hinter sich lassen. Vorher wollen sie jedoch noch herausfin-

Unser Ghetto nach der Attacke

den, wer unsere Unterkunft am Vortag zerstört hat. Ich staune über Mohameds Entschlossenheit, plötzlich und unvermittelt aufzubrechen. Hatte er mir nicht kürzlich noch erzählt, wie viel Geld ihm noch fehle? Er sieht zunehmend zermürbter aus, und ich verstehe, dass die Flucht eines Menschen in den wenigsten Fällen aus eiligem Vorwärtsbewegen mit kurzen Momenten der Anspannung besteht. Im Gegenteil: Sie ist zermürbend. Das Verstecken, die Unbeständigkeit, das Festhängen, die Langeweile, das Warten, der Stillstand; das Leben an den improvisierten Orten, das sie zum Nichtstun zwingt.

In den Nächten ist Mohamed jetzt häufig nicht da. Er sagt, er arbeite. Weiter will er sich dazu nicht äußern. Jerry und ich verbringen einen Abend alleine im *Tranquillo,* und er liest mir das erste Mal aus seinen berührenden Texten vor. Er selbst hat Schwierigkeiten, sie zu entziffern, so sehr hat er sie verschlüsselt in seiner Sorge, jemand könne sie ihm abnehmen und als die eigenen deklarieren.

260 Marokko

»Je vie pour manger, je mange pour vivre,
quel idee de mon existence dans ce monde,
jusque parceque j'ai besoin de refrechir ma petite memoire
bourré de solitude,
enfermé dans ce prison de liberté condamné,
ou je me sente perdu et je ne sais pas ou se trouve la sortie.«

»Ich halte durch, um zu überleben,
was für eine Existenz auf dieser Welt,
in der ich mich mit Erinnerungen wach zu halten versuche,
gefangen in Einsamkeit,
eingesperrt in diesem Gefängnis der verdammten Freiheit,
in dem ich mich verloren fühle und dessen Ausgang ich nicht
kenne.«

Ich lausche gebannt seiner betörenden Stimme und seinen Worten. Bin frustriert darüber, dass er sein Talent hier nicht anders nutzen kann, während in Europa so viele Menschen seines Alters nichts mit sich und ihren Bildungsmöglichkeiten anzufangen wissen. Am Ende schweigt er lange, bevor er leise sagt, am liebsten würde er die Texte irgendwann seine Kinder veröffentlichen lassen. Ungern würde er selbst, auf der Bühne stehend, seine Texte rappen. Er würde seine Zuhörer nicht mit der Schwere seiner Worte belasten wollen, sie darüber nachdenken lassen, dass er derjenige sei, der all das erlebt haben könnte. Ich verspüre eine tiefe Empathie für ihn und Zuneigung. Seine Texte erfüllen immer noch das zugige Innere des Zelts, die Kerze flackert, draußen zirpen die Grillen, da umarme ich ihn für einen flüchtigen Moment und er lacht irritiert:»Die Frau, die den Mut hat, mich in meinem Leiden zu umarmen!«

Ich muss lachen und lasse ihn los.

Meine fünf Zeltgenossen haben eine kleine Besprechung. Sie beraten sich, nachdem der Bamileke uns besucht und mir erklärt hat, er sei sicher, dass unser *Tranquillo* von Neidern zerstört worden sei, die Mohamed, Jerry und mir nicht über den Weg trauen. Er würde den beiden raten aufzubrechen, wenn es ihnen möglich sei. Ich solle aber an meinem Vorhaben festhalten, es sei wichtig für Migranten zukünftiger Generationen zu wissen, wie schwierig es in den Transitstaaten ihres eigenen Kontinents für sie sei. Mir ist nach dem Gegenteil zumute. Wie naiv war ich zu glauben, indem ich allen von meinem Projekt erzählte, mich auf jene Reisenden beschränken zu können, die dieses unterstützen? Zu gut erinnere ich mich an den Chairman, den Präsidenten der Malier von Maghnia, den Mohamed mit unserer Ankunft das erste Mal seit seinem letzten Aufenthalt im Maghreb 2001 wiedergesehen hat. Er ist im Grenzgebiet von Maghnia sesshaft geworden, nachdem er eine einzige Pirogenfahrt Richtung Tarifa unternommen hat. Er erzählte mir, dass sie kranke und im Sterben liegende Geflüchtete, für die es keine Aussicht mehr gebe, die Bootsfahrt noch zu überleben, über Bord werfen würden. Damit bei ihrer Ankunft in Europa die Europäer nicht sähen, dass auch gebrechliche oder mental schwächere Afrikaner versuchten, nach Europa zu gelangen. Und riet mir dringend davon ab, zu vielen Reisenden von meinem Dokumentarfilm zu erzählen. »Dumm genug, dass du nicht mit versteckter Kamera drehst!«

Mohamed und Jerry beschließen, noch heute Abend aufzubrechen, um baldmöglichst an die europäisch-afrikanische Grenze zu gelangen. Mit ihren geladenen Telefonen haben sie zwei marokkanische Benzinschmuggler erreicht, die sie in Oujda im Bezirk der Uni am nächsten Abend treffen sollen. Es ist noch Vollmond, so ist der Weg leichter zu finden und sind mögliche Gefahren eher wahrzunehmen. Notfalls wollen sie

Bamako   Markala   Gao
                             2850 km

sich an den Eseln orientieren. Zusammen mit unseren Nachbarn aus der DR Kongo teilen wir uns ein Kameruner Gericht, dass Jerry zum Beweis für seine Kochkünste zubereitet hat. Er hat von einer alten bekannten Kamerunerin, die mit dem Flugzeug aus Douala nach Oujda geflogen und heute Morgen im Grenzgebiet eingetroffen ist, Bitterspinat und Kochbananen bekommen und »Ndolé« zubereitet. Er selbst isst nichts, das erinnere ihn zu sehr an zu Hause. Aber er sitzt bei uns und genießt den selbstgebrannten Wodka eines Automafiachauffeurs, den sie mit Tonic Water verdünnen. Es ist schon Mitternacht, als sie sich mit folgendem Versprechen von uns trennen: »So oft uns der Weg nach Europa auch erschwert werden sollte, so viele Hindernisse uns dabei auch in den Weg gelegt würden, wir werden immer einen neuen Weg finden. Einen Umweg. Einen Ausweg. Um unser Ziel zu erreichen.«

In der Grenzstadt Nador, die nur ein Zaun von der spanischen Enklave Melilla trennt, werde ich sie in ein paar Tagen wiedertreffen. Sie werden mich auf dem Laufenden halten, wo die Benzinschmuggler sie rauslassen. Sie würden nachts, mit geschwärzten oder abmontierten Kennzeichen, die Ost-West-Achse Nordmarokkos entlangbrettern und dabei ihren Verdienst durch die Mitnahme von Subsahariern zusätzlich aufbessern. Als ein Glied des Netzwerks der Automafia. Oft würden die Fahrer ihre Passagiere allerdings nicht an den verabredeten Waldrändern herauslassen, sondern auf der anderen Seite der am Rifgebirge gelegenen Grenzstadt, sodass sie noch einen halben Tag Fußmarsch durch Nador hinter sich bringen müssten, um an der beabsichtigten Stelle anzukommen.

Mohamed hat noch drei weitere Migranten organisiert, zwei Malier und einen Ivorer, die die beiden auf die marokkanische Seite des Grenzgebiets begleiten werden. »Wir sehen uns in Nador Suni, im letzten *Tranquillo* Nadors vor dem Absprung nach Europa!«

Zum Abschied umarmen sie sich – und wir uns lange. Jerry will mich gar nicht mehr loslassen. »Pass auf sie auf, bis sie hier aufbricht«, verlangt er von seinem kleinen Bruder und erinnert ihn an ihre Abmachung, dass, sobald er in Europa angekommen sei, er an ihn denken würde. Bonheur, Dambele und Celestine bleiben zurück. Dambele hadert noch, ob er sich bei der IOM, der Internationalen Organisation für Migration in Rabat, für einen freiwilligen Rückflug melden soll. Die IOM schiebt Migranten nicht nur von Europa aus, sondern vor allem bereits aus den Transitländern zurück in ihre Herkunftsländer. In ihren abscheulichen Werbeteasern kündigen sie die Kostenübernahme des Rückflugs sowie eine Bonusprämie bei Ankunft im Heimatland an. Dambele weiß, dass man zwar begründen müsse, wofür man diese ausgeben wolle, aber es handle sich immerhin um rund 400 Euro. Damit käme er, ohne vorher noch einmal bei seiner Familie vorbeischauen zu müssen, bis zu seinen Verwandten in Gabun. Worüber die freiwillig Umkehrenden nicht informiert werden: Sie werden zu einer Abnahme ihres Fingerabdrucks gezwungen, sodass sie nie legal nach Europa einreisen werden können. Außerdem haben sie bis ans Ende ihres Lebens Schulden bei der EU, nämlich in Höhe des Flugpreises ihrer Abschiebung. Wobei der Flugpreis sich nicht wie ein einfacher Flug Rabat-Bamako berechnet: Die Kosten für die Begleitung durch die Polizisten werden ihnen ebenfalls in Rechnung gestellt.

Celestine und Dambele wollen erstmal im Wald bleiben, das *Tranquillo* allerdings noch ein paar Meter versetzen und gegebenenfalls Neuankömmlingen die durch unsere Abreise entstandenen spärlichen Schlafplätze gegen eine kleine Miete zur Verfügung stellen. Dambele fragt mich vor meinem Aufbruch am folgenden Abend mit Nachbarn Yann aus Kinshasa, der mich bis Oujda begleiten und dort an den Taxifahrer Jajah übergeben wird, nach hundert Euro für eine Rückreise mit dem

Bus. Er werde nach Tlemcen in Algerien zurückkehren und von dort versuchen, wenn auch mit abgelaufenem Stempel in seinem malischen Pass, auf dem Landweg zurück in seine Heimatregion in Mali zu gelangen. Vielleicht habe er Glück und er finde unterwegs noch einen Job, der ihn direkt bis Gabun reisen lasse. Ansonsten werde er wohl einen Abstecher über seinen Heimatort nahe des Kangaba-Gebiets an der Grenze zu Guinea machen. Obwohl er wisse, dass diese – wenn auch nur vorübergehende – Rückkehr, einen langen Schatten der Ehrverletzung, gar einen Statusverlust über seine Familie ziehen werde:»Die mit dem Sohn, der es nicht geschafft hat ...«

Während ich nachts mit dem Kongolesen Yann und Bonheur in Richtung von Oujdas roten Lichtern stolpere, bin ich mit dem Gedanken beschäftigt, dass ein Geflüchteter wohl tatsächlich den meisten Mut dafür braucht, den Entschluss der Umkehr zu fassen. Nicht die Überquerung der Grenzen, der Zäune oder des Wassers sind die größte Herausforderung. Nein, es ist der Mut, sich seinen tradierten Familienstrukturen zu stellen, zu seiner Familie zurückzukehren und ihnen einzugestehen, es nicht geschafft zu haben. Nicht nach Europa zumindest. Das erfordert den meisten Mut. Welche Tragödie!

Oujda, die marokkanische Grenzstadt

In Oujda, auf Schleichwegen über 200 Kilometer vom Grenzzaun zu Melilla entfernt, treffe ich Hicham wieder, den Chef der NGO. Wir essen im Restaurant Agadir Tajine mit Fisch, und ich bitte ihn, die letzten gedrehten Kassetten zu verwahren. Er ist jetzt schon über meine Abreise nach Europa besorgt. Ob ich nicht jemand anderen organisieren könne, der die Kassetten später, am besten nach meinem Abflug, mit nach Berlin bringe? Er ist sich sicher, ich würde am Flughafen kontrolliert werden.

Adrar		Oran	Maghnia	**Oujda**	Nador	Europa/
1 370 km			180 km	**150 km**	15 km	Melilla

»Es kann ihnen gar nicht entgangen sein, dass sich eine Europäerin im Milieu der Subsaharier fortbewegt. Falls sie dich jemals erwischen, sag ihnen, du seist eine Ethnologiestudentin und befändest dich in einer empirischen Feldforschung.«

Ich wasche meine Hände in dem Wasser mit der Zitrone, das mir vor dem Couscous gereicht wird. Und kann das Gericht, als es dann kommt, doch nicht genießen, weil ich an Jerry und Mohamed unterwegs sowie an die anderen denken muss, die heute mit leerem Magen aus ihren Waldverschlägen aufbrechen und sich für die Suche nach Nahrung in die Gefahren der Stadtperipherie begeben müssen.

Am Nebentisch sitzt ein älterer, seinem Turban zu entnehmen streng gläubiger Muslim mit zwei jungen Subsahariern, die in ihren sauberen hellblauen Djellabas gepflegt aussehen. Er grüßt die Bedienung des einfachen und versteckt am Rande einer Gasse der Medina liegenden Restaurants ausgiebig auf marokkanisch und bestellt für seine beiden jüngeren Gäste mit. Das Szenario irritiert mich, obwohl ich nicht sagen könnte warum. Die beiden jungen Männer scheinen unsicher und schweigsam. So schüchtern auf eine Art und Weise, dass sie keine westafrikanischen Studenten Oujdas sein können. Aber würden sich die »Sans-Papiers« an diesen Ort wagen, an einen Tisch mit diesem Mann?

Hicham scheint meine Gedankengänge verfolgen zu können. Er beugt sich über den Tisch und flüstert mir zu, dieser Mann der örtlichen Islambruderschaft versuche, Geflüchtete zu überzeugen, zum streng islamischen Glauben zu konvertieren. Was Jerry mir im Wald einst angedeutet hatte und ich ihm nicht glauben wollte, dass nämlich die Al Qaida in Marokko versuche, durch großzügige Einladungen und mentale Unterstützung Geflüchtete vor allem muslimischer Länder für ihre Ideen zu rekrutieren, scheint an unserem Nachbartisch gerade Realität zu sein. Als ihre Gerichte serviert werden, nehmen die beiden jungen Männer sie gierig zu sich. Sie blicken kaum auf. Hicham erklärt mir später, dass ihre Verzweiflung und aussichtslose Situation sie in diese Lage treiben würden. Viele Moscheen würden Geflüchteten wärmende Duschmöglichkeiten und Schlafplätze im Gotteshaus oder bei ihren strengsten Gläubigen bieten – wohlwissend, dass diese die Schuld für ihr Leid auf den Westen und die Konsumgesellschaften fokussierten. So versuchen sie, Anhänger für ihre fatalen Pläne zu gewinnen.

Ein Anruf mit Folgen

Als ich meine Bänder nach dem Essen im Tresor des Büros der NGO verstaue, das gegenüber einer Polizeistation liegt, bekomme ich einen Anruf. Der Anrufer gibt sich als Freund von William, dem Igbo aus. Er müsse mich unbedingt sprechen, er hätte Interesse, an meinem Film mitzuwirken. Ob ich mich mit ihm und einem Bruder in dem Café nahe des Kreisverkehrs unterhalb des Universitätscampus treffen könne. Eigentlich ist mir danach aufzubrechen, die ganze Nacht haben wir das Grenzgebiet durchquert und keine Minute geschlafen, aber meine Neugier treibt mich zu dem Treffen. Die Müdigkeit lähmt meine Sinne. Das Café liegt im Erdgeschoss eines Einkaufszentrums, das mir bisher nie aufgefallen ist, weil es sich auf der gegenüberlegenden Straßenseite der Bushaltestelle befindet, von der der Bus ins Zentrum fährt. Um 15 Uhr finde ich mich wie verabredet dort ein. Von Subsahariern weit und breit keine Spur. Nur marokkanische Gäste. Ich komme nicht auf die Idee, misstrauisch zu werden, sondern bestelle einen Orangensaft und setze mich auf die Terrasse. Ich schicke Jerry und Mohamed eine Textnachricht und erhalte postwendend die Antwort, sie seien wohlbehalten in Nador angekommen. Am anderen Ende zwar, aber sie erwarteten mich baldmöglichst vor Ort. »Ruf an, wenn du hier bist, und wir erklären dir den Weg«, schreibt Jerry. Wie alle Textnachrichten in meinem Telefon lösche ich auch diese sofort nach ihrem Erhalt.

Auf der anderen Seite, nahe der Bushaltestelle, spazieren zwei Subsaharier entlang. Ich nehme aus den Augenwinkeln einen heruntergekommenen weißen Lieferwagen wahr, der sich in eine Parklücke neben der Terrasse drängt. Ich wundere mich zwar, dass zwei Gendarmen aussteigen, brauche aber einen Moment zu lange, bevor ich reagiere. Sie laufen an mir vorbei ins Innere des Cafés. Ich suche meinen Geldbeutel hervor, um die Münzen für den Orangensaft auf den Tisch zu legen, und versuche, mir die plötzliche innere Unruhe in meinen Bewegungen nicht anmerken zu lassen. Schon stehen sie neben mir. »Ausweiskontrolle!« Einer der beiden hält mir sein Dienstabzeichen unter die Nase. Sie ist es, bestätigt ihm sein Kollege durch ein Nicken. »Bitte kommen Sie mit auf das Kommissariat, wir haben einen Anruf erhalten.«

Zu dritt quetschen wir uns auf die Vorderbank des Transporters. Sie nehmen einen Umweg ins Zentrum, vorher fahren sie durch das Quartier Populaire nahe der Universität, in dem viele der »Sans-Papiers« bei den Studenten ihrer Heimatländer Unterschlupf finden; in dem sich manch malischer oder senegalesischer Schneider niedergelassen hat, der in Marokko eine der raren Festanstellungen bekommen hat und sich somit ein Heim leisten kann, wo er häufig Zimmer an bedürftige Landsleute vermietet. Ich verziehe keine Miene, gebe vor, einen schlechten Orientierungssinn zu besitzen und mir den Weg ins Zentrum niemals merken zu können, als einer meiner Beifahrer mich spöttisch und in schlechtem Französisch fragt, ob ich dieses Viertel nicht kenne und ob dies nicht immer mein Weg in die Stadt gewesen sei.

Eine weitere Polizeistation also. Diesmal in Oujda. Wir betreten das herrschaftliche Gebäude mit seinen islamischen Ornamenten im offenen Treppenhaus und begeben uns in ein Zimmer im ersten Stock. Die »Mise en Scène« ähnelt jener in der algerischen Polizeistation: zwei Arbeitsplätze, weder Computer noch Schreibmaschine. Ich werde befragt, was ich in Oujda suche. Wie lange ich mich schon unter die Subsaharier gemischt habe und was mich an ihnen interessiere. Beruhigt, dass sich die Kassetten in Sicherheit befinden, kommt mir der Ratschlag des NGO-Chefs in den Sinn. »Ich bin Ethnologiestudentin und arbeite an meiner Abschlussarbeit.«

Die Polizisten lächeln mich säuerlich an und fordern mich auf, meinen Rucksack zu öffnen. Als sie die Kamera sehen, grunzen sie zufrieden und verlangen eine Erklärung. Meine Arbeit habe einen audiovisuellen Anteil. Ich würde Interviews führen darüber, wie es der marokkanischen Bevölkerung mit den Transitreisenden aus dem subsaharischen Afrika gehe und was das für ihre Lebensverhältnisse bedeute. Der eine erkundigt sich, ob sie die Interviews sichten könnten, während der andere mich in wesentlich schlechterer Stimmung als zuvor fragt, ob sich das vereinbaren lasse mit dem Fakt, Subsaharier privat zu treffen.

Ich bin überrumpelt, versuche aber, mir meine Überraschung nicht anmerken zu lassen, sondern den Unschuldsengel zu spielen. Leider zieht das nur bei dem mit mir Sympathisierenden. Er habe gar nicht gewusst, dass europäische Spione sich dieser Methode bedienten: »Ich dachte immer, sie sind seriös!«

Ich frage, woher sie diese Information nähmen, ich sei ein europäischer Spion, der Geflüchtete daten würde?

»Versuchen Sie nicht, uns um den Finger zu wickeln, Mademoiselle! Wir haben beweiskräftige Informationen darüber, was Sie treiben. Wir stellen hier die Fragen.«

Ich beharre auf meiner Studienarbeit und sage ihnen, ich hätte noch keine Interviews mit der Kamera geführt, deswegen könnte ich ihnen bedauerlicherweise noch keine zeigen. Leider sei es sehr schwierig, Marokkaner zu finden, die bereit seien, über die Situation der Subsaharier in Marokko Auskunft zu geben. Ich vermute, das liege daran, dass ihnen polizeiliche Verfolgung drohe, sobald sie Menschen aus Subsahara unterstützen würden?

Die Polizisten sind zufrieden. Wenn ich ihnen ein Schreiben meiner Uni zukommen lassen könne, das mein Vorhaben bestätige, wäre allen im Raum Anwesenden gedient. Ohnehin müsse ich meine Geschichte erst einmal vor dem Hauptkommissar beweisen, der unterwegs von Tanger sei:»Extra, um Sie zu verhören! Er ist der Migrationsexperte der marokkanischen Polizei, habe einen Teil seiner Weiterbildung in Frankfurt genossen, selbst die Spesen hat eure Agentur Frontex gezahlt. Er wird schon wissen, wie er Sie zu nehmen hat!«

Ich staune, er würde für mein Verhör aus Tanger anreisen. Was er denn dort gemacht habe?

»Tun Sie nicht so, Sie wissen sehr gut, dass Ceuta dort nicht weit ist. Bei Fnideq von den Wäldern von Belyounech hätten es vorgestern sechzig Menschen organisiert geschafft, in die Enklave zu gelangen. Aber dank unserer hervorragenden Zusammenarbeit mit eurem Grenzschutz haben wir sie persönlich wieder aus Ceuta herausgeprügelt.« Er strahlt mich an. »Mit Gummigeschossen, Schlagstöcken und Tränengas hat die Guardia uns walten lassen«, brüstet er sich stolz, »und uns für jeden eingefangenen Subsaharier je eine Flasche spanischen Whiskeys spendiert.«

Jemand klopft an die während des ganzen Gesprächs über offenstehende Tür. Ein kleiner Glatzkopf mit schusssicherer Weste und Kappe der New York Yankees grüßt die beiden Polizisten und macht eine Handbewegung in Richtung Gang, in den er daraufhin verschwindet. Einige Minuten später ist es soweit, ich habe mein Rendezvous mit dem Migrationsexperten der marokkanischen Polizei. Er fläzt entspannt zurückgelehnt in seinem Sessel, grüßt höflich und bittet mich, mich hinzusetzen. Er habe gehört, ich verkehre mit den Illegalen ihres Landes. Abzustreiten brauche ich dies gar nicht erst, es gebe einen beweisführenden Anruf der anglophonen Gemeinschaft, die sie vor einer europäischen Spionin gewarnt hätten. Das sei der Grund für meine Festnahme. Sie hätten sich in der Pension erkundigt, in der ich seit Wochen leben würde, und der alte Inhaber hätte bestätigt, dass ich dort nur wenige Nächte verbracht, im Voraus gezahlt hätte und nur selten auftauchen würde.

Er deutet mit seinem Kopf in die Richtung von mindestens fünf Pappkartons, aus denen die Durchschläge der Anmeldungen aller Herbergsbesuche Oujdas quellen. Seine Männer hätten drei Tage damit verbracht, meine Anmeldung aus diesem Chaos zu fischen. Ob mir eigentlich bewusst sei, dass sie mich unvermittelt nach Deutschland zurückschieben könnten angesichts ihrer Beweislage, dass ich mit undokumentierten Menschen zusammenarbeiten würde? Ob Drehgenehmigung oder Bestätigungsschreiben der Universität, alles mit den Illegalen in Verbindung stehende würde nicht akzeptiert. Es sei ebenfalls illegal.

Ich versuche ihm zu erklären, die Menschen würden nur von den Behörden illegalisiert, seien aber nicht illegal. Er lässt den Inhalt des Rucksacks von einem Untergebenen durchsuchen, während er mich herablassend belächelt. Während er auf meinen Busen blickt, muss ich meine Hosentaschen ausleeren. Anschließend klickt er sich durch das Adressbuch meines Mobiltelefons. Zu den sich dort befindlichen westafrikanischen Namen muss ich mich äußern, dann bekomme ich es zurück.

Aus Mangel an Beweisen lassen sie mich ziehen, unter der Bedingung, die Stadt zu verlassen und nicht mehr zurückzukehren. Gegen meinen Willen bringen sie mich bei meiner Pension vorbei, von wo aus ich mich direkt zum Busbahnhof begebe und den nächsten Bus nach Nador nehme.

Die Fundgrube von Nador

Ich treffe Mohamed im Außenbezirk Selouane von Nador. Jerry und er hätten sich nach ihrer Ankunft in Nador getrennt, nachdem die Automafia sie in Nador-Jalloune rausgeschmissen habe. Da er die Stadt ohnehin durchqueren müsse, um in den letzten Unterschlupf »Nador Suni« in den Wäldern von Gourougou zu gelangen, habe Jerry entschieden, eine Schwester zu überraschen, die am Stadtrand von Nador sesshaft geworden sei und dort alkoholische Getränke an ihre Brüder verkaufe. Mohamed selbst habe den Ivorer und die Malier zu einem Foyer in der Stadt geleitet, von wo aus sie weiter in die Wälder am Berg Gourougou gebracht würden. Dadurch habe er sich etwas Geld verdient. Nun wolle er mir etwas zeigen, das mich interessieren könne. Einen Ort, an dem er Nahrung und neue Kleider suchen wolle. Er habe nichts mehr zum Anziehen außer seiner üblichen doppelten Kleidungsschicht, die er am Körper trage.

Wir laufen jeder auf einer anderen Straßenseite durch Selouane, und am Ortsende nimmt Mohamed ein Taxi collectif. Ich soll mir zehn Minuten später eines der Minitaxis, die nahe der Moschee parken, winken und mich nach Messoussate bringen lassen. Die Taxifahrer verlassen zwar ungern den Ort, aber so sei es am unauffälligsten, meint er, gemeinsam könnten wir uns jedenfalls nicht fortbewegen. Ich solle dem Taxifahrer sagen, er solle mich zur Ausfahrt Messoussate bringen, das sei mitten im hügeligen Nichts. Er würde dort zum gelegenen Zeitpunkt auftauchen.

Als ich mein Fahrziel nenne, schüttelt der Taxifahrer den Kopf. Er nennt eine horrende Summe. Ich hake nach und er fragt mich nach einer genaueren Lagebeschreibung. »Was wollen Sie dort?«

Ich antworte, dass könne ich ihm nicht sagen: »Ich treffe dort einen ortskundigen Freund.«

»D'origin marocain?«, fragt mich der Taxifahrer. Marokkaner? Ich schmunzle aufgesetzt: »Äh ja.«

Der Preis verdoppelt sich auf 56 Dirham. Knapp fünf Euro will er für die Strecke haben, bei einem gesetzlich geregelten Stundenlohn 1,15 Euro in Marokko. Wir fahren knappe zwanzig Minuten, etwa zehn Kilometer, dann sind wir da. Der Taxifahrer schaut mich fragend an, aber ich bin ebenfalls ratlos. Weit und breit nichts als abgebrannte, zugemüllte Felder in einer sanften hügeligen Landschaft. Der Boden ist verdorrt, alles in Braun- und Grautönen und Sandfarben weit und breit. In der Ferne steigen dunkle Rauchschwaden auf. Der Fahrer verlangt, ich solle meinen Freund anrufen, er könne mich doch nicht einfach so hier stehenlassen. Ich bitte ihn aufzubrechen. Ich gebe vor, eine Nummer zu wählen, und behaupte, das Telefon meines Gastgebers sei ausgeschaltet. Er lässt sich nicht beirren und wartet geschlagene zehn Minuten, über die Fahrertür gelehnt, ab. »Wissen Sie, wo Sie hier sind? Gleich dort hinter der Kurve befindet sich eine europäische Müllkippe.« Als hätte er sie gerufen, kommen drei große Müllwagen die Auffahrt hinaus auf uns zu gebraust. Sie wühlen Sand und festgetrockneten Müll auf, sodass wir uns, nachdem sie mit ohrenbetäubendem Scheppern an uns vorbeigebrettert sind, in einer Wolke aus Benzingestank, Staub und Moder wiederfinden. Über uns kreisen Gänsegeier. Er lässt mich erst allein, als ich ihn nach seiner Nummer gefragt und ihm beteuert habe, ihn anzurufen, falls mein Freund nicht käme.

Es verstreichen weitere fünf Minuten, in denen ich die Vögel, die am Himmel kreisen, gegen das fahle Sonnenlicht beobachte. Alles scheint hier die Farbe Grau zu haben. Erst erscheint er mir wie eine Halluzination. Die Hitze lässt seine Konturen verschwimmen, und ich bin mir nicht sicher, ob sich die Gestalt, die da hinter dem Hügel aufgetaucht ist, auf mich zubewegt oder von mir entfernt. Aber ich erkenne ihn an seinem federnden Gang und seinen Gesten. Es ist Mohamed, der da mit einer leeren Plastiktüte unter dem Arm und seiner Umhängetasche auf mich zukommt. Er lacht. Er hätte sich sicher sein wollen, dass der lästige Araber wirklich weggefahren sei. »Herzlich Willkommen in der Fundgrube von Nador!« Während wir uns den brennenden Hügeln nähern, die Luft stickiger wird und der Gestank sich intensiviert, erklärt Mohamed mir, dass dies die Durchgangsstation für von Oujda aus zu Fuß laufende Geflüchtete sei. »Hier findet man immer etwas zu essen, sogar neue Schuhe oder Produkte, deren Haltbarkeitsdatum noch nicht einmal überschritten ist. Bestimmt die Müllkippe der Luxussupermärkte Marokkos ...« Die von einer libanesischen Firma betriebene Müllkippe sei die ergiebigste, die er persönlich kenne. Dass es ein Ort ist, an dem europäische Konzerne ihren Müll abladen, dessen sie sich in Europa vermutlich wegen strikterer Umweltauflagen niemals so einfach entledigen könnten, weiß er nicht. Erstaunen tue ihn das allerdings nicht, antwortet er mir, als ich ihm erzähle, was der Taxifahrer mir berichtet hat. »Das ist also die Vielfalt, die ihr in euren Supermärkten findet?« Nachdenklich läuft er weiter.

Eine Viertelstunde später finde ich mich bis zu den Knien im Müll versunken wieder. Er hat nicht übertrieben. Kleidungsstücke, Limonadenflaschen und noch verpackte Kekse stechen aus den Müllbergen heraus. Ganze Felder brennen, etwa fünfhundert Meter vor uns laden Laster tonnenweise neuen Müll ab. Riesige Rauchschwaden ummanteln die vereinzelten Müllsammler, die zum Schutz in Plastikplanen gehüllt mit verrußten Eisenstäben den Müll Meter für Meter umwälzen. Verwilderte Straßenköter stöbern gierig mit ihren Schnauzen im Schutt. Mohamed lädt seine Fundsachen – Plastikflaschen, eine Schuhcremedose und einen Schal – in die leere Plastiktüte und steckt sie dann in seine Umhängetasche. Er schält eine Orange, die er im Müll gefunden hat, und bietet sie mir an.

Mohamed und die Bewohner der Müllkippe von Nador

Dann will er mir zeigen, wo die Marokkaner, die auf dem Gelände leben, ihre Unterkünfte haben. Als wir uns den niedrigen Wellblechbarracken nähern, taucht zwischen diesen ein Kameruner auf. Er grüßt freundlich, aber seine Miene ist abweisend und missmutig. Ob er Mohamed kurz alleine sprechen könne? Wir nicken, und während ich von zwei marokkanischen Müllsammlern entgegenkommend, aber wortlos auf eine Wasserstelle hingewiesen werde, verschwindet Mohamed mit dem Mann neben dem Haus. Die Einwohner ziehen Grundwasser mit einem Eimer aus ihrer Zisterne, die sich neben ihrem Haus direkt unter der Müllkippe befindet. Um das Haus haben sie den Boden freigefegt. Ihre Terrasse besteht aus festgetretenem Abfall, ihre Hütten sind keine zwei Meter hoch und aus Abfallprodukten errichtet. Ich wasche mir die Hände und staune, dass die hier lebenden Menschen gesund sind.

Mohamed kommt mit versteinertem Gesicht zurück. Ich solle ihm sicherheitshalber die Kassette geben, die ich gedreht habe. Der Kameruner habe ihn gewarnt, nie wieder eine Europäerin hierherzubringen, sonst würden sie ihn »organisieren«.

Europas Abfälle

Überhaupt solle er mich von ihrer Gemeinschaft auf marokkanischem Boden fernhalten. Sonst liefe ich Gefahr, Wegzoll zahlen zu müssen und er einen »Fuck up« zu begehen. Besser wir brächen auf.

Die Einwohner der Siedlung laden uns in ihre Hütte ein. Mohamed versucht, ihnen in bruchstückhaftem Marokkanisch die Notwendigkeit unsres sofortigen Aufbruchs zu erläutern. Er habe mir nur zeigen wollen, wo er schon einmal ein paar Nächte während seiner letzten »Attacke« verbracht habe, ergänzt er, während er in einen der Räume deutet. Ich nehme, ohne weiter nachzufragen, das Band aus der Kamera und gebe es ihm. Er steckt es in seine Boxershorts. Dann verlassen wir die Müllkippe, die mich an ein Abkommen meines Kontinents mit Mauretanien denken lässt: Es gibt Entwicklungsgelder, oder besser Zahlungen zur Sicherung unserer Außengrenzen, die geknüpft sind an Bedingungen, wie zum Beispiel den Giftmüll Europas abzubauen. Vielleicht verhält es sich mit Marokko ähnlich. Diktaturen, in denen weder auf Menschenrechte noch auf Umweltschutz Wert gelegt wird,

werden Europas Komplizen bei der Wahrung seiner Schein-
heiligkeit.

Warten auf dem Gourougou mit Blick auf Europa

Ich verbringe eine Nacht in einer Pension in dem Quartier Populaire, das dem Berg Gourougou mit seinen Wäldern und
»Nador Suni« am nächsten ist. Am darauffolgenden Morgen
treffe ich den Tschader Armstrong in der Boutique einer marokkanischen Familie, die im Erdgeschoss ihres Hauses westafrikanische und Exportprodukte an die Subsaharier aus den
nahen Wäldern verkauft. Den Weg dorthin habe ich dank Jerrys Anweisungen übers Telefon gefunden. Mohamed sei in
frühestens drei Tagen hier, er aber wolle alsbald seinen nächsten Schwimmversuch starten. Ob ich ihm helfen könne, einen
Neoprenanzug zu besorgen. Jerry hat Armstrong, der sich
schon eine ganze Weile am Zaun zu Europa aufhält, geschickt,
mich zu empfangen. Und so bringt Armstrong mich zum letzten *Tranquillo* von Gourougou, dem Ausgangsort für die Attacken der Geflüchteten auf den Zaun von Mellila. *Shock-er*
nennen sie diese geplanten Angriffe des Grenzzauns beziehungsweise ihre organisierten Versuche, über die spanische
Enklave nach Europa zu gelangen.

An den letzten Häusern des Viertels, deren Bewohner vor
ihren Türen vereinzelt mit Wasser gefüllte Tonkrüge für Durs-
tige aufgestellt haben, klettern wir hinter dem letzten Hof einen Steilhang zwischen Kaktusfeigenbäumen hinauf. Der
Haushund kläfft uns wütend zu, eine Frau erscheint an der
Tür des Ziegenstalls, aber Armstrong läuft unbekümmert weiter. Eine halbe Stunde gehen wir bergauf, nehmen Trampel-
pfade entlang ausgedörrter Felder. Wir kreuzen einen Schot-
terweg.

Eine Gruppe junger Berber kommt uns entgegen, den ganzen Weg für sich einnehmend. Armstrong weist mich an, am Rand der Schotterpiste zu laufen. Ich werde Zeugin ihrer Xenophobie. Sie grüßen und fragen mich, was wir hier machten. Ob wir nicht gesehen hätten, dass sich im Quartier Polizeiautos sammeln würden? Armstrong guckt sie unverwandt an. Ich hake besorgt nach, sie geben mir ihr Fernrohr und weisen mir eine Richtung.»Fräulein, wissen Sie nicht, dass auf diesem Berg viele ›harragas‹ leben?«

Trotz Fernglas kann ich keine Polizeiwagen in der Ferne erkennen und gebe es an Armstrong weiter. Die Berber weiten ihre Geschichte aus, sie hätten sich unten im Viertel schon gewundert über die massive Polizeipräsenz heute. Ich würde mich in Verdacht begeben, wenn sie mich mit einem der Kameraden sehen. Provozierend gucken sie Armstrong an, den sie während ihrer ganzen Erzählung geflissentlich ignoriert haben. Wir verabschieden uns und Armstrong dankt ihnen für ihre Information.

Beim Weitergehen erscheint er mir nervöser als noch eben. Er eilt mir Meter voraus und drängt mich zur Eile. Wir nehmen einen weiteren Trampelpfad und hasten den unebenen Weg weiter hinauf in Richtung einiger Ruinen. Quer über die Felder verlaufen tief herunterhängende Stromleitungen, an einer Stelle hängen sie so tief, dass Armstrong mich warnt, keinen Schlag abzubekommen. Wir passieren einen Palmenhain, eine Baracke und nehmen das Loch in einem Zaun, hinter dem sich der Eingang zu einer Ruine verbirgt. Von ihrem zerfallenen Innenhof gehen vier Zimmer ab. Die Türen fehlen, ein paar zerschlissene Matratzen dienen als Sitzgelegenheit. Armstrong gibt mir eine Hausführung, die bei ihrem Waffenarsenal, einer Ansammlung von Stöcken und größeren Steinen, endet. Ich schaue ihn fragend an. Aufgrund ihrer Anspannung und dem enormen Druck, der hier mit Blick auf Europa auf ihnen laste, komme es oft zu Unruhen zwischen den Gemeinschaften der einzelnen *convois* der schon organisierten Gruppen der Überfahrt. Dafür müsste man genauso gewappnet sein wie für die nächtlichen Attacken von Geheimdienst oder Polizei. Und für die Angriffe durch Stadtstreicher.

»Der Zaun befindet sich keine zwei Kilometer Luftlinie von uns entfernt«, ergänzt Jerry, der plötzlich hinter mir steht. Er freut sich über mein überraschtes Gesicht und deutet nach oben aufs Dach des Hauses. Die Nächte würden sie auf dem Dach der Ruine verbringen, um die Polizei gegebenenfalls früh genug zu erkennen. Armstrong und er beratschlagen, wie mit den Aussagen der Berber umzugehen sei. Armstrong schlägt vor, mich woanders unterzubringen. Jerry meint, er sei sicher, dass sie sich nur einen Witz erlaubt hätten. Trotzdem halten die beiden die ganze Nacht im Wechsel Wache. Die Einzige, die in eine Decke gehüllt auf dem Dach der Ruine unter freiem Himmel gut schläft, bin ich.

Das Ziel in Sichtweite

Am nächsten Tag nehmen sie mich mit zur einzigen Wasserstelle weit und breit, am Rande der Schlucht, dessen Granit rosa leuchtet. Den Steinhang entlang kletternd und rutschend erreichen wir unser Ziel. Unterwegs treffen wir auf zwei Senegalesen, die ihre Kanister bereits mit Wasser gefüllt haben. Wir verbringen den Nachmittag an der Wasserstelle, und Jerry erzählt, wie sehr er es liebe, in der Natur auf den richtigen Augenblick zu warten. Wie sehr er aber auch nach drei Jahren der Zwickmühle im Maghreb manchmal nicht einmal mehr das Singen der Vögel ertrage.

Marokko sei das erste Land gewesen, in dem er zwei Jahre nach seinem Aufbruch in Kamerun ernsthaft darüber nachge-

Adrar		Oran	Maghnia	Oujda	**Nador**	Europa/
1370 km			180 km	150 km	**15 km**	Melilla

dacht habe, kehrt zu machen. Nachdem er von Algerien oder Marokko aus über vierzehn Mal versucht habe, in die vor uns liegende spanische Enklave Melilla zu gelangen, immer wieder abgeschoben worden sei und sich im algerisch-marokkanischen Grenzgebiet wiedergefunden habe. Die Abschiebungen und die Abschiede, das seien die schmerzlichsten Momente des »Abenteuers«. Man gewinne Wegbegleiter langsam lieb, und ehe man sich versehe, trennten sich die gemeinsamen Wege wieder. Jeder sei auf sich allein gestellt, jeder habe sein eigenes Schicksal in die Hand zu nehmen und die Karten, die das Leben einem zugeteilt habe, zu spielen.

Damals habe er einen Sommer lang Freunde bei ihren Versuchen beobachtet, barfuß, ohne Schutz um die Hände und ohne Leitern den Zaun zu Spaniens Enklave zu stürmen. Viele seien dabei von der Guardia Civil erschossen worden. »Rücklings. Ich habe diesen ganzen Horror erlebt: Freunde, mit denen man eine letzte Mahlzeit einnimmt, dich sich verabschieden. Und dann gehen sie. Brechen auf, ohne jemals wiederzukehren.«

Als ihn die Nachricht ihres Todes zwei Tage später ereilte, habe er aufgeben wollen. Er sei bis Rabat gelaufen. Sei auf einen Güterzug aufgesprungen und zu Fuß gelaufen, 21 Tage lang. Im Viertel G5 in der Kommune Yacoub El Mansur habe er versucht, den Horror der vorausgegangenen Wochen zu vergessen. Er habe sich mit einem Bekannten aus seinem Heimatort eine Matratze im Foyer der Kameruner geteilt. Der Chef des Foyers habe nach einer Woche eine Schlafplatzmiete von ihm verlangt. Er selbst müsse dem marokkanischen Besitzer für das Zimmer pro Monat 600 bis 700 Dirham zahlen, etwa 54 bis 63 Euro – obwohl von marokkanischen Mietern nur bis zu 45 Euro pro Monat verlangt würden. Da habe sich Jerry erneut aufgemacht nach Maghnia, um im Grenzgebiet neue Kräfte zu sammeln. Nun hätten wir uns getroffen. »Ich hoffe, bei meinem fünfzehnten Versuch werde ich es schaffen!«

An meinem zweiten Tag in »Nador Suni« erzählt mir der Sara Armstrong, während wir unseren Blick von unserem Platz auf dem Dach aus in die Ferne schweifen lassen, von den Gründen seines Aufbruchs vor drei Jahren aus seinem Heimatland, dem Tschad. Er ist 33 Jahre alt. Aufgewachsen im Gebiet des östlichen Logone im Doba-Becken, einer Region nahe Kamerun und der Zentralafrikanischen Republik, die reich an Erdölvorkommen ist. Er stammt aus einer Bauernfamilie aus dem Dorf Maikeri und ist der Einzige, der dank bester Noten und eines Stipendiums an der katholischen Universität in Douala im Nachbarland Kamerun studiert hat. Ende der neunziger Jahre kehrte er in seinen Heimatort zurück, um an der lokalen Schule als Lehrer tätig zu werden.

Was er vorfand, war nicht das, was er kannte: Seine Familie, die seit Zeiten der Unabhängigkeit vom Anbau von Baumwolle gelebt hatte, war aufgrund der fallenden Baumwollexportpreise Mitte der Neunziger auf extensive Landwirtschaft umgestiegen. Die Baumwollmonokulturen hatten große Teile der Felder nahezu unfruchtbar gemacht. Als Armstrong zurückkam, bewirtschafteten sie den Buschwald und die Brachflächen der Familie anderweitig, um davon zu überleben. Um ihr Haus herum wuchsen Mango-, Avocado- und Palmölbäume sowie Orangen. Auf den ehemaligen Baumwollparzellen bauten sie für die Selbstversorgung Erdnüsse, Bohnen und Sesam an. Das Holz aus dem Buschwald verwendeten sie als Brennholz und Baumaterial.

Obwohl 1999 ein malaysischer und ein US-Konzern begannen, in seinem Heimatdorf nach Ölvorkommen zu suchen, hat die Dorfgemeinschaft bis heute keinen Strom. Die Menschen heizen noch immer mit Holz. Als Armstrong zurückkam, versperrten die ersten Erdölanlagen, Bohrlöcher und eine Pumpstation von ESSO die ihm altbekannte Dorfstruktur; Fischteiche waren durch Chemikalien umgekippt, Wohnhäuser einer Bohrplattform zum Opfer gefallen. Wege der Dorfbewohner endeten vor Zäunen der weitläufig abgesperrten Pipeline. Wo einst der Dorfwald und ein Baum mit Heilwirkung, ihre heilige Stätte, existierten, befand sich plötzlich ein ausschließlich für die Ölgewinnung betriebenes Elektrizitätswerk. Das Sesamfeld seiner Familie wurde von einer niedrighängenden Hochspannungsleitung zweigeteilt.

Doch seit der ehemalige Präsident Tombalbaye schon 1973, zur Einweihung der allerersten Ölprobebohrungen im Doba-Becken überhaupt, seinem Land Reichtum versprochen hatte, ließen sich die Tschader in ihrem Glauben nicht beirren. Ende der Neunziger begannen die Ölmultis mit ihren topografischen Untersuchungen und Entschädigungszahlungen an von Ölförderung betroffene Familien und Dörfer. Auch Armstrong, der voller Elan auf Einladung der Direktorin der lokalen Schule mit abgeschlossenem Studium zurückkehrte, um Lehrer zu werden, ließ sich vom Enthusiasmus über den zu erwartenden steigenden Lebensstandard anstecken. Er begann, an der Schule zu unterrichten.

Als sich 2003 das Spektakel unter Präsident Déby anlässlich der Einweihung der Kamerun-Tschad-Pipeline, durch die fortan Milliarden Barrel an Öl gepumpt wurden, wiederholte, versuchte Armstrong, das abgerissene Schulgebäude zu verdrängen; es war einem weiteren Bohrloch zum Opfer gefallen. Versuchte zu vergessen, dass aufgrund der unumgänglichen Pipeline nur noch die Hälfte aller Schüler in die Schule kam, dass das Ersatzgebäude für den Unterricht nun das enge Wohnhaus war, das die Investoren der Direktorin als Entschädigung aufgezwungen hatten. Obwohl diese einen großen Klassenraum, Pflüge und Schubkarren zum Anbau der Schulmahlzeit gefordert hatte. Vier der sechs Rinder, die die Schule zur Entschädigung erhielt, starben nach weniger als einem Monat.

Auch Armstrong glaubte also an eine Verbesserung der Lebensqualität der Tschader durch die Erdölförderung, versprachen sie doch einen Ausbau der öffentlichen Infrastruktur, Bildung und Gesundheit für alle.

Sein älterer Bruder fand trotz der zunehmenden sudanesischen Flüchtlinge aufgrund des Darfur-Konflikts, die für niedrigste Löhne arbeiteten, einen befristeten Niedriglohnjob bei einem Subunternehmer von ESSO.

Als von den bewirtschafteten Feldern seines Stamms die eine Hälfte von Erdölbohrungen so eingekeilt war, dass sie nicht mehr zu bewirtschaften waren, während auf der anderen Hälfte die Nutzpflanzen wegen des Staubs der naheliegenden Straße verdorrten, begann Armstrong darüber nachzudenken, Geld für seine Familie im Ausland zu verdienen. In Kamerun vielleicht. Er beobachtete in seinem nächsten Umfeld, wie von den Ahnen begründete Bündnisse und besiegelte Freundschaften durch die Auszahlungen von individuellen Entschädigungen geleugnet wurden. Er erlebte, wie ein Nachbar, mit dessen Sohn ihn seit Kindheitstagen eine enge Freundschaft verband, seinen Vater plötzlich mit okkulten Praktiken zu verwünschen versuchte, weil er meinte, Besitzer eines Stück Landes zu sein, für das dieser entschädigt worden war. Er beobachtete blutige Schlägereien zwischen Nomaden und Ackerbauern nahe der Schule um einen Brunnenzugang. Einer seiner Schüler starb an Malaria, nachdem er durch einen der Moskitos infiziert wurde; diese umschwirrten in der Regenzeit die Pfützen der Erdlöcher, die die schweren Laster der Ölfirmen mit ihrem viel zu hohen Tempo in die sandigen Straßen rissen, die gleichzeitig der Schulweg für die Kinder sind. Sein Bruder verlor seinen Job, und Präsident Déby änderte die Verfassung so, dass er noch eine dritte Amtszeit regieren kann. Lethargie und Korruption machten sich im Tschad breit.

»Ich hatte auf einmal das Gefühl, die ganze Lebensweise habe sich geändert und alle warten nur noch: auf individuelle Entschädigungszahlungen, auf das Angebot einer befristeten Beschäftigung oder auf die Rückgabe von Landflächen. Die Lebensmittelpreise auf dem Markt stiegen, weil nur noch Öl exportiert wurde. Und wenn du in unserem Land nicht der Ethnie des Präsidenten angehörst, bekommst du als junger Mann sowieso keinen Job.« Als Armstrongs bester Freund, ein Journalist, für einen realistischen Artikel über die sich zuspitzende Armut aufgrund der Ölförderung ins Gefängnis kam und vom Gouverneur eine nächtliche Ausgangssperre für die Dorfbewohner der Erdölregion verhängt wurde, nachdem es ein paar ungeklärte Diebstähle gegeben hatte, beschloss Armstrong vor drei Jahren, sein Land zu verlassen. Zu gering war sein Einkommen in der Schule, um seine ganze Familie davon zu ernähren. Und was brachte es, dieser nahe zu sein, wenn sie nicht überleben konnten?

Abends kommt Mohamed müde, aber mit glänzenden Augen, in »Nador Suni« an. Er riecht nach Alkohol. Er raucht mit Jerry auf dem Dach einen Joint, und als wir uns in unsere Decken gewickelt eine gute Nacht wünschen, vertraut Mohamed mir den Grund seines plötzlichen Aufbruchswunsches an.

Er sei entmutigt von der Situation sowohl in Marokko, als auch in Europa. Wisse er doch zu gut, welche Folgen die spanische Wirtschaftskrise für Immigranten aus Subsahara hat. »Ich weiß mittlerweile, dass Europa nicht das Paradies ist. Nicht einmal der Nabel der Welt.« Aber was bleibe ihm anderes übrig, als es trotzdem zu versuchen. Die Verantwortung des erstgeborenen Sohns laste schwer auf ihm. Zweimal sei er von zu Hause schon aufgebrochen, habe Jahre seines Lebens im Transit verbracht. In der Warteschleife vor Europa »habe ich mich auch mental von meiner Heimat entfernt, aus der ich nie weg wollte«. Der Weg der Abenteurer würde immer mühsamer und sei von Hindernissen gespickt, überall lassen sie ihr Leben. »Ich bin so entmutigt, vor allem wegen der Umstände: Man schläft schlecht, ernährt sich nicht gut. Wir sterben wirklich überall, an Land und auf dem Wasser. Die Polizei schlägt uns zusammen, die Gendarmen brechen uns unsere Glieder. Sogar die nordafrikanischen Landstreicher halten uns fest und nehmen uns unser Geld ab. Das ist alles so entmutigend.«

Er schweigt und guckt mich erwartungsvoll an. Ich versuche, ihn aufmunternd anzulächeln, aber es misslingt mir. Ich ziehe die Decke etwas enger um meinen Körper und versuche, seine Mimik in der Dunkelheit auszumachen. Leise, beinahe zu sich gewandt, fährt er fort. Er sei dazu übergegangen, eine Tätigkeit auszuüben, die er nie machen wollte. Er habe damit begonnen, »Neuen« die Schleichwege über die Grenze zu zeigen, und damit mehr Geld verdient als die bei Erntearbeiten üblichen fünf Euro. »Als du aus Algerien abgereist bist, musste ich leider feststellen, dass das die einzige Möglichkeit ist, im Maghreb heute noch ausreichend Geld zu verdienen. Niemals hätte ich mir vorstellen können, selbst als Guide zu arbeiten! Aber es ist die letzte Chance, die bleibt, um an Geld zu kommen«, raunt er, als ob er sich vor sich selbst rechtfertigen müsste.

Jerry schläft längst, und die Nacht ist so düster, dass ich nur erahnen kann, wo Mohamed liegt. Seine Trägheit ist wie weggewischt. Auch an den beiden Maliern und dem Ivorer, die er aus dem Grenzgebiet bis Nador mitgenommen habe, habe er verdient. Er habe nun genügend Geld zusammen, um versteckt im doppelten Boden des Kofferraums eines Taxi collectif über die Grenze zu reisen. Das sei die sicherste Variante, es zu schaffen, denn er müsse nur die Hälfte des Betrages im Voraus zahlen. Die andere würde bei einem Boutiquier hinterlegt und erst ausgezahlt, wenn er per Anruf über seine Ankunft im Auffanglager von Melilla Bescheid gegeben habe. Das Geld habe er ges-

Adrar
1370 km

Oran
180 km

Maghnia Oujda
150 km

Nador
15 km

Europa/
Melilla

tern bei einem vertrauten Boutiquier der malischen Gemeinschaft von Nador hinterlegt, nachdem er seinem Chairman eine Mittlerprovision für den Kontakt bezahlt hat.

»Mariama, das Einzige, worauf ich noch warte, ist der Anruf!« Mir fehlen die Worte angesichts dieser bitteren Realität und der Tatsache, dass unser Abschied nun unmittelbar bevorsteht. Ich würde ihn gerne umarmen, aber es scheint mir unangemessen. So gratuliere ich ihm einfach nur zu dem Moment. Aufgewühlt liege ich auf dem Dach, bis sich am Himmel der Morgen in einem glühenden Rot ankündigt. Kurz nachdem Jerry Armstrong als Wache abgelöst hat, fallen mir die Augen zu.

»Fuck up«

Am nächsten Morgen kommt es zu lautstarken Diskussionen am Eingang unseres Unterschlupfs. Ich höre, wie Armstrong nach Mohamed ruft und der sich aus seiner Decke schält. Vom Schlaf noch benommen, springt er in den Innenhof hinunter. Die Diskussionen schwellen an, und Armstrong kommt aufs Dach, um Jerry zu holen. Seine Stimme klingt besorgt. Sie sprechen Bassa, das Armstrong während seines Studiums in Douala gelernt hat. Noch etwas steif von der Nacht ist Jerry gerade dabei, Dehnübungen zu machen. Er zieht sich einen Pullover über und weist mich an, hier oben zu bleiben, solange ich von ihm oder Mohamed nichts anderes höre.

Es scheint ein Streit losgebrochen zu sein. Wie üblich streiten sie sich mit gedämpfter Stimme, sodass ich hier oben bei dem aufkommenden Wind nur einen Mischmasch aus französischen und englischen Wortfetzen verstehen kann. »Die Deutsche«, es war ein »Fuck up«, sie hierher zu bringen, sie wird »Droit du sol«, Wegezoll, bezahlen müssen. Stimmen und

Schritte entfernen sich. Der Wind tost in meinen Ohren. Ich sehe eine Gruppe Männer den Trampelpfad hinterm Haus hochlaufen. Mohamed und Jerry haben sie in ihre Mitte genommen. Es scheint, als hätten sie ihre Hände auf ihren Rücken festgebunden. Jerrys Anweisungen vor Schreck vergessend, laufe ich ihnen hinterher. Armstrong steht an der Ecke der Ruine und beobachtet das Szenario. Er versucht, mich zurückzuhalten, aber ich reiße mich los. Neben mir folgt er ihnen langsamer, aber ebenfalls über den Trampelpfad in Richtung der Schlucht. Kurz vorm Eingang ins Wadi, am Steinbruch nahe der Wasserstelle, haben wir sie eingeholt.

Ich schreie ihnen hinterher:»Was habt ihr vor?«

Überrascht fährt die Gruppe herum. Ich nehme Nigerianer und Kameruner unter ihnen wahr. Jerry zischt mich an, ich solle den Regeln folgen. Habe er mich nicht gebeten zu bleiben, wo ich war? Ich erhebe Einspruch, bitte um eine Erklärung, was hier vor sich gehe. Die Nigerianer unter ihnen lachen. Jerry bittet Armstrong, mit mir ins *Tranquillo* zurückzukehren. Mohamed schweigt und guckt mich nicht an. Armstrong macht kehrt und zieht mich den schmalen Trampelpfad hinunter.

Als ich schnelle Schritte und die Stimmen hinter mir höre, dämmert es mir, dass es ein Fehler gewesen ist, meinen Kamerarucksack mitzunehmen. Jerrys staunender Blick auf die Rucksackträger hat es mir verraten. Zwei der uns hinterhereilenden Männer versperren uns den Weg. Einer stellt sich zwischen Armstrong und mich und hält mich am Arm fest. Als ich mich umdrehe, versucht mir jemand, den einen Träger des Rucksacks vom Rücken zu reißen.»Polizei!«, blafft er mich an. Da der Rucksack sich vor dem Brustbein schließen lässt, hängt der Rucksack immer noch an meinem Körper. Ein klackendes Geräusch durchdringt die Luft, dann ein Schnitt, und der Rucksack gleitet an meinem Arm herunter. Geistesgegenwärtig ziehe ich am anderen Träger, aber gegen ihre Überzahl und

Entschlossenheit habe ich keine Chance. Sie verdrehen mein Handgelenk und der Rucksack ist ihrer. »Deine Kamera lässt du schön bei uns.«

Armstrong solle mich begleiten, wir würden von ihnen hören. Niedergeschlagen laufen wir zum *Tranquillo* zurück. Ich bin aufgebracht und bombardiere meinen Begleiter mit Fragen, aber er antwortet tonlos: »Stell nicht so viele Fragen. Das waren die Polizisten zweier hier ansässiger Gemeinschaften. Warte ab, was passiert, mehr kannst du nicht machen.« Trotzdem jammert er leise vor sich hin. »Ausgerechnet die Nigerianer. Das wird nicht gut enden. Mein Bruder, das wird nicht gut enden.«

Geschlagene drei Stunden sitzen wir auf dem Dach unserer Unterkunft und versuchen auszumachen, wohin sich der Trupp begeben hat. Nach ausgiebigem Schweigen formuliert Armstrong, was die ganze Zeit als Frage schwer auf meinen Schultern lastete und meinen Geist lähmt: »Die beiden könnten für ihre Arbeit mit dir zur Rechenschaft gezogen werden.« Diese Bestätigung meiner Vorahnung bringt mich zum Heulen. Ich drehe mein Gesicht weg, damit Armstrong es nicht sieht. Was mit ihnen geschehe? Wohin sie gebracht worden seien? Was es mit diesem »Fuck up« auf sich habe?

Um halb zwölf ruft jemand an der Tür nach uns. Einige Minuten später ist Armstrong zurück. Wir sollen zum Steinbruch kommen: »Du hast eine Verabredung mit der nigerianischen Gemeinschaft.«

Am Steinbruch werden wir bereits von zwei weiteren Männern erwartet, einem Ijaw und einem Yoruba. Sie grüßen freundlich, bilden allerdings ein Dreieck um Armstrong und mich, und so fühlt sich die Situation noch angespannter an als zuvor. Sie warten noch auf einen ihrer Brüder, einen Hausa-Fulani, dann könne es losgehen. Sie versuchen, einen Plausch mit mir zu führen, über die Gegend um Nador. Sie wollen wis-

Bamako Markala Gao
2850 km

sen, ob mir das *Tranquillo* gefalle und ob ich den Zaun »dort vorne« schon gesehen habe. Ich fahre sie an, sie sollten mich in Ruhe lassen und mir lieber erklären, was seit heute Morgen vor sich gehe, was es mit Jerrys und Mohameds Festnahme auf sich habe! Wer gebe ihnen das Recht für ihre Handlung?

Sie schubsen uns Richtung Ausgang des Steinbruchs, als sie den Hausa herbeieilen sehen. »Na endlich!«, zischen sie ihm leise zu. Die Klettertour durchs Wadi und der Gang Richtung Wasserstelle scheint ewig zu dauern. Auf meine Frage, wohin es gehe, lacht mir Benjamin, der Ijaw, ins Gesicht: »An die Stelle, die du schon kennst. Dort unterhalten wir uns ein bisschen.« Trotz der wärmenden Mittagssonne fröstelt es mich bei seiner Aussage.

Die Wasserstelle ist von Menschen überfüllt. Bestimmt zweihundert Subsaharier haben sich eingefunden. Im Schutz des Felsblocks, an dem wir uns gestern noch gesonnt haben, und des Abhangs haben sich zwei Gruppen gebildet. Sie versperren die Sicht auf das Innere ihres Zirkels. An den beiden Zugängen zur Wasserstelle haben sie Wachen postiert. Die Nigerianer schieben uns an ihnen vorbei. Wir nehmen einen Trampelpfad, der sich durch wilde Bambusbüsche schlängelt, und gelangen in eine Art Höhle aus Bambusdickicht. Armstrong wird kein Eintritt gewährt.

»Mach dir keine Sorgen«, raunt mir einer der Nigerianer zu, »wir unterhalten uns nur ein bisschen.« Sie bitten mich, auf einer der Holzbänke Platz zu nehmen. Unsere Begleiter quetschen sich neben mich auf die Bank. Die gegenüberliegende Holzbank ist schon komplett besetzt. Jemand betritt die kleine Lichtung mit einer Plastiktüte voller Bierbüchsen und sie halten mir eine unter die Nase. Ich lehne ab, aber sie bestehen darauf anzustoßen. Ich weigere mich und erbitte eine Erklärung der Situation. Sie lachen. »Du wirst schon sehen! Entspann dich und trink mit uns!«

Ich schütte das Bier hinter mich unter die Bank und biete den Rest einem jungen Nigerianer an, der es gewagt hat, meine Sitznachbarn nach einem Bier zu fragen. Die Älteren lächeln ihn von oben herab an, können aber nichts sagen, als er dankbar meine noch halbvolle Dose annimmt. Sie versuchen, mir zu entlocken, wie weit ich mit meinem Film sei und was ich noch drehen wolle. Sie fragen mich nach Berlin und meinem Privatleben. Ich antworte kurz angebunden, dass ich zu keiner Unterhaltung bereit sei, bevor ich über den Verbleib von Mohamed und Jerry nichts wisse. Sie lachen höhnisch. Sie trinken ihre jeweils schon vierte Büchse und ihre Bewegungen werden behäbiger. Ihre glasigen Blicke lassen von mir ab. Ich versuche mir vorzustellen, was dort draußen wohl vor sich geht. Mein Magen ist zugeschnürt und innerlich zittere ich. Obwohl sie Igbo, Hausa und Edo miteinander sprechen, ist das Lallen in ihren Stimmen zu erkennen. Ein Mann kommt herein und gibt einen harschen Befehl. Zu mir geneigt, verkündet er mit roten, glasigen Augen:»Der Moment ist gekommen, dich zu deinen Brüdern zu gesellen.«

Die Stimmung draußen ist aufgeheizt. Aggression und Spannung liegen in der Luft. Meine Begleiter ziehen mich an den mich anblickenden Männern vorbei in das Innere einer Gruppe. Kurz darauf wird Mohamed in den Kreis geführt. Seine Klamotten sind verdreckt, er hat Schwielen an den Handgelenken und eine aufgeplatzte Lippe. Ich versuche, mir meine Erschütterung nicht anmerken zu lassen, aber vor Sorge überschlägt sich meine Stimme:»Mohamed, was ist passiert?« Er bekommt einen groben Hieb in seine Rippen, bevor er antworten kann. Seine flüsternde Stimme verebbt in der lautstarken Forderung des Nigerianers, der ihn hereingeführt hat:»Guck ihn dir gut an, deinen Protagonisten! Du wirst für ihn zahlen, sonst wird er noch weiter malträtiert werden!«

Mohamed stöhnt auf:»Mariama, mach, was sie dir sagen!«

Ich frage nach der Summe.

»300 Euro. So lange halten wir ihn hier fest!«

Ich verspreche, sofort aufzubrechen, sie mögen ihn bitte in Ruhe lassen, ich käme wieder. »Was ist mit Jerry?«

»Erst kommst du zurück, dann sehen wir weiter«, ruft einer aus der Menschenmenge, die jetzt den Weg aus dem Inneren ihres Kreises heraus freigibt. Die Gedanken hämmern in meinem Kopf, ich habe das Gefühl, mein Kopf platze gleich, keinen klaren Gedanken fassen zu können. Armstrong steht auf einmal vor mir. Und dann – erst hoffe ich, es sei eine Halluzination – zwei Männer und in ihrer Mitte mit auf seinem Rücken festgebundenen Händen Jerry. Er blickt mich an und kann mich wahrscheinlich genauso wenig erkennen wie ich ihn. Mit dem Unterschied, dass mir meine Tränen die Sicht nehmen, während er ein blaues, blutunterlaufenes und ein schon zugeschwollenes Auge hat. Ich taumle und Armstrong hält mich fest. Ich nehme Lachen um uns herum wahr.

Einer der Nigerianer ruft, ich solle endlich Mohameds Gebühr organisieren gehen. »Wir wollen heute noch was trinken!«

Jerrys Hose hängt an ihm herunter, sein Hemd ist zerrissen. Ich hasse mich in diesem Augenblick für meine Naivität und Neugier, einen Dokumentarfilm über die Situation vor den Toren Europas drehen zu wollen. Auf wessen Kosten habe ich das gemacht? Etwa auf die jener, die in den vergangenen Monaten und Jahren meine teuersten und treuesten Wegbegleiter waren? Deren Weisheiten und Ratschläge ich in meinem Leben nicht mehr missen möchte?

Jerry erhebt seine Stimme, sodass alle Umhörenden ihn hören, und sagt: »Hör zu, Miriam. Du machst nichts von alldem, was sie von dir fordern. Hast du nicht gehört, sie wollen nur ihr Fest heute Abend finanzieren! Wir haben für den ›Fuck up‹, den sie uns vorwerfen, schon bezahlt! Ruf die Polizei!«

»Fuck up« 291

Adrar		Oran	Maghnia	Oujda	**Nador**	Europa/
1 370 km			180 km	150 km	**15 km**	Melilla

Ich gucke ihn ratlos an. Die beiden, die ihn halten, ziehen das Seil fester um sein Handgelenk und herrschen ihn an zu schweigen.

»Gib mir deinen Ausweis«, fordert Jerry von mir und ruft in die neugierig starrende Menge, als ich ihn aus meiner Tasche ziehe: »Ich werde diesen Ausweis der Polizei übergeben und sagen, Miriam sei in den Wäldern verschwunden. Dann werden sie euch alle, einen nach dem anderen, abschieben!« Ich bitte ihn, mich gewähren zu lassen. Er solle durchhalten. Ich käme wieder, das Geld sei jetzt egal. Hauptsache, die beiden würden wieder freigelassen werden. Aber ich weigere mich, sie noch länger in ihrem Gewahrsam zu wissen. Einer der Vorsitzenden der Kameruner Community, die rechte Hand des abwesenden Chairman, trifft mit einem Verbündeten des nigerianischen Chairman die Abmachung, meinen Ausweis als Pfand einzubehalten und dafür Mohamed und Jerry ziehen zu lassen. Langsam begeben wir uns durch die Felsschlucht, an Mohameds und Jerrys humpelndes Tempo angepasst. Es dämmert. Mohamed wird von einem Malier begleitet, während Armstrong Jerry Beistand leistet. Niedergeschlagen blicken wir uns an und schweigen. Jeder hängt seinen Gedanken nach.

Das Tribunal im Bambushain

Von meinem Bankbesuch in der Stadt bringe ich Datteln, Erdnüsse, Harsha (Brot) und Rindfleischspieße mit. Wir teilen sie uns auf dem Dach des Foyers. Die drei sind sich sicher, dass der »Fuck up« mit der Übergabe des Geldes abgegolten ist. Ich wünsche mir das erste Mal, an einem anderen Ort zu sein.

»Was glaubst du, wie sie sich ihre teuren Klamotten und Uhren leisten, mit denen sich die Präsidenten und einzelne

Mitglieder des Parlaments jeder Gemeinschaft schmücken? Sie warten nur darauf, ein Mitglied einer anderen Gemeinschaft einen Fehler machen zu sehen. Mit deinem Geld werden sie sich heute Abend Getränke leisten. Ihre gewählten Polizisten waren es, die dir deine Kamera abgenommen haben. Der Kommissar der Kameruner hat mit dem der Nigerianer verhandelt, deinen Ausweis als Kaution zu akzeptieren. In Oujda ist derzeit ein Nigerianer Chef der ECOWAS, er hat seine Landsmänner hier informiert, dass wir auf dem Weg hierher sind. Eine Bestätigung hatten sie wiederum von dem Kameruner bekommen, der euch auf der Müllkippe gesehen hat«, erklärt Jerry ohne jeglichen Groll in der Stimme. »Ihr hättet mir sagen müssen, dass er euch den Ärger angekündigt hat«, sagt er an Mohamed und mich gewandt. Und ein Vorwurf klingt in seiner Stimme mit.

»Er hat dort schon an mich plädiert, Miriam Bodenzoll zahlen zu lassen, weil es unser Terrain ist, was ich ihr da ungefragt gezeigt habe«, pflichtet Mohamed Jerry kleinlaut bei.

»Die Kameruner Gemeinschaft hier in Gourougou hat dann sicherlich nur noch auf unsere Ankunft gewartet, um diesen Zoll für uns alle drei einzufordern«, schließt Jerry unser Gespräch ab. »Klar, dass die Gemeinschaft, die den Geflüchteten-ECOWAS-Vorsitz innehat, sich die Gelegenheit nicht entgehen lassen wollte!«

Die folgenden Tage verbringen wir ausschließlich im *Tranquillo*. Nachts auf dem Dach und tagsüber auf der alten Matratze im Innenhof, deren Platz sie mit dem wandernden Sonnenstand verschieben. Manchmal ziehen sie sich auch in einen der Räume zurück. Sie machen sich kühle Wickel für ihre aufgeplatzte Lippe und die geschwollenen Augen. Mohamed ist gelegentlich unterwegs, um seine Abfahrt zu erfragen, und Jerrys Texte erweitern sich um einige Seiten. Ich tausche meinen Ausweis gegen eine Geldsumme zurück.

Einmal machen Jerry und ich einen Ausflug in ein Tonstudio in der Stadt – er müsse singen, das helfe ihm gegen die Verzweiflung. Zwei junge marokkanische Tontechniker haben sich aus einem alten PC, auf der Straße gefundenen Stühlen und alten Eierverpackungen ein Studio gebaut. Sie produzieren einen MC, der langsam auf nationalen Open Airs zum Star avanciert und ihnen so ihre Miete finanzieren kann. Jerry war ein paar Mal bei ihnen, und sie schlagen ihm einen Beat für sein Lied vor, das er singen will. Wie er sich mit immer noch geschwollenen Augen, die jetzt gelblich-grün changieren, mit Kopfhörern, über das Großmembranmikrofon gebeugt, mit seiner tiefen und warmen Stimme den Frust und die Wut von seiner Seele slammt, wirkt er unglaublich gebrechlich. Ich schaudere über seine wunderbaren Zeilen und genieße die Atmosphäre:

Aufzubrechen, sei ein Synonym für den Tod. Bevor man erreiche, was man wolle, berühre oder innehabe, was man sich erhoffe, müsse man Schritt für Schritt voranschreiten. Diese Schritte könnten einen auch das Leben kosten. Aber wenn man Angst vor dem Tode habe, könnte man es ohnehin niemals schaffen. Außer, man warte solange ab, bis der Tod sich ausruhe, um es zu versuchen!

Copyright: Larvduchar, JRS

Als wir zurückkommen, hat Mohamed Nachrichten für mich. Donnerstag kommender Woche habe ich ein Treffen mit der nigerianischen Community. Kurz vor Sonnenuntergang solle ich mich an der Wasserstelle einfinden. Jerry will noch vorher seinen Schwimmversuch starten, und ich bin verzweifelt darüber, dass ich keine Kamera mehr habe. Zum Glück hat er noch seine digitale Minikamera, um seinen Versuch, genau wie die schon zurückliegenden Fortbewegungen seiner Flucht, soweit als möglich selbst aufzunehmen.

Ich erkundige mich bei den dreien, ob sie denken, es sei irgendwie möglich, den Termin mit den Nigerianern nach vorne zu verschieben. Aber Mohamed, Jerry und Armstrong sind sich sicher, dass es ihre Taktik sei, mich mit dem Warten zermürben zu wollen. »Sie wissen, dass deine Zeit wertvoll ist, und werden versuchen, das weitmöglichst in die Länge zu ziehen.« Sie selbst seien in ihrer Situation ja zum Warten verdammt und wüssten, wie aufreibend das sei.

Sie sollen Recht behalten. Als ich mich am verabredeten Tag mit Armstrong an der Wasserstelle einfinde, überbringt mir ein Bote der Nigerianer, der gerade frisches Wasser aus dem Loch zieht, die Botschaft, der Termin sei um einen Tag verschoben, da sie interne Querelen in ihrer Gemeinschaft zwischen Angehörigen der Hausa-Fulani und der Ijaw zu regeln hätten. »Die sind wichtiger als deine Technik.«

Einen Abend später dasselbe Spiel. Als wir vom *Tranquillo* aufbrechen wollen, kommt uns der Sekretär der gewählten nigerianischen Gemeinschaft schon entgegen und lässt mich wissen: »Vor Samstag zum Sonnenuntergang können wir uns nicht treffen. Wir haben einen *convoi* zu verabschieden und deshalb keine Zeit für ein Gespräch über deinen ›Fuck up‹!«

Samstagmorgens rufe ich die NGO in Oujda an, so widersprüchlich ich sie auch finde, und informiere sie über meine Verabredung mit den Nigerianern. Ich wolle einzig, dass sie wüssten, dass ich gegen 18 Uhr eine Verabredung habe. Falls ich mich bis 21 Uhr nicht zurückmelden würde, um Entwarnung zu geben, habe das nichts Gutes zu bedeuten. Mohamed, Jerry und Armstrong wüssten allerdings Bescheid und würden gegebenenfalls zur Tat schreiten. Ich lasse meinen Pass bei ihnen, damit sie theoretisch die Polizei informieren könnten. Die drei scheinen mir beunruhigter als ich selbst zu sein. Als ich den Weg zur Wasserstelle nehme, wackeln mir allerdings die Knie. Das erste Mal seit Drehbeginn überfordert mich die Situation dermaßen, dass ich Angst habe. Je näher ich der Wasserstelle komme, desto schwächer fühle ich mich.

Den Akku meines Telefons hatte ich in der Nacht bei der Boutique geladen, und nun spiele ich in meiner Hosentasche mit meinen Fingern auf der Tastatur herum und denke über den Anruf bei einer Berliner Freundin nach, den ich gestern Abend noch getätigt habe. Wie naiv ich sei zu glauben, ich würde die Kamera noch einmal zurückbekommen.»Leg dich nicht mit ihnen an, Miriam. Es ist schon ein Wunder, dass nicht noch mehr passiert ist.«

Ich hatte mich über ihre Aussage geärgert und anschließend noch ein langes Gespräch mit dem Produzenten Max gehabt, der sagte:»Begib dich nicht in Gefahr, so wichtig ist die Kamera nicht. Irgendwie werden wir aus dem Material schon einen Film schneiden können.« Mir geht es nicht um die Kamera, aber schon aus Verantwortung gegenüber Mohamed und Jerry fühle ich mich unfähig, einfach aufzuhören zu drehen. Zu viel haben sie mir gezeigt, zu viel habe ich von ihnen gelernt, zu viel haben sie von sich (preis)gegeben und zu dankbar bin ich ihnen. Von meinem Eigeninteresse an dem Film ganz zu schweigen. Ich bin meinem Produzenten dankbar für seinen unermüdlichen Glauben an unser Projekt.

Ich bin noch nicht um die letzte Kurve gebogen, da kommen mir die ersten beiden Mitglieder der nigerianischen Gemeinschaft entgegen: ihre Polizisten. Sie nehmen mich in ihre Mitte, und der Größere der beiden legt mir freundschaftlich seinen Arm um die Schultern und beugt sich zu mir herunter.»Gut, dass du gekommen bist. Du wirst schon erwartet.« Sein Gesicht findet sich keine zwanzig Zentimeter vor meinem, und ich spüre eine warme Hefefahne in meinem Gesicht. Sie bringen mich zum Felsen neben dem Wasserloch, und heute sind es etwa zwanzig Mitglieder der nigerianischen Gemeinschaft, die sich auf dem Felsblock an der untergehenden Sonne erfreuen.

Sie tragen ausnahmslos Sonnenbrillen. Die Polizisten bitten mich, mich hinzusetzen. Einer der Ansässigen bietet mir einen Schluck aus seiner Bierbüchse an. Ich solle mich zwischen sie auf den Felsen setzen. Das Treffen habe noch ein bisschen Zeit, sie warteten noch auf ihren Chairman. Ich lehne dankend ab. »Wir dachten, ihr Deutschen seid Biertrinker.« Ich erwidere, sie sollten ihre Kategorisierungen ändern, genau das sei es, was sie hier in diese Situation bringe: das Schubladendenken der Europäer. Sie grinsen mich höhnisch an, und meine beiden Sitznachbarn prosten sich zu. Links und rechts berühren mich ihre Oberarme. Sie widern mich an. Ob ich noch mehr Schubladendenken hören wolle? Die Deutschen seien Rassisten! Ich würde gleich noch sehen, was ich davon hätte. Mich schaudert es. Aber ich kann ihren Vorwurf, wenn auch nicht pauschal, nachvollziehen.

Die Polizisten fordern meine beiden Sitznachbarn auf, mich in Ruhe zu lassen, und bringen mich auf ein Zeichen ihres Kommissars in Richtung des Bambushains. Wir dringen noch weiter in die Bambussträucher ein als das letzte Mal. Zu meinem Erstaunen passieren wir die Lichtung mit den Holzbänken diesmal und folgen den Trampelpfaden tiefer ins Dickicht. Während ich mich noch frage, wie ich bei einem Hilferuf meine Lage beschreiben könnte beziehungsweise ob mein Telefon hier überhaupt noch Empfang hat, sind wir am Ende des Dickichts angelangt.

Vor uns liegt eine kleine Lichtung, zwischen Felshang und Abgrund, vor dem ein paar Büsche wachsen. Daneben offenbart sich das Szenario eines Tribunals: Sie haben einen Plastikteppich ausgerollt, auf dem kreisförmig Steine als Sitzgelegenheiten platziert sind. In ihrer Mitte liegt der Grund für unser Treffen: die Kamera. Innerlich muss ich lachen, und ein bisschen Anspannung fällt von mir ab. Die anglophone Gemeinschaft steht in der Nähe des Teppichs auf dem Plateau in

Grüppchen verstreut. Zu meiner Erleichterung sind auch ein paar Frankophone anwesend. An ihrem Dialekt erkenne ich Kameruner, Malier und Männer von der Elfenbeinküste. Zwei Nigerianer aus dem Grenzgebiet von Maghnia, die mich dort unterstützt hatten, sind ebenfalls da und nicken mir aufmunternd zu. Ich bin erleichtert, sie hier zu sehen, es verleiht mir ein bisschen Sicherheit.

Setzen dürfen sich nur die Nigerianer und ich. Wir nehmen unsere Plätze auf den Steinen ein, und ich werde willkommen geheißen. Der Redner unter ihnen erläutert den Sitzenden und Umstehenden, etwa siebzig Leuten, den Grund der Versammlung. Ich muss meinen vollen Namen nennen und bezeugen, dass es sich um meine Kamera handelt. Nach seiner Rede bitten sie mich, nun die Gelegenheit zu ergreifen, falls ich etwas anzumerken hätte.

Ich grüße alle im Kreise sitzenden, bedanke mich, dass das Treffen nun endlich zustandegekommen sei, und frage sie mit Blick auf den Redner: »Ist Oki anwesend?«

Die Augenlieder einiger verengen sich, und ich freue mich über die Instruktion, die ich bekommen hatte. »Woher kennt sie seinen Namen?«, rutscht es einem von ihnen heraus. Der Redner fragt mich unwirsch, wer Oki meiner Meinung nach sei, um gleich darauf anzufügen, dass es nicht von Belang sei, ob der derzeitige Chef der ECOWAS anwesend ist oder nicht. Sie würden in seinem Auftrag handeln. Aber meine Frage hat sie aus der Fassung gebracht. Ich eröffne ihnen, dass ich ohne seine Anwesenheit nicht über die Kamera verhandele. Schließlich könne ich mich nicht darauf verlassen, dass Abmachungen ohne seine Präsenz eingehalten würden. Die umstehenden Kameruner glucksen und murmeln leise, das könne ich nur von ihrem Bruder haben. »Sie will sie organisieren«, sagt einer. Ich weiß, was dieser Satz zu bedeuten hat: eine Fähigkeit, die unter den Migranten vor allem den Kamerunern zugesprochen wird. Und ich freue mich, dass sie Jerrys mentale Unterstützung darin erkennen.

Der Kommissar der Nigerianer ruft in die Runde, sie sollten schweigen. Sie seien es, die hier die Verhandlungen führten, und wer sie störe, laufe Gefahr, einen »Fuck up« zu begehen. Was mit Verrätern passiere, wüssten sie nicht erst seit zwei Wochen! Der sitzende Zirkel pflichtet ihm spöttisch bei. An mich gewandt lässt mich ihr Redner wissen, ich solle mir keine Sorgen machen, Oki befände sich unter ihnen. Was ich zu der Kamera zu sagen habe. Ich bitte sie, die Veranstaltung kurz zu halten und herauszurücken, was sie wollen. Woher ich wisse, dass sie etwas von mir wollen? Ich sei es doch, die ihre Kamera zurückhaben wolle.

Ich erwidere: »Ich gehe davon aus, dass ihr eine Geldsumme von mir erwartet. Lasst uns doch zum Punkt kommen und darüber direkt verhandeln.« Ich höre ein paar zustimmende Schnalzer. An was für eine Geldsumme ich gedacht hätte? Ich bitte sie, den von ihnen erwarteten Betrag zu nennen.

Während mir erst jetzt auffällt, dass sie neben der Kamera alle Akkus, Batterien und Tonequipment-Einzelteile fein säuberlich drapiert haben, warte ich auf ihre Antwort. Sie lassen sich Zeit. Als sie die Summe nennen, kann ich mir mein Lachen nicht verkneifen. Ich traue meinen Ohren nicht und bin mir nicht sicher, ob ich sie richtig verstanden habe. Ihr Redner schnauzt mich fragend an: »Was gibt es da zu lachen?«

10 000 Euro? Habe ich das richtig gehört? Ich bin so baff, dass mir, ohne darüber nachzudenken, herausrutscht: »Dann behaltet sie lieber und versucht, sie zu verkaufen. Die Kamera ist keine 2 000 Euro wert.«

Erstaunte Gesichter starren mich an. Mein Sitznachbar zischt mir zu, ich könne froh sein, eine Frau zu sein, einen Mann hätten sie längst zusammengeschlagen. Aber mit einem schwächeren Geschöpf würden sie das nicht tun. Wir befänden uns in ernstzunehmenden Verhandlungen.

Das Tribunal im Bambushain **299**

Adrar		Oran	Maghnia	Oujda	**Nador**	Europa/
1 370 km			180 km	150 km	**15 km**	Melilla

Der Redner bittet um Ruhe und verlangt Erläuterungen, was genau ich für einen Dokumentarfilm drehe. Nachdem ich die Geschichte, die ich seit Anfang der Dreharbeiten immer wieder erzählt habe, noch ein weiteres Mal wiederholt habe, zückt der Redner eine mir wohlbekannte Kassette. Diesmal bin ich diejenige, die überrascht ist. Ich war mir sicher, dass ich dieses Band nie wieder zu Gesicht bekommen würde: Darauf sind zwar nur fünf Minuten Material, aber die sind von der Müllkippe und vom Betteln. Ihre Freude über mein Erstaunen ist ihnen anzumerken. Der Redner reicht mir das Band und fordert mich auf, es in die Kamera zu legen. Sie haben die Akkus extra geladen. Ich schalte die Kamera ein und lasse den Playbackmodus laufen. Im Nu drängen sich alle um den Flip-Screen der Kamera. Mohamed beim Betteln auf dem Friedhof. Sie nicken zustimmend. Schweigend gucken sie die Szene bis zum Ende. Dann gebieten sie mir, die Kamera zu stoppen.

»Warum hast du diese Szene nicht mit uns gedreht?«, will einer von ihnen wissen. »Warum hast du dich entschieden, einzig mit frankophonen Afrikanern zu drehen? Glaubst du, die anglophonen Gemeindemitglieder hätten das nicht mit dir gedreht? Das entspricht absolut unserer Realität hier, mit uns hättest du die Szene auch drehen können!«

Ich schweige erstaunt. Dann versuche ich ihnen zu erklären, dass ich Mohamed schon seit zweieinhalb Jahren, lange vor seinem Aufenthalt in den Transitländern, kenne. Dass Jerry im Verhältnis zu ihm der perfekte zweite Protagonist sei und es mir anhand von Einzelschicksalen um ihre Gesamtsituation gehe. Die Details machten eine Geschichte aus. »Die beiden waren schon bereit, das Projekt zu unterstützen, als es vielen noch als unsinnig erschien. Ich verspüre ihnen gegenüber große Dankbarkeit!«, füge ich an.

Sie erkundigen sich, ob der Film ihre Situation in den Wäldern verändern könne. »Wir leiden hier, Miriam!« Das könne

Bamako   Markala   Gao
2850 km

Auf dem Dach von »Nador Suni«: Europa im Blick

ich ihnen nicht versprechen, antworte ich, ohnehin bräuchte ich, um mein Vorhaben zu Ende zu bringen, erst einmal die Kamera zurück. Zukünftigen Flüchtenden könnte der Film allerdings schon helfen.

»Wenn du zahlst, bekommst du jedes einzelne Teil zurück. Sogar deine Kassette. Abgesehen davon, könntest du uns erklären, was es hiermit auf sich hat?« Einer von ihnen öffnet die Vordertasche meines Rucksacks und nimmt die darin befindlichen Stifte und Tampons sowie eine Packung Globuli heraus. Zuerst hält er mir die Globuli unter die Nase: »Nimmst du Drogen? Ist das der Grund für dein Durchhalten hier?« Und was bitte habe es mit diesen eingeschweißten Wattebauschen auf sich? Ich bin mir nicht sicher, ob sie sich einen Scherz erlauben oder ob ich ihre umgeschlagene, friedlichere Stimmung nicht herausfordern sollte. Also erkläre ich meine Utensilien. Die Erklärung der Tampons endet im schallenden Gelächter allerseits.

Plötzlich schneidet eine eisige Stimme durch die Luft: »Brüder, vergesst nicht, warum wir hier sind. Nicht, um uns zu amüsieren!« Mein zweiter Sitznachbar fuchtelt mir mit seinem ausgestreckten Finger drei Zentimeter vor meiner Nase herum und guckt mich mit drohendem Gesicht an. »Deine Großeltern haben unsere Großeltern kolonialisiert, ihr habt uns schon immer ausgebeutet, und dafür wirst du nun büßen! Was wirst du für deinen Apparat zahlen? Andernfalls werden wir ihn hier vor deinen Augen zerstören.« Seine Drohung bekräftigt er, indem er von seiner Sitzgelegenheit aufspringt und den Stein auf die Kamera herabsausen lässt.

Ich versuche, keine Miene zu verziehen. Kurz, bevor er sein Ziel trifft, wendet er den Stein ab. Gegen sein Argument würde ich schwerlich ankommen. Ich biete ihnen einen Betrag, der unter 500 Euro liegt. Die Verhandlung endet mit einer Vertagung des Urteils über die von mir zu leistende Zahlung.

Ich bin froh, Jerry und Armstrong am Steinbruch auf mich warten zu sehen, als ich das Wadi mit den Polizisten der Nigerianer gegen 21 Uhr verlasse.

Am nächsten Vormittag versuchen Jerry und Mohamed – unabhängig von meinen Verhandlungen – mit Oki zu reden. Ich hätte nicht mehr viel zu drehen, und ihre Regelbrüche seien abgegolten. Jerry hat den Zeitpunkt seines Aufbruchs verschoben, er will mich nicht ohne Kamera zurückgelassen wissen. Er erzählt mir, dass Oki selbst der Diskussion um den Film in seiner Gemeinschaft überdrüssig sei. Wegen ihm könne ich die Kamera gerne zurück haben, leider hielten der Kommissar und die Polizisten daran fest.

Beng

Und dann ist auf einmal der Moment gekommen. Mohamed befindet sich gerade auf dem Rückweg in unser *Tranquillo*, mitten auf den Feldern, da bekommt er seinen ersehnten Anruf.

Blick vom Gourougou auf die spanische Enklave Melilla

Um Mitternacht habe er sich am vereinbarten Ort einzufinden. Morgen früh, noch vor dem ersten Gebetsruf des Muezzins zum *Fajr*, gehe es los. Zu viert teilen wir uns zum Abschied einen letzten Teeaufguss.

Mohamed ist hin- und hergerissen zwischen Enthusiasmus, Angst und Trauer. Er sei glücklich, endlich aufzubrechen. Wegen der Automafia habe er kaum Zweifel. Die Abschiebungen aus Europa würden ihm allerdings Sorgen bereiten, das Geld das Europa an Marokko zahle, um die Grenzen unpassierbar werden zu lassen. »Hoffentlich komme ich durch!« Aber eigentlich sei er sich sicher, schon am nächsten Mittag aus dem Aufnahmelager in Melilla die zweite Hälfte des Schlepperbetrags freigeben zu können.

Sein Anruf am nächsten Tag bleibt aus. Es vergehen zwei weitere Tage, bis sich die beiden Polizisten der Nigerianer auf dem Trampelpfad unserem *Tranquillo* nähern. Armstrong hat sie erspäht und meint, von seiner Position auf dem Dach aus auch eine kleine Ansammlung von ihnen im Steinbruch zu sehen. Jerry empfängt die Polizisten am Eingang des Foyers und empfiehlt mir, das Geld, das ich noch in meinen Taschen habe, in einen Briefumschlag verpackt mitzunehmen. »Sie erwarten dich am Steinbruch. Der Moment ist gekommen«, warnt er mich vor. »Falls sie dich nach dem Geld für die Kamera fragen, hältst du ihnen den Inhalt des Umschlags unter die Nase. Selbst wenn es ihnen zu wenig ist, werden sie es akzeptieren. Bargeld lässt sie alle Forderungen vergessen. Verlange im Austausch die Kamera! Gib ihnen das Geld erst, nachdem du dich versichert hast, dass sich die Kamera samt der Kassette im Beutel befindet.«

Im Schatten des Steinbruchs erwarten mich ihr Kommissar und der Schatzmeister. Sie betrachten mich von unten bis oben, dann zupft der Kommissar an dem Knoten meines Neckholdertops, das ich unter meinem Pulli trage. Grob reißt er daran und befiehlt mir, es aufzumachen. Ich schaue ihn wütend an. »Was soll das? Hältst du uns für blöd?«, raunzt er mich an. »Du wagst es noch, mit versteckter Kamera zu drehen? Miriam, wir haben nichts gegen dein Vorhaben, sonst hätten wir dich längst schon alleine irgendwo abgepasst, an einen Baum gebunden und vergewaltigt, so wie wir das mit Verrätern hier machen. Aber das geht eindeutig zu weit!«

Schweigend löse ich den Knoten meines Tops und es fällt unter meinem Pullover auf meine Hüften. Ich ziehe es aus und gebe es ihnen. Sie sind zufrieden, dass es sich nicht um die von ihnen vermutete Halterung einer versteckten Kamera handelt.

»Glück gehabt! Und was hast du uns zu bieten?«

Ich halte ihnen den Briefumschlag mit 250 Euro unter die Nase und verhalte mich, wie Jerry es mir geraten hat. Die Kassette bekomme ich als Letztes, als der Rucksack schon wieder über meinen Schultern hängt. Einzig der abgetrennte Gurt, der gegen meine Beine schlackert, als ich den Trampelpfad innerlich jubelnd heruntereile und dabei versuche, mein Tempo

shock-er (Angriff): Mohamed am Zaun vor Melilla

nicht meiner Freude anzupassen, erinnert mich heute noch an das Grauen dieser letzten Tage.

Getrübt ist diese Freude einzig vom Unwissen über Mohameds Verbleib und vom Schmerz darüber, ihn zum Abschied nicht mehr gedreht haben zu können.

Noch am selben Abend bricht auch Jerry auf. Armstrong wird ihn bis an den Strand begleiten, wo ein Bangladeshi einen Neoprenanzug und Flossen für ihn versteckt hat. Zum Abschied offenbart Jerry mir eine weitere seiner Lebensweisheiten seines Abenteuers: Nachtrauern würde er seiner verlorenen Zeit nicht. Denn sie sei eine einzige Überraschung für ihn gewesen. Niemals habe er sich bei seinem einstigen Aufbruch vorgestellt, länger als zwei, drei Monate bis zu seiner Ankunft in Europa zu benötigen. Zu seiner großen Überraschung seien daraus vier Jahre geworden. Jahre voller Hoffnung, die einen davon abhielte, die Zeit verstreichen zu sehen. Allerdings wisse man unterwegs auch nie, was der nächste Morgen bringe. Man verspüre den Wunsch, umzudrehen, aber wenn man kehrtmache, vielleicht verpasse man dann die Chance, die sich morgen schon ergeben könnte. Und so bliebe man und so vergingen die Monate und Jahre. Die Zeit verflöge so schnell, aber bedauern? »Nein, ich kann nicht sagen, dass ich irgendetwas bedauere von meinem Abenteuer. Die Zeit vergeht von ganz allein, und ich atme nur.«

Ich bin ihm unendlich dankbar für diesen Abschied und freue mich, dass auch er es nun versuchen wird. Aber Mohameds ausstehender Anruf drückt mir auf den Magen, und diesmal bin ich diejenige, die entmutigt ist. So sehr habe ich die ganze Zeit an Jerrys Variante des Versuchs geglaubt, habe ihn gar im Meer nahe Saïdia trainieren sehen, und bin überzeugt, dass er es schafft. Aber nun habe ich Angst, dass dem nicht so sein könnte, dass auch Mohameds Schweigen nichts Gutes zu bedeuten hat. Ich fühle mich miserabel, weil ich nicht mutspendender wirke. Ich weiß aber auch, dass sie mich zu gut kennen, als dass ich meine Sorgen überspielen könnte. Dabei bin ich ihnen so unendlich dankbar für den sprühenden Optimismus, den sie mich gelehrt haben. Für ihren Glauben an die Unmöglichkeit, den ich ihnen jetzt nicht zurückgeben kann.

Auf dem Trampelpfad teilt sich unser Weg. Zeitgleich beginnen wir zu reden »Wir telefonieren!«, raunt Jerry.

Ich sage gleichzeitig: »Halt mich auf dem Laufenden, du hast ja meine Nummer ...« Wir müssen lachen. Und mit einem lachenden und einem weinenden Auge schaue ich ihm und Armstrong hinterher, wie sie über den Berg von Gourougou Richtung Meer verschwinden. Ohne Verabschiedungszeremonie, ohne Umarmung, als ob wir uns morgen schon wiedersehen werden.

Lange noch verharre ich an der Stelle unseres Abschieds, ehe ich in die Stadt zurückkehre.

Ich bin zurück in der Pension, in der ich schon meine erste Nacht in Nador verbracht habe. Die Fensterläden sind sperrangelweit offen, und am Himmel leuchten die Sterne. Angezogen liege ich auf der durchgelegenen Matratze und bekomme die ganze Nacht kein Auge zu. Der Autolärm erscheint mir unerträglich laut. Ich bilde mir ein, es sei das Rauschen des Meeres ...

Ich denke an die Regenwälder Kameruns, die im Auftrag europäischer Unternehmen gerodet werden, an das Gold und die Ölvorkommen in Mali, deren Schürfkonzessionen und Ausbeutungsrechte außerafrikanische Investoren innehaben. An die zunehmende Desertifikation der Sahelzone und der Sahara, die sie nun hinter sich haben, und an die subventionierte Pulvermilch, die sich in den Instantkaffees nicht auflöste, die ich mir mit ihnen in den letzten Jahren geteilt habe. Die Waffentransporte durch die Wüste kommen mir in den Sinn, von denen sie mir berichtet haben – Waffen mit europäischem Label in Afrika –, und ihre Erzählungen von einem nordafrikanischen Fischer, der statt Fischen abgetrennte menschliche Gliedmaßen in der Straße von Gibraltar aus seinen Netzen fischte ...

Und immer wieder gucke ich auf die Uhr. Stelle mir vor, wie Jerry sich vorbereitet, wie er den richtigen Moment abwartet. Schwimmt. Und sich auf spanischem Boden wiederfindet.

Ich denke an Mohamed, gequetscht unter den Kofferraumboden des Taxis. Eine Kontrolle und trotzdem wird der Wagen durchgewunken. Mohamed in den Straßen Melillas ...

Ich versuche krampfhaft, meine Gedanken an ihre Worte aus einer unserer letzten gemeinsamen Nächte festzuklammern: »Wenn sie uns einen Weg verbarrikadieren, werden wir immer einen neuen finden. Die Zäune Europas können noch so hoch sein, die Schlupflöcher noch so klein. Nichts und niemand wird uns stoppen können, solange sich unsere Perspektiven *en bàs*, unten, nicht ändern!«

Beng (Europa). Es ist nur ein kleiner Trost.

2014

Mohamed wurde bei seiner Überquerung der transkontinentalen Grenze während einer Kontrolle im doppelten Boden des Automafiataxis entdeckt und an die Grenze zu Algerien zurückgeschoben. Er verweilte zwei weitere Jahre im Maghreb, bevor er 2010 beschloss, nach Hause zurückzukehren. Er lebt seitdem in Gao und hat sich nie in seinen Heimatort bei Markala zurückgewagt. Lange Zeit fühlte er sich wohler, schlechtbezahlte Tagesjobs fern von seiner Familie anzunehmen. Im August 2012 wurde in Mali der ehemalige Präsident aus dem Amt geputscht. Im gleichen Jahr hat Mohamed seinen Personenführerschein absolviert und begonnen, als Busfahrer zwischen Gao – dem Ort, wo die Autorin ihn kennenlernte – und Mopti zu arbeiten. Im Oktober 2012 haben vom Libyenkrieg heimkehrende islamische Dschihadisten den Nordosten des Landes zu ihrem Rückzugsort gemacht, Gao avancierte zum Ort ihrer Machtdemonstration. Im Februar 2013 intervenierte die EU unter Schirmherrschaft der Franzosen in Mali. In seiner letzten Mail vom September 2013 schrieb Mohamed, er würde nun regelmäßig Teile seines Einkommens als Busfahrer nach Hause schicken, seine Mutter empfinde es aber immer noch als ungenügende finanzielle Unterstützung. Aufgrund der Situation in der nordöstlichen Peripherie des Landes – der versuchten Zwangsrekrutierung junger Malier durch die Dschihadisten und der darauffolgenden Besatzung durch die Fran zosen – würde er versuchen, seinen Lebensmittelpunkt umgehend nach Bamako zu verlegen. »Aber wie könnte ich dort mein Überleben sichern? ... Nach Hause kann ich jedenfalls nicht«, schrieb er der Autorin im September 2013 per Mail. Es ist bis heute das letzte Lebenszeichen von Mohamed.

Jerry ist nach seinem erneuten Fehlschlag, den Zaun von Melilla zu umschwimmen, und seiner darauffolgenden Rückschiebung ins marokkanisch-algerische Grenzgebiet ebenfalls in sein Heimatland zurückgekehrt. Von dort hat er es später über die Einladung durch ein Musiklabel auf legalem Weg nach Europa geschafft, wo er seitdem lebt. Er kämpft allerdings bis heute mit den Hürden der europäischen Bürokratie und den Restriktionen für »People of Colour« auf hiesigem Terrain.

Die Autorin beschäftigt sich bis heute mit den Folgen ihrer Erlebnisse, der Situation der »People of Colour« und ihrer eigenen privilegierten Herkunft. Heute hadert sie nicht nur mit der europäischen Asylpolitik der Abschottung und ihren Folgen für die Schutzsuchenden, sondern vor allem mit der Gefälligkeit der Europäer, die ihren Wohlstand nicht zu schätzen wissen. Vor allem aber genießt sie jede einzelne Meldung, jede Mail, jedes Telefonat und jedes Gespräch mit Geflüchteten, die es seitdem bis hierher geschafft haben. Und sie will nicht wahrhaben, dass die Lebensweisheiten der Geflüchteten und Migranten nicht als Bereicherung angesehen werden, wie sie selbst sie auf ihren jahrelangen Reisen beinahe ausnahmslos empfunden hat. »Afrika ist zwar gebeutelt, aber keinesfalls arm. Die Geschichten, die ich gehört und versucht habe, in diesem Buch unterzubringen, sind der beste Beweis dafür, den Kontinent dank seiner Menschen mit anderen Augen zu sehen. Auf seine Einwohner, die es bis zu uns schaffen, zuzugehen und ihre Erfahrungen als Bereicherung zu sehen.«

Dank

Mein Dank gilt den Migranten und Geflüchteten, die einen Moment ihres Reiseweges mit mir geteilt haben. Die mich mitgenommen haben an ihre improvisierten Heimatorte im Exil. Vor allem aber, die mir ihre Geschichten anvertraut haben und mich teilhaben ließen an ihrem Leben in der Fremde. Dieses Buch ist das Resultat dessen, was sie mich gelehrt haben.

Ich danke Parwanhe Frei, Gonçalo Cruzinha, Lia Blumenthal, Rainer Gerlach und Marlene Faßbender für ihre unermüdliche und spontane Unterstützung durch das Hüten von Niva. Jaquee Nakiri, Max Milhahn, Sabine Herpich, Petra Fröschl, Sofia Kouszianza und Corinna Milborn für die Ratschläge in meinen zweifelnden Momenten. Rainer Gerlach für das Aushalten meiner Zeitnot und meines Stresses. Bouzid Kouza und Ahmed Mahdi für »les souvenirs« an ihr Heimatland Algerien, die sie bei mir wiedererweckt haben. Ich danke Issa für die Hilfe am Maliteil und dem Pfarrer Jens Sannig vom Kirchenkreis Jülich für den Kontakt zu ihren subsaharischen Unterstützern in Marokko. Danke an Sabine Schneider für ihre Taten, die mir zusätzliche Zeit für das Buch eingeräumt haben. Danke Dave Gmuer für die Hilfe beim Exposé, die mich letztlich die dramaturgische Struktur des Werks hat finden lassen.

Danke an die Journalisten Charlotte Wiedemann und Heribert Prantl, deren Artikel mir jedes Mal von Neuem viel Freude und Information bescheren und meine Wahrnehmungshorizonte erweitern. Danke an Afrique Europe Interact für die fantastisch informative Website und Euer wunderbares Netzwerk, dass so dringend notwendige Arbeit leistet.

Mein ausdrücklicher Dank gilt meinem Verleger Markus J. Karsten für die Buchanfrage und vor allem meinem Lektor Rüdiger Grünhagen für die unendliche Geduld, die anhaltende Aufmerksamkeit und den enormen Glauben an dieses Buch während der langen Phase des Schreibens.

SPANIEN

Madrid

Gibraltar
Ceuta
Melilla
Rabat
Casablanca
Nador
Oujda
Maghnia
Algier
Oran
Tlemcen
El Djelfa
Laghouat
Ghardaïa
Ouargla

MAROKKO

Fuerteventura

WEST-
SAHARA

Adrar

ALGERIEN

Djanet

Tamanrasset

MAURETANIEN

MALI

NIG

Agad

Gao

Markala
Bamako
Niamey

SENEGAL

BURKINA
FASO

BENIN

NIGERIA

GUINEA

SIERRA
LEONE
ELFENBEIN-
KÜSTE
LIBERIA
GHANA
TOGO
Lagos

KA
Do

Accra

GA

1000 Kilometer

224 Seiten
ISBN 978-3-86489-037-6
€ 17,99

Die Lage im Nahen und Mittleren Osten spitzt sich
weiter zu: Während Syrien im Bürgerkrieg versinkt, ist
die Lage in Tunesien, Libyen und Ägypten – einstmals
Hoffnungsträger für einen demokratischen Aufbruch in
der arabischen Welt – unklarer denn je. Alle Konflikte
des Nahen Ostens scheinen sich nun in Syrien zu
fokussieren. Was droht, ist ein Flächenbrand.

›Armbruster gelingt es, eine Anschaulichkeit
herzustellen, die derjenigen seiner Filme nicht
nachsteht. Seine analytische Tiefe lässt uns auch neue
Entwicklungen besser begreifen.«
Frankfurter Rundschau

256 Seiten
ISBN 978-3-86489-054-3
€ 15,99

Öl wird teuer und knapp, das steht fest.
Doch ist damit das Ende des Ölzeitalters bereits eingeläutet?
Und wie kann der Übergang in eine postfossile Welt gelingen?
Recycelbare Kunststoffprodukte, Matratzen aus CO_2, Müll als
schillernder Rohstoff, Algen als Energielieferant der Zukunft –
welche Wege sollten wir einschlagen, wo sollten wir umkehren?

Die Autoren klären auf, machen aber auch klar: Technik allein
ist niemals nachhaltig, immer kommt es darauf an, wie sie
genutzt wird. Unsere Verantwortung für die Erde verlangt von
uns, überlegt und bewusst mit den Ressourcen umzugehen.

Die Umgestaltung unserer Wirtschaft wird nur gelingen,
wenn wir alle beteiligt werden. Bildung und Demokratie sind
daher die vielleicht wichtigsten Ressourcen der Rohstoffwende.